Gesund leben mit Fasten

Ha. A. Mehler · Hermann Keppler

Gesund leben mit Fasten

Wege zur gesunden Lebensführung

Rezepte und Tips für die Nachfastenzeit

Büchergilde Gutenberg

Gewidmet:
Allen Pionieren und Wegbereitern des Fastengedankens, ohne deren Forschungstätigkeit dieses Buch nicht hätte geschrieben werden können.

Dieses Buch stellt keinen Ersatz für die ärztliche Behandlung oder die Behandlung durch einen Heilpraktiker dar. Vielmehr sollte der Leser bei Fragen, die seine Gesundheit betreffen, einen Arzt oder Heilpraktiker konsultieren, besonders wenn Symptome auftreten, die einer genauen Diagnose bedürfen.

Lizenzausgabe für die Büchergilde Gutenberg,
Frankfurt am Main, Olten, Wien,
mit freundlicher Genehmigung des
Falken-Verlages GmbH, 6272 Niedernhausen/Ts.
ISBN 3 7632 3329 6

Einband: Hennes Maier, Frankfurt/M.,
Typografie: Kreativ-Design Gerd Aumann, Wiesbaden
Abbildungsverzeichnis:
Archiv: S. 97
Archiv für Kunst und Geschichte, Berlin: S. 11, 14 links, 14 rechts, 16, 18, 24, 44, 68, 100
Artwerb Studio, Wiesbaden: Vignetten S. 102–129
Dr. Otto Buchinger, Bad Pyrmont: S. 46, 54
Gesellschaft der Mayr-Ärzte e. V. in der Gesellschaft der Ärzte für Erfahrungsheilkunde e. V. (Haug-Verlag), Heidelberg: S. 57
Historia-Photo, Hamburg: s. 22, 23, 67
Gerhard Scholz, Dornburg-Frickhofen: S. 59

Satz: LibroSatz, Kriftel bei Frankfurt
Druck: Mainpresse Richterdruck, Würzburg

INHALT

Anstelle eines Vorworts oder »Appetit aufs Fasten« 7

Grundsätzliches zum Thema Fasten 8
Fasten – was heißt das? 8
Instinktive Verhaltensweisen bei Tieren 8
Was die Natur lehrt 9
Auf der Suche nach Spitzenleistungen 10
Kleine Kulturgeschichte des Fastens 12
Die älteste Fastentradition der Welt 13
Fasten im Buddhismus 13
Dschainismus – Methode der Extreme 15
Speisegebote im Judaismus 15
Fasten im Islam 16
Was schon die Kirchenväter wußten 17
Erste Heilerfolge 19
Fasten aus medizinischer Sicht 19
Fasten, die »unblutige Operation« 21
Aktivierung des »inneren Arztes« 23
Wie Pfunde schmelzen 25
Ernährungsgewohnheiten 26
Krank durch Wohlstand 27
Andere Länder, andere Sitten 28
Mensch und Umwelt 30
Essen als Seelenfutter 30
Fasten – Ruhe zum Umdenken 30

Wer? Wann? Wo? Wie? – Voraussetzungen zum Fasten 32
Wer darf und wer sollte fasten? 32
Kampf den überflüssigen Pfunden 33
Hilfe bei banalen Infekten 37
Erfolge bei chronischen Krankheiten 39
Wer darf nicht fasten? 41
Auf den Zeitpunkt kommt es an 41
Warum in der Klinik fasten? 43
Die Kurkrise 43
Abstand vom Alltag 44
Welche Fastenkur für welchen Typ? 45

Fasten in der Klinik 46
Heilfasten nach Dr. Buchinger 46
Vorbereitungstage 47
Das Fasten beginnt 48
Der Brottrunk 50
Fastenalltag 50
Weniger ist mehr 51
Das Roedern 52
Homöopathische Maßnahmen 52
Fastende sind hellwach 53
Dauer des Fastens 53
Das Fastenbrechen 54
Der mündige Esser 56
Die Darmreinigungskur nach Dr. F. X. Mayr 56
Diagnose der Gesundheit 57
Krankheit in mehreren Akten 58
Die Bauchtypen nach Dr. Mayr 58
Gesundheit bringt Schönheit 60
Das Teefasten 61
Die Milch-Semmel-Diät 62
Die milde Ableitungskur 63
Die Molke-Kur 64
Die Schroth-Kur 66
Die Keppler-Kur 69
Der Kurablauf 70

Selbständig zu Hause fasten 72
Ein Wort zuvor 72
Das Morgenfasten 72
Das Tagesfasten 74

Das Festtagsfasten 74
Der Fastenschalttag 74
Kurzfasten bei Krankheit 75
Die Saftfastenkur 77
Wann und wo fasten? 77
Vorbereitungen 78
Die Kur 78
Das Fastenprotokoll 80
Einläufe, ein Thema für sich 84
Kleine Entschlackungskur nach Dr. Schroth 85
Die Kur 85
Der Dunstwickel 86
Die Nulldiät 87
Das Teefasten 88
Das kombinierte 5-Tage-Fasten 88
Die Molke-Kur 89
Was noch zu beachten ist 90

Die Nachfastenzeit 92
Die Ernährung nach dem Fasten 92
Umsichtig umstellen 92
Der Verdauungsapparat 93
Grundsätze einer gesunden Ernährung 98
Was Ernährungswissenschaftler empfehlen 100
Rezeptvorschläge
Frühstück 102
Salate und Rohkost 105
Suppen 111
Gemüsegerichte 113
Getreidegerichte 119
Nachspeisen 124
Gebäck 126
Getränke 129
Wie halte ich mein Gewicht? 130
Die 1000-Kalorien-Diät nach Dr. Buchinger 130
Die Hollywood-Star-Diät 131
Tägliche Gewichtskontrolle 132
Entwicklung neuer Wertvorstellungen 133
Zum Nachtisch: Zuschüsse 134
Adressen 135
Weiterführende Literatur zum Thema Fasten 138
Stichwortverzeichnis 140
Rezeptverzeichnis 143

ANSTELLE EINES VORWORTS ODER »APPETIT AUFS FASTEN«

Offen gestanden, die Autoren können sich vorstellen, was Sie denken, wenn man auf das Thema »Fasten« zu sprechen kommt. Gleich zu Beginn: Wir raten Ihnen, sich nicht als verhungerter Asket – auf einem Nagelbrett sitzend – zu sehen! Im Gegenteil: assoziieren Sie Fasten mit einem gertenschlanken, durch und durch gesunden Körper, der Ihnen Freude bereitet, den man »vorzeigen« kann und mit dem es eine Lust ist zu leben. Wir wollen Sie also ein wenig »auf den Geschmack« bringen, wie Sie sehen.

Zunächst jedoch ein Kompliment: Sie haben sich dieses Buch gekauft, weil Sie an Ihrer Gesundheit interessiert sind und wissen, daß Sie selbst etwas unternehmen können, daß Sie selbst weitgehend bestimmen, wie Ihr Organismus arbeitet – ob gut oder schlecht, ob in Harmonie mit sich selbst oder nicht. Und Sie haben recht: Sie sind der Chef im Ring und haben es in der Hand, wie es um Ihr Wohlbefinden bestellt ist. Mit einer vernünftigen Einstellung zu Ihrem Körper besitzen Sie die Möglichkeit, für »inneren Frieden« zu sorgen. Und diesen Frieden kann man bis zu einem gewissen Grad mit Fastenkuren, einer vernünftigen Lebensweise und gesunder Ernährung erreichen.

Wer schon einmal gefastet hat, dem braucht man von der Wohltat des Fastens für Leib und Seele nichts mehr zu erzählen. Als »Experte« ist man mit hoher Wahrscheinlichkeit ein Leben lang ein Anhänger dieser Enthaltungstherapie. Man verfügt über einschlägige Erfahrungen. Man weiß um das freie Gefühl in Körper und Geist und ist sich desgleichen bewußt, daß die Gewichtsabnahme nur ein angenehmes Nebenprodukt ist. Es existiert tatsächlich so etwas wie eine Faszination des Fastens, so wie es eine Faszination des Abenteuers gibt. Denn Fasten ist ein Abenteuer! Man entdeckt nicht selten neue Horizonte, und manchmal eröffnen sich sogar neue Perspektiven, die man bislang für unwahrscheinlich gehalten hätte.

Neulinge stehen dem Fasten, diesem »Königsweg zur Gesundheit«, dagegen oft skeptisch gegenüber. Unbekanntes läßt uns oft vorsichtig reagieren. Aber was hat es mit dem Fasten wirklich auf sich? Ist es möglich, daß Fastenkuren, wiewohl für andere Zeitgenossen durchführbar, für Sie zu kompliziert sind?

Nun, betrachten Sie einmal unvoreingenommen die Fakten:

Tausende und aber Tausende von Menschen, die schon einmal gefastet haben, vollständig »normale« Erdenbürger, berichten uns von großen Erfolgen und geistigen Erlebnissen. Sie konnten fasten – warum nicht auch Sie?

Der innere Arzt greift offenbar in der überwiegenden Mehrzahl der Fälle regulierend ein, sobald wir ihm die Zügel überlassen und es unserem Organismus ermöglichen, sich selbst zu heilen.

Dennoch: Fasten ist nichts für Langweiler und Unentschlossene. Wir appellieren mit diesem Buch also an den klugen, den intelligenten, den willensstarken und anspruchsvollen Menschen, der das Beste aus seinem Körper machen will. Fasten ist immer eine Herausforderung, ein Charaktertest! Aber wer den Test besteht, erfährt Gewinn für Leib und Seele.

Haben wir Ihnen damit ein wenig »Hunger« auf Fasten gemacht? Dann kommen Sie mit! Sie werden es nicht bereuen!

Die Autoren

GRUNDSÄTZLICHES ZUM THEMA FASTEN

Fasten – was heißt das?

Das Vorwort liest sich wie eine Einladung zum Überlebenstraining, werden Sie vielleicht im stillen kommentieren. Nun, Fasten könnte man tatsächlich so definieren. Viele Zeitgenossen pilgern heute treu und brav zum Arzt oder Heilpraktiker, um sich ihre Symptome kurieren zu lassen. Er soll reparieren, was sie in Jahren und Jahrzehnten ihrem Körper angetan haben. Und zwar möglichst schnell! Der Patient von heute fordert ein Rezept und ein Medikament, das er schlucken kann, damit er sich – abrakadabra! – umgehend wieder pudelwohl fühlt. Die Einsicht jedoch, daß etwas Grundlegendes, wie z. B. eine Fastenkur, passieren muß, ist ungemein schwer zu vermitteln. Deshalb gestatten Sie uns, zunächst einmal auszuholen und die Frage zu beantworten, was Fasten »eigentlich« ist! Wir wollen uns anschauen, für wen es taugt und ob es gleichermaßen für jeden empfehlenswert ist. Und: kann jeder von uns fasten – oder sollten sich nur einige wenige Auserwählte auf dieses Abenteuer einlassen? Weiter: paßt Enthaltsamkeit nur in das Weltbild eines religiösen Fanatikers? Und steht diese »Kur« ein normaler Mensch überhaupt durch? Einige Zeitgenossen glauben ernsthaft, daß ein körperlicher Zusammenbruch die Folge sei, wenn man zwei Wochen keine feste Nahrung zu sich nähme!
Diese und ähnliche Fragen erheben sich gewöhnlich, wenn man mit dem Thema »Fasten« zum ersten Mal konfrontiert wird. Dazu einige Antworten.

Instinktive Verhaltensweisen bei Tieren

Fangen wir mit einem einfachen Beispiel an.
Tiere mit ihrer instinktiven Lebensweise liefern uns einige interessante Erkenntnisse: Sehr viele Tierarten nehmen oft über einen längeren Zeitraum keine feste Nahrung zu sich, denn diese Verhaltensweise dient dem Wohl des Tieres. So fressen sie just dann nicht, wenn sie krank sind. Sie nehmen so lange kein Futter zu sich, bis die Krankheit gemeistert ist. Damit bieten sie ihrem Körper Gelegenheit, alle Kraft auf die Bekämpfung der Krankheit zu konzentrieren. Der Magen wird in dieser Zeit weitgehend entlastet, es muß keine Energie für die Verdauung aufgebracht werden. Der ganze Organismus kann sich also damit beschäftigen, Krankheitserreger abzuwehren und Schadstoffe auszuscheiden. Das Tier folgt hierin einem angeborenen Instinkt.
Kranke Tiere suchen, wenn sie genesen, darüber hinaus ganz bestimmte Gräser und Kräuter. Einige Spezies verschlingen Gras, um den Körper zum Erbrechen zu reizen. Bei all diesen Verhaltensweisen handelt es sich um ganz normale, instinktgesteuerte Vorgänge, die das Tier letztlich überleben lassen. Ist die Krankheit besiegt, frißt das Tier wieder und geht seinen üblichen Gewohnheiten nach.
Aber es gibt auch andere Verhaltensmuster. So legen einige Tiere regelmäßig Perioden der Nahrungsenthaltung ein: im Sommer und Herbst, wenn die Natur einen reich gedeckten Tisch bietet, nehmen sie Nahrung in Übermengen zu sich und legen sich auf diese Weise einen regelrechten Winterspeck zu, um die nahrungsarme Zeit des Winters zu überstehen. Sie zehren davon während des gesamten Winters.
In Perioden, da Nahrung knapp ist, fällt bei bestimmten Tierarten sogar die Brunftzeit, die Zeit des hitzigen Kampfes mit dem Nebenbuhler und der Begattung. Auch hierbei wird Kraft und Energie verbraucht. Hirsche beispielsweise fressen während der ganzen Brunftzeit nicht und sind dennoch voll leistungsfähig!
Ähnlich verhält es sich bei einigen Fisch- und Vogelarten: Der Lachs etwa nimmt während der Reise flußaufwärts zu seinen Laichplätzen keinerlei Nahrung zu sich

und überwindet dennoch (oder gerade deswegen) die schwierigsten Hindernisse.
Auch Zugvögel zehren von ihrem Sommerspeck bei ihrem Flug gen Süden. Sie überwinden ganze Kontinente. Nonstopflüge bis zu 5 000 km Länge sind dabei keine Seltenheit.
Um allen Mißverständnissen vorzubeugen: man kann bei Tieren nicht von »fasten« sprechen. Tiere fressen schlecht oder enthalten sich instinktiv der Nahrung. »Fasten« jedoch beinhaltet einen Willensvorgang, der dem Menschen vorbehalten ist; er bezieht den freien Entschluß ein, für eine gewisse Zeit keine Nahrung aufzunehmen. Dadurch unterscheidet sich Fasten vom Hungern, bei dem dem Menschen keine Nahrung zur Verfügung steht und er seine Existenz bedroht sieht.
Mit dieser Differenzierung erfaßt man bereits die starke geistige Komponente des Fastens; wer fastet, beschließt freiwillig und ungezwungen, auf Nahrung zu verzichten.
Insofern ist die Fähigkeit zu fasten als ein menschliches Talent anzusehen wie das Lachen oder Denken. Nicht umsonst wurde diese Methode in den Rang eines spirituellen, eines religiösen Läuterungsprozesses erhoben.

Was die Natur lehrt

Wenn Kinder krank sind, lehnen sie meist jedes Essen ab und verlangen zu trinken, einen frischen Saft zum Beispiel oder einen geriebenen Apfel. Ihr Instinkt funktioniert, ihre innere Uhr geht richtig. Den fiebernden Körper verlangt es nicht nach Nahrung, weil er hierbei intensive Verdauungsarbeit leisten muß. Er will im Gegenteil Lasten von sich wälzen und sich erfrischen. Aber besorgte Mütter drängen ihre Kinder zum Essen, obwohl die Zusammenhänge zwischen Fieber und Nichtessen nicht schwer zu begreifen sind.
»In unserem Körper ist zehnmal mehr Verstand als in unserem Geist!« formulierte es einmal ein Philosoph.
Hören wir also auf unseren Körper, beachten wir wieder seine Signale! Das ist am Anfang schwierig, eine Fastenkur kann uns jedoch dabei helfen, die Sprache unseres Körpers verstehen zu lernen. Hunger und Sättigung haben im übrigen kaum etwas mit »Liebsein« oder »Nichtliebsein« zu tun, wie einige Mütter ihren Kindern beizubringen versuchen. Mit der Verquickung von Liebe und Nahrungsaufnahme werden oft Vielesser und übergewichtige Kinder erzogen, die angeblich prächtig aussehen und bereits im Kindesalter zu großen Fettdepots neigen. Entsprechende Krankheitsbilder sind die Folge. Und am Rande bemerkt: ein großer Teil der heutigen Kinder ist überernährt bzw. falsch ernährt.
Das instinktive Fasten stellt also eine großartige Selbsthilfemaßnahme der Natur dar. Die Ausbreitung und das Wachstum der Viren oder Bakterien wird gehemmt, die Abwehrkraft des Körpers gestärkt und die Ausscheidung von Gift- und Krankheitsstoffen vorangetrieben.
Davon abgesehen kennt der Mensch noch weitere ihm eigentümliche, »angeborene« Fastenmethoden. Denn: jeder von uns fastet. Vielleicht sind Sie erstaunt über diese Behauptung. Und doch verhält es sich so: wenn wir abends die letzte Mahlzeit zu uns genommen haben und uns schlafen legen, beginnt auch eine kurze Periode des Fastens. Der Körper arbeitet weiter, alle Organe funktionieren und Energie wird verbraucht. Aber: wir essen acht, zehn oder zwölf Stunden keinen einzigen Happen und dennoch geht alles seinen gewohnten Gang. Gewiß, der Energiebedarf ist reduziert. Der Körper muß nicht Kraft zur Verfügung stellen – wie für sportliche Höchstleistungen etwa.
Aber daß diese nächtliche Nahrungspause als Fasten verstanden wird, ersehen wir aus der englischen Sprache: dort wird das Frühstück als »breakfast« bezeichnet, also als »Fastenbrechen«. Die englischspre-

chende Bevölkerung bezeichnet jeden ersten Bissen am Morgen damit als »Brechen«, als »Aufhören« der (natürlichen) Fastenzeit. Beeindruckend, was Sprache alles verrät!
Diese Form des Fastens beherrscht also jedermann, ohne daß er sich gewöhnlich darüber Gedanken macht. Eine größere Nahrungspause, ausgedehnt auf einen Tag, fünf Tage, ein, zwei oder drei Wochen – das jedoch ist erst wirkliches Fasten.
Nichtsdestotrotz ist es bemerkenswert, daß der Körper sich in gewissem Ausmaß seine wohlverdiente Ruhe- und Essenspause ungefragt gönnt.
Sind Sie immer noch nicht überzeugt von dem Wert des Fastens? Nun gut, dann schauen Sie sich einmal ein paar Zahlen und Fakten an.

Auf der Suche nach Spitzenleistungen

Manch einer erinnert sich vielleicht noch an den spektakulären »Fastenmarsch«, den elf Mitglieder der Schwedischen Vegetarischen Gesellschaft und der Waerland-Bewegung am 1. August 1954 zurücklegten. Ihr Marsch führte von Göteborg nach Stockholm, war 520 km lang und dauerte zehn Tage. In diesen zehn Tagen nahmen die strammen Marschierer nichts zu sich außer Quellwasser. Mit anderen Worten: rund 50 km wurde Tag für Tag bei völliger Nahrungsenthaltung zurückgelegt. Das schwedische Volk nahm regen Anteil an diesem Fastenmarsch. Hunderttausende begrüßten schließlich die zehn Teilnehmer – einer war ausgeschieden – mit großem Jubel in Stockholm. Die Ärzte des größten Hospitals in Stockholm untersuchten die Teilnehmer und fanden alle bei vorzüglicher Gesundheit. Zu den prominentesten Marschierern zählten Dr. Lennart Edrén, der Leiter der Gruppe, und der Naturheilarzt Arne Wingquist. Obwohl es während des Marsches tagelang in Strömen geregnet hatte, erreichten dennoch zehn Teilnehmer wohlbehalten und in gutem Gesundheitszustand Stockholm, dabei hatte jeder 8 bis 10 kg abgenommen.

Abenteuerlich! – werden sie vielleicht kommentieren. Ja, zugegeben! Es zeigt jedoch, daß Fasten durchaus mit Leistung, ja sogar mit Leistungssteigerung verbunden sein kann, wie auch im übrigen die bundesweiten Langstreckenwanderungen des Fastenpastors Michel beweisen.
Sie selbst wissen sicher aus eigener Erfahrung, daß man sich nach einem sehr ausgiebigen Essen schläfrig und müde fühlt. Der Volksmund weiß: »Ein voller Bauch studiert nicht gern.« Diese Redensart stimmt schlicht und ergreifend, die Leistungsfähigkeit sinkt nach einer üppigen Mahlzeit. Das Blut wird zum Magen gepumpt, um dort die Verdauungsarbeit zu fördern. Dabei wird das Gehirn vergleichsweise geringer durchblutet. Hieraus resultiert die bekannte Müdigkeit nach dem Essen, der oft auch nicht durch das Täßchen Mokka beizukommen ist. Kleine, leichte Portionen, über den Tag verteilt, bewahren unseren Magen hingegen vor solcher Schwerarbeit und erhalten die Leistungsfähigkeit. Bergsteiger oder Sportler, die eine anstrengende Tour oder einen langen Lauf vor sich haben, hüten sich deshalb davor, sich den Bauch vollzuschlagen. Sie wissen genau, daß sie danach nicht »in Form« sind. Die Nahrungsaufnahme führt also durchaus nicht immer zur Energiesteigerung, da sie selbst Energie verbraucht.
Je mehr Nahrung ein Mensch also zu sich nimmt, um so mehr Energie braucht er für die Verdauung. Man könnte den Körper mit einem gewichtigen Auto vergleichen, das viele Liter Benzin allein dafür benötigt, um die ein bis zwei Tonnen schwere Karosserie voranzubringen.
Fragen Sie sich selbst einmal unvoreingenommen, wann Sie sich besonders leistungsfähig fühlen:
- Wenn Sie mehrere Stunden gar nichts gegessen haben?
- Wenn Sie wenig gegessen haben?
- Wenn Sie wenig gegessen, aber viele Stimulanzien wie Kaffee, Tee, Nikotin oder Alkohol zu sich genommen haben?
- Wenn Sie viel gegessen haben?

Beantworten Sie diese Fragen wahrheitsgemäß!

Die asketische Lebensweise der Spartaner sollte vor allem größere Kraft und Leistung erzielen.
(Sparta, der Dromos mit dem Gymnasion, Rekonstruktion, 19. Jh.)

Sie werden sicher zu dem Schluß kommen, daß kleine Portionen, über den Tag verteilt, für den Körper am bekömmlichsten sind. Tee und Kaffee verursachen zwar vorübergehend eine Anhebung des Blutdrucks und steigern punktuell die Aktivität. Aber sie können auch Nervosität und Fahrigkeit zur Folge haben. Alkohol oder Nikotin belasten in jedem Fall den Kreislauf und wirken sich mehr als nachteilig auf die Körper- und Gehirnfunktionen aus.
Die alte Regel »viel hilft viel« trifft nicht auf das Essen zu. Es kommt vielmehr auf die kluge und bewußte Auswahl zweckmäßiger Nahrungsmittel an. Sie fahren auch nicht heute mit Diesel und tanken morgen Super. Aber Umstände, die vielen Zeitgenossen im technischen Bereich einleuchten, übertragen sie selten auf ihre eigenen Lebensbereiche. Dabei sollte man seinen Körper zumindest ebenso gut pflegen wie ein Auto, bei dem man sofort jedem störenden Geräusch nachgeht, damit alles perfekt funktioniert. Das »Leben« des Wagens hänge davon ab, argumentieren die Technik-Fans. Unser Leben aber hängt auch – und in noch viel größerem Maße als beim Auto – von der richtigen Ernährung ab.
Soweit unser Plädoyer für das Fasten.
Viele, allzu viele Anzeichen sprechen dafür, daß Fasten eine von der Natur eingerichtete, instinktive Überlebensmethode darstellt. Wir haben gesehen, daß Kinder, Kranke, Tiere, ja jeder Mensch zeitweise »fastet« – und sei es nur im Schlaf –, ohne daß sich dadurch ein Leistungseinbruch bemerkbar machen muß.
Hinzu kommen zahlreiche spektakuläre Beispiele aus der Geschichte, speziell aus der Religionsgeschichte. Wir bewegen uns hier also im Rahmen einer höchst bemerkenswerten, altehrwürdigen Tradition.

Kleine Kulturgeschichte des Fastens

Gefastet wurde praktisch zu allen Zeiten, in allen Religionen und Kulturen! Erstaunlich! Der Nahrungsaufnahme enthielt man sich aus zweierlei Gründen, einmal zum Zwecke körperlicher Heilung, zum anderen aus kultisch-religiösen Gründen, um Einsichten zu gewinnen und sich mit der geistigen Welt zu »verbinden«. Nicht umsonst bedeutet »religo«, das dem Wort »Religion« zugrunde liegt, »verbinden«.
Fasten scheint so alt wie die Menschheitsgeschichte selbst zu sein. Wir begegnen diesem Brauch, dieser Technik auf Schritt und Tritt, wenn wir die verschiedenen Kulturen durchforsten. Moses fastete vierzig Tage auf dem Berg Horeb. Selbst die alten Inder kannten bereits Fastenperioden von dreißig Tagen. Die alten Germanen fasteten jeweils einen Tag in der Woche. Die Spartaner und Perser gewöhnten ihre Jünglinge und Jungfrauen an ein allmählich verlängertes Fasten, um sie durch Entbehrungen zu größerer Kraft und Widerstandsfähigkeit zu erziehen. Laut Herodot, einem griechischen Geschichtsschreiber des 5. Jahrhunderts v. Chr., »entleerten« sogar die alten Ägypter einmal monatlich ihren Körper durch Fasten, weil sie behaupteten, daß alle Krankheit von der Nahrung ausgehe.
Die Bibel berichtet, daß Jesus vierzig Tage in der Wüste fastete und vom Teufel versucht wurde. Auch Buddha übte sich zeitweilig in ausgedehnten Fastenperioden. Und Mohammed predigte: »Beten führt uns auf halbem Weg zu Gott, Fasten bringt uns an die Tür des Himmels!« Der berühmte Kirchenvater Johannes Chrysostomos schließlich schrieb: »Das Fasten ist die Nahrung der Seele, es zügelt die Unmäßigkeit der Sprache und schließt die Lippen, es zähmt die Wollust und besänftigt das cholerische Temperament. Es weckt das Urteil, macht den Körper geschmeidig, verjagt nächtliche Träumereien, heilt Kopfschmerz und stärkt die Augen.«

Aber gehen wir systematisch vor.
Wann und wo das Fasten exakt begonnen hat, verliert sich im Dunkel der Geschichte; man kann nur vermuten,

daß Indien das Ursprungsland ist. In auffallender Häufigkeit begegnen wir jedenfalls entsprechenden Geboten und Anweisungen in diesem Raum.

Die älteste Fastentradition der Welt

Es ist erstaunlich, daß im Rahmen der hinduistischen Religion ganz konkrete Anweisungen gegeben werden, wie sich das Fasten zu vollziehen habe.
Schon in den Weden, den ältesten bekannten religiösen Texten dieser Erde, deren zeitlicher Ursprung 2 500 bis 10 000 Jahre v. Chr. angesetzt wird, wird bereits für eine vernünftige Lebensweise plädiert. In ihren Dharma-Sutras existieren sogar »Regeln für Asketen«. Unter anderem wird dem Weisen hier geraten, er solle seine Nahrung so essen, als ob er ein Heilmittel äße.
Der Asket wird in dem gleichen Text angehalten, des Nachts mit gekreuzten Beinen zu sitzen, dreimal täglich ein Bad zu nehmen und nur zur vierten, sechsten oder achten Stunde zu essen, dabei aber nichts anderes zu sich zu nehmen als Reiskörner, Ölkuchen und aus Gerste, Milch und Sauermilch zubereitete Nahrung.
Wenn Sie so wollen, verfügen Sie damit bereits über das erste Fastenrezept – das mit Sicherheit bereits einige Jahrtausende alt ist!
Genau betrachtet ist es begeisternd, daß solche Ratschläge die Zeit überdauern konnten.
Die Heilwirkung von Wasser, Wurzeln und Früchten wird interessanterweise des öfteren betont, aber auch der »Frühlings- und Herbstreis«. Desgleichen ist es frappierend, festzustellen, daß in diesen heiligen Texten bereits ein stufenweises Vorgehen beim Fasten empfohlen wird, eine Erkenntnis, die heute Ärzte als neue Einsichten feiern!
So wird in den Weden etwa die »Mondbuße« zitiert, die darin besteht, während der vierzehn hellen Tage (d. h. zur Zeit des zunehmenden Mondes) täglich jeweils einen Bissen von der am Vortage üblichen Ration abzuziehen.
Nach Meinung der Autoren wäre es absolut faszinierend, wenn man die Diät- und Speisepläne der indischen Asketen einmal einer wissenschaftlichen Untersuchung unterziehen würde; wahrscheinlich könnten erstaunliche Erkenntnisse zu Tage gefördert werden.
Bestimmte Nahrungen und Getränke werden im Hinduismus im übrigen mit einem Bann belegt. So wird Brahmanen, die Alkohol trinken, prophezeit, daß sie in Gestalt von Würmern, Insekten oder Schädlingen wiedergeboren werden. Herrliche Aussichten!
Im indischen Raum bedeutete Fasten nebenbei bemerkt nicht prinzipielle Nahrungsverweigerung. Auch Gebote, die die »richtigen«, »reinen« Speisen diktierten bzw. eine Reduzierung derselben vorschreiben, werden im weiteren Sinne als »Fasten« bezeichnet.
Aber sondieren wir noch ein wenig weiter in diesem Kulturraum, der uns einen so reichhaltigen Fundus bietet.

Fasten im Buddhismus

Einen Meilenstein in der Tradition der Asketen setzte niemand geringerer als Siddhartha Gautama Buddha (550–470 v. Chr.), der die Heimat verließ, um mittels äußerster Kasteiungen die Erlösung zu suchen. Sechs Jahre lang lebte er der Legende nach von Samen und Gras. Allmählich beschränkte er seine Nahrung auf ein Reiskorn täglich. Lauschen wir den Worten des Buddha: »Mein Körper wurde außergewöhnlich mager. Die Spur meines Sitzes war wie der Fußabdruck eines Kamels, das kam vom wenigen Essen. Wenn ich mich neigte und wieder aufrichtete, waren die Knochen meiner Wirbelsäule wie eine Reihe Spindeln; das kam vom wenigen Essen. Und wie man in einem tiefen Brunnen ganz tief unten das Leuchten des Wassers sieht, so schrumpfte meine Kopfhaut vom wenigen Essen ein ...«
Die Geschichte weiß zu berichten, daß er sich schließlich von der gewaltsamen Askese ab- und der Meditation zuwandte, bis aus dem Asket ein »Buddha«, ein »Erleuchteter«, wurde.

Siddhartha Gautama Buddha (550–470 v. Chr.) fastete jahrelang, um dadurch Erlösung zu erlangen.
(Buddha aus Preakau, China)

Mahatma Gandhi (1869–1948) fastete mehrmals, um seinen politischen Gegner zum Handeln zu bewegen, aber auch, um die Unzulänglichkeiten der eigenen menschlichen Existenz zu überwinden.
(Zeichnung von R. L. Lekhi, 1946)

Strenge asketische Vorschriften sucht man deshalb im frühen Buddhismus vergebens, wenn auch Regeln zur Enthaltsamkeit an der Tagesordnung sind. So lautet die Regel Nr. 6 der »Übungsregeln für Mönche«: »Ich verpflichte mich zur Übung in Abneigung/Enthaltsamkeit gegenüber dem Essen zur falschen Stunde.«
Dennoch ist der Buddhismus eigentlich kein typischer Vertreter des Fastens.
Immerhin sind wir in diesem Zusammenhang einem wichtigen Umstand auf der Spur.
»Fasten« beinhaltete nämlich auch gleichzeitig »Läuterung« in einem geistig-spirituellen Sinne. Die »Läuterung« und »Reinigung« wurde körperlich und seelisch verstanden, als ein Freiwerden von Sünden und Schlakken, als eine Willenskundgebung, als Ausdruck der Bereitschaft, sein Leben höheren Zielen zu widmen. Es bedeutete in seiner höchsten Form Sieg über den Körper und die bedingungslose Unterjochung des Leibes; es beinhaltete einen Triumph.
Aus dieser Epoche (500 v. Chr.) ist im übrigen eine der extremsten Fastenpraktiken bekannt, die man sich vorstellen kann.

Dschainismus – Methode der Extreme

Im Dschainismus, auch Dschinismus, Jainismus oder Jinismus (»jina« = sanskr.: »Sieger«), wird noch heute das Fasten als höchste Form der Gottesanbetung, der Reinigung und Läuterung praktiziert und als Methode, Erkenntnisse der höheren Welten zu gewinnen.
Der Dschainismus ist eine unorthodoxe indische Religion, die die Autorität der Weden ablehnt. Der Gründer dieser Religion, ein Zeitgenosse Buddhas, ging nicht zuletzt aufgrund seiner extremen Forderungen in die Religionsgeschichte ein. Der einer adeligen Familie entstammende Gründer Mahawira (gestorben um 477 v. Chr.) lehrte ebenfalls die Erlösung der Seele aus dem Geburtenkreislauf. Meditation und Askese, besonders aber das Fasten, so verkündete er, können die Wirkung des Karma aufheben. Karma bezeichnet ein eher-nes kosmisches Gesetz, nach dem die Seele entsprechend ihrer bösen oder guten Taten in einen höheren oder niedrigeren Seinszustand wiedergeboren wird.
Der Laiengemeinde stellte er die nach strengen Vorschriften lebenden Mönchs- und Nonnenorden gegenüber. Von diesen Auserwählten verlangte er jedoch nicht eben wenig, denn nach seiner Meinung war es besonders verdienstvoll, seinem Leben durch Fasten ein Ende zu setzen!
Keine Sorge, wir werden Ihnen diese Kur nicht empfehlen. Es ist schier atemberaubend, bis zu welchen Extremen man sich versteigen kann. Selbstredend muß man hier auf der Trennung von religiösen und medizinischen Forderungen bestehen. Aber es ist unseres Erachtens wirklich fesselnd, die konkreten Ausformungen einer Methode in ihrer Geschichte einmal nachzuvollziehen. Verfolgen wir also die Spuren weiter.
Bei sorgfältiger Untersuchung findet man in vielen Religionen zumindest Anklänge an die Praktik des Fastens. Ein Beispiel bietet etwa der Schintoismus, die japanische Volksreligion, wo wir dem Ritus der »Großen Reinigung« begegnen, mit der auch Fastengebote verbunden waren: Alkohol etwa und Rauchwerkzeuge waren streng verpönt.

Speisegebote im Judaismus

Desgleichen könnte man den Judaismus intensiv unter die Lupe nehmen, wobei hier weniger das Fasten als solches in den Mittelpunkt der Betrachtung zu rücken wäre, sondern eher die ganz spezifischen Diätvorschriften. Schauen wir uns eine konkrete Forderung an:
So dürfen die Gläubigen weder das Fleisch von Tieren essen, die gespaltene Klauen haben oder Wiederkäuer sind wie z. B. das Kamel, das Schwein oder der Hase. Auch das Aas dieser Tiere darf nicht berührt werden.
Darüber hinaus verraten zwei Fachbegriffe die innige Beziehung der Juden zum Fasten:
»Fasten Esther« bezeichnet den jüdischen Fasttag am 13. Tag des Monats Adar (Februar/März), dem Vortag

der Festes Purim, zur Erinnerung an das dreitägige Fasten der Esther.
»Fasten Gedalja« ist ebenfalls ein jüdischer Fasttag, der am 3. Tag des Monats Tischri (September/Oktober) zur Erinnerung an die Ermordung des von Nebukadnezar II. nach der Eroberung Jerusalems 586 v. Chr. eingesetzten Statthalters Gedalja gefeiert wird.
Auch bei den Juden sieht man den Magen als Schlupfwinkel für die Krankheit an. Zuviel Essen, glaubte man, ist der Vater allen Übels, umgekehrt die Beherrschtheit die Mutter der Heilmittel.
Im alten Juda lebten darüber hinaus die Sekten der Essener und Nasiräer streng vegetarisch. Sie übten strenges Fasten bis zu vierzig Tagen.

Fasten im Islam

Auch der auf dem Judaismus und Christentum fußende Islam fordert die »wahren Gläubigen« auf zu fasten. Im Koran finden sich nicht wenige Anmerkungen über das Fasten, speziell in der 2., 4. und 58. Sure. Nachstehend ein kleiner Ausschnitt aus der 2. Sure: »Wenn aber einer unter euch krank ist, oder auf Reisen, (der faste die gleiche) Anzahl von andern Tagen; und sie die es vermöchten (und nicht fasten), sollen zur Sühne einen Armen speisen. Und wer aus freien Stücken Gutes tut, dem soll Gutes werden; und daß ihr fastet, ist euch gut, wenn ihr es begreift. Der Monat Ramadan … (wurde) herabgesandt als eine Leitung für die Menschen …«
Der Fastenmonat »Ramadan« wird noch heute in allen arabischen Ländern heilig gehalten. Darüber hinaus ist es interessant zu erfahren, daß sich mohammedanische Pilger verpflichten, während der Reise nach Mekka drei Tage und auf der Rückreise sieben Tage zu fasten. Auch in diesem Kulturraum ist das Fasten also mehr als eine Empfehlung.
In diesem Kontext ist außerdem noch der Sufismus zu benennen, eine asketisch-mystische Richtung im Islam, die von außerislamischen Lehren (zum Beispiel indischen Religionen) beeinflußt wurde. In Bruderschaften und Derwischorden wird durch Tanz und Musik eine ekstatische Vereinigung mit Gott angestrebt. Auch hier sind asketische Gebote und Fastenvorschriften zu finden, wobei offenbar der Fastenbegriff sowohl die totale Nahrungsverweigerung als auch die Forderung nach weniger Nahrung beinhalten kann.

Im Koran sind verschiedene Speisen- und Fastengebote zu finden. So ermahnt Mohammed (570–632) die Gläubigen, im 9. Monat des islamischen Mondjahres, dem Ramadan, zu fasten.
(Holzstich nach einer Federzeichnung, 19. Jh.)

Was schon die Kirchenväter wußten

Desgleichen wurde das Fasten im frühen Christentum hochgeschätzt. Die Methode, sich mittels Nahrungsenthaltung spirituell weiterzuentwickeln, muß bereits früh praktiziert worden sein und ist möglicherweise aus dem indischen Raum über die Handelsstraßen importiert worden. Im Laufe der Jahrhunderte aber rief es zunehmend Widerstand bei den Gläubigen hervor, die sich den strikten Geboten des Freitagfastens und des Fastens vor Ostern nicht mehr beugen wollten. Sie glaubten, eine ungebührliche Anmaßung der Kirche und eine Beschneidung ihrer eigenen Freiheit darin zu erblicken. So sehr die Kirche im Laufe ihrer Geschichte möglicherweise nach Meinung einiger Kritiker auf Abwege geriet, in puncto Fasten hätte man auf die Kirchenväter hören sollen.

Geschichten, die von asketisch fastenden Kirchenvätern berichten, sind durchaus nicht als Legenden abzutun. Es wird berichtet, daß sie trotz – oder gerade wegen – ihrer geringen Nahrung (meist Brot, Datteln, Salat und Wasser) ein hohes Alter erreichten: der Eremit Paul zählte 115, St. Hieronymus fast 100 und St. Antonius 105 Jahre, als sie das Zeitliche segneten. Der Erzieher des Kaiser Arcadius, Arsenius, soll gar das biblische Alter von 120 Jahren erreicht haben.

Fasten, das eigentlich soviel wie »an den (Fasten-) Geboten festhalten« bedeutet und mit dem neuhochdeutschen Wort »fest« (»festhalten«) verwandt ist, beinhaltet im christlichen Kulturraum jedoch nicht nur die vollständige Enthaltung von Nahrungsaufnahme zu bestimmten Fastenzeiten, sondern auch die individuell oder gemeinschaftlich vollzogene Abstinenz von bestimmten Nahrungsmitteln und Getränken.

In seiner höchsten und idealistischsten Vorstellung assoziiert man damit Buße und Heilung, Erleuchtung, Gebet, Vision und Ekstase. Wahrscheinlich können wir hier wieder eine Brücke schlagen zum indischen Kulturraum, wo »Fasten« und »Askese« beinahe austauschbare Begriffe waren.

Im übrigen kennt das Kirchenjahr zwei »Fastentage«, die jeweils vor den Hochfesten beginnen. Das Fasten wurde rechtlich von Papst Paul VI. durch die Apostolische Konstitution »Paenitemini« über die kirchliche Fasten- und Bußdisziplin vom 17. Februar 1966 neu geordnet. Gebotene Fastentage sind danach heute nur noch der erste Tag der österlichen Vorbereitungszeit (Aschermittwoch) und der Karfreitag. Das Fastengebot schreibt vor, daß nur eine volle Mahlzeit eingenommen wird, abgesehen von einer kleinen Stärkung zu den beiden anderen »Tischzeiten«. Da die beiden Fastentage zugleich Abstinenztage sind, ist auch die Enthaltung von Fleischspeisen geboten. Zum Fasten verpflichtet sind alle Kirchenangehörigen, die das 21. Lebensjahr vollendet und das 60. noch nicht begonnen haben. Der Pfarrer kann bei einsichtigen Gründen vom Fastengebot befreien (Dispens).

In den Ostkirchen gibt es mehrere Fastenzeiten (vor höheren Festen) und Fastentage. Das Fasten besteht hier in der Abstinenz von Fleisch, Eiern, Milch (Butter, Käse etc.), Fisch, Öl und Wein.

In den reformatorischen Kirchen wurde weniger das Fasten bekämpft, sondern die Ansicht, Fasten sei ein gutes Werk. Partiell hielten sich jedoch bis in die Gegenwart Fasten- und Abstinenzbräuche.

Das Wort »Fasten« begegnet uns im übrigen wieder in dem Begriff »Fastnacht« (= die Nacht vor dem Fasten) und der »Fastenpredigt«. Die Fastenpredigt ist die an den Sonntagen, gelegentlich auch an den Wochentagen (vor allem Freitagen) der Fastenzeit gehaltene Predigt, die der Vorbereitung auf das christliche Hochfest – Ostern – dient. Die Fastnacht ist seit dem 15. Jahrhundert allgemein verbreitet.

Soweit einige Schlaglichter. Man könnte sehr viel intensiver die Geschichte und Religionsgeschichte durchforsten, aber begnügen wir uns mit der vorgestellten Ausbeute.

Um es nochmals zusammenzufassen: höchst bemerkenswert ist die in vielen Kulturen immer wiederkehrende Aufforderung zu fasten.

Dokumentiert werden konkrete Heilerfolge durch das Fasten jedoch verständlicherweise erst in der Neuzeit.

Die Fastnacht, die Nacht (Zeit) vor dem Fasten, wird ausgelassen und närrisch gefeiert.
(Radierung, 1826, von Wilhelm Gail, 1804–1890)

Erste Heilerfolge

Dr. Ralph Bircher berichtet in seinem Buch über die Hunzas, daß die Äcker des Hunzahochtales im Nord-West-Himalaja nicht genug Nahrung erbringen, um die Menschen das ganze Jahr über zu ernähren. So legten die Hunzas gezwungenermaßen alljährlich eine »Fastenperiode« ein, nämlich immer dann, wenn die alten Vorräte verbraucht waren. Die Hunzas blieben dennoch fröhlich, zufrieden und leistungsfähig. Sie verrichteten Feldarbeit und erneuerten Bewässerungsgräben, die oft durch herabstürzende Lawinen zerstört wurden. Das Erstaunliche dabei: dieses Volk blieb trotz oder gerade wegen der erzwungenen Nahrungspause kerngesund! Sie benötigten jahrhundertelang keinen Arzt.

Mit dem Vordringen der Zivilisation schwand der paradiesische Zustand: Die Hunzas müssen heute zwar nicht mehr hungern, da sie ihre Nahrung mit Importen wie Weißmehl, Zucker und Konserven ergänzen (alles minderwertige Nahrungsmittel!), aber sie leiden jetzt auch an typischen Krankheiten der westlichen Welt: es grassieren Zahnfäule, Blinddarmentzündungen, Gallenleiden, Übergewicht und Diabetes, um nur einige prominente Krankheiten zu nennen.

Gehen wir noch einen Schritt zurück.

Aus dem 18. Jahrhundert ist eine kombinierte Fastenkur des Paters Bernhard von Malte (1724) überliefert, der offenbar als einer der ersten nachweislich Heilerfolge erzielte. Er kombinierte verschiedene Naturheilverfahren und verordnete nach der Kur spezielle Speisen.

Ebenfalls im 18. Jahrhundert wirkte der neapolitanische Arzt Alfons Ferrus, dessen Erfahrungen ebenfalls überliefert sind. So sollen seiner Meinung nach Choleriker am schlechtesten, Sanguiniker, fröhliche Menschen also, leichter und Phlegmatiker am leichtesten fasten können.

Bemerkenswert ist, daß man ab dieser Zeit das »Heilfasten« offenbar in ganz Europa zu praktizieren begann. Um 1840 verzeichnete der schwedische Professor Osbeck mit seiner »Unterernährungskur« sehr große Erfolge. In Anerkennung seiner Verdienste um die Menschheit verlieh ihm die schwedische Regierung 3 000 Taler und eine Jahresrente von 500 Talern.

In der Mitte des 19. Jahrhunderts wurde es allerdings kurzzeitig still um die Fastenkur; sie geriet außer Mode. Das Industriezeitalter mit seinen Maschinen zog herauf. Fasten war nicht mehr angesagt, galt als unmodern und hinterwäldlerisch. Wer wollte nicht zeitgemäß sein! Alles drängte vor, war auf Eroberung gestimmt, auf Angriff und Aggression – Gedanken, die nicht mit Fasten und Mäßigung zu vereinbaren sind.

Ein amerikanischer Arzt, Dr. E. H. Dewey aus Meadville/Pennsylvania, dessen Vertrauen in die Schulmedizin stark erschüttert war, brachte das Fasten einige Jahrzehnte später wieder zu neuem Ansehen.

Er forderte die Betrachtung des gesamten Menschen bei der Behandlung von Krankheiten und nicht nur die Bekämpfung der Symptome.

Dewey könnte als Wegbereiter der modernen Fastenmethoden bezeichnet werden. Der unorthodoxe Arzt erzielte überwältigende Heilerfolge, so daß sich schließlich viele Ärzte sowie weite Kreise der Bevölkerung wieder mit Fastenkuren beschäftigten.

Fasten aus medizinischer Sicht

Aus medizinischer Sicht bietet Fasten die Möglichkeit, sich gründlich zu reinigen, zu entschlacken und zu entgiften. Mit anderen Worten: man kann sich von allem Krankhaften und Schädlichen trennen und mit sich selbst »ins reine« kommen. Fasten wird daher oft als »Operation ohne Messer« bezeichnet.

Der Mensch verfügt gewissermaßen über einen »inneren Arzt«, das heißt, er besitzt die Fähigkeit, sich selbst zu heilen.

Fasten, richtig verstanden, ist also nichts anderes als eine der Natur abgeschaute, gesunde Heilmethode.

Kaum eine andere Methode greift so tief in den Organismus ein wie eine Fastenkur. Schon allein der Verzicht auf Nahrung bedeutet ein Atemholen für den Organismus, der in vielen Fällen jeden Tag Schwerstarbeit leisten muß, um zumindest ein gewisses Gleichgewicht herzustellen. Entgleist er dennoch, weil er die immense Arbeit nicht mehr leisten kann, fühlt sich der Mensch zunächst müde und schlapp. Anfänglich ist er nur weniger leistungsfähig, später erkrankt er schließlich.

Es handelt sich also um eine Kettenreaktion, die gewöhnlich jedoch nicht als solche angesehen wird. Im Gegenteil: Krankheit wird als isoliertes Geschehen betrachtet, nicht als Warnsignal und Aufschrei eines gestörten Gesamtsystems. Auf diese Krankheit konzentriert sich nun das volle Augenmerk des Patienten und des Arztes. Die Krankheit jedoch ist nur ein Hilferuf des Körpers, die Ursache selbst liegt häufig an anderer Stelle. Provokant formuliert sollte man also fordern, daß wir freundlicher mit unseren Krankheiten umgehen sollten, denn sie wollen uns etwas mitteilen: nämlich daß diese oder jene Ernährungsweise, diese oder jene Lebensweise falsch und unbekömmlich ist. Der Körper kann sie nicht länger ausbalancieren und gerät aus dem Gleichgewicht. Bluthochdruck, Gallensteine und rheumatische Beschwerden z. B. entwickeln sich nicht über Nacht. Medikamente jedoch können bei solchen Problemen allenfalls Linderung verschaffen.

Erstaunlich ist, wie wenig Bedeutung einer gesunden Lebensweise oder Ernährung in der täglichen Praxis zugemessen wird. Meist wird der Patient lediglich danach gefragt »was ihm fehlt«, woraufhin er Auskunft über seine akuten Beschwerden gibt. Eine umfassendere Betrachtungsweise entfällt meist. Es gibt nur wenige konsequente Ärzte, die den Mut besitzen, dem Patienten mitzuteilen, daß sie sich außerstande sehen, ihm zu helfen, wenn der Patient nicht mithelfe, seine Krankheit zu beseitigen. Kritiker beanstanden, daß oft lediglich »der Krankenschein über den Tisch« geschoben wird. Leider werden Beratungsgespräche heute so gut wie nicht von der Krankenkasse honoriert. Dieser Umstand degradiert jedoch viele Ärzte mehr oder weniger zu Tablettenverteilern, die kaum an der Lebensweise oder den Lebensumständen ihrer Patienten interessiert sind.

Aber bemühen wir uns um etwas Leichtigkeit in der Diktion. Sie kennen vielleicht die Geschichte des Medizinstudenten, der seinen Vater, einen Arzt, eines Tages im Urlaub vertreten soll. Der Medizinstudent ist Anhänger von Fastenkuren und es gelingt ihm tatsächlich, einen Patienten damit zu heilen, der schon seit Jahr und Tag von seinem Herrn Vater vergeblich behandelt worden ist.

Als unser Student nun seinem Herrn Vater, als dieser aus dem Urlaub zurückkehrt, freudestrahlend von seinem Heilerfolg berichtet, fällt dieser aus allen Wolken – und entgegnet nur kurz angebunden: »Sohn, weißt Du denn nicht, daß dieser Patient Dir Dein ganzes Medizinstudium finanziert hat...«

Man erhält jedoch ein völlig falsches Bild von der Schulmedizin, die mit der Naturheilkunde in einem »Dauerclinch« liegt, wenn man sie einseitig als ineffizient bezeichnet. Man ist schlecht beraten, wenn man nur über die negativen Auswirkungen der Pillensucht etwa herzieht und nicht auch die Errungenschaften der Schulmedizin gelten läßt. Sie sind mit einem Wort nicht gut beraten, wenn Sie nur und ausschließlich Heilpraktikern und Ärzten, die sich der Akupunktur, der Homöopathie und anderen Naturheilverfahren verschrieben haben, Ihr Gehör schenken und alles andere verdammen. Aus medizinischer Sicht muß man zweifellos einen goldenen Mittelweg gehen. Dennoch sollte man ehrlich genug sein, auch die kritischen Punkte der Schulmedizin beim Namen zu nennen. Man sollte sich zu der Meinung bekennen, daß die Medizin »richtig« ist, die dem Patienten hilft. In diesem Sinne ist das Fasten von herausragender Bedeutung, weil es auf natürliche, ja manchmal sogar spektakuläre Art und Weise Erfolge aufzeigt, die man bei allem Skeptizismus nicht vom Tisch wischen kann.

Fasten, die »unblutige Operation«

Viele Patienten verbinden mit einer Fastenkur die Vorstellung, daß man nichts, aber auch gar nichts essen oder trinken dürfe, was natürlich nicht stimmt. Ein Mensch kann kaum verhungern (erst nach dem 60. Tag treten gefährliche Symptome auf), aber er kann bereits nach wenigen Tagen verdursten. Eine reichliche Flüssigkeitszufuhr, sei es Tee oder Obst- und Gemüsesäfte, ist daher absolut notwendig – auch um den Organismus mit Mineralien und Vitaminen zu versorgen. Die Nieren, die während des Fastens erhebliche Arbeit leisten, müssen kräftg durchspült werden. Zusammen mit dem Darm wirken sie als Müllabfuhr und leiten die Giftstoffe aus dem Körper heraus. Neben Nieren und Darm ist während einer Fastenkur auch die Leber ganz besonders gefordert. Sie ist die »Entgiftungszentrale« und das Filtersystem unseres Körpers. Deshalb wird ihre Funktion auch durch Leberwickel unterstützt.

Wie reagiert nun der Körper, wenn man ihm seine regelmäßige Nahrungszufuhr, auf die er eingestellt ist, entzieht?

Zunächst einmal wirken dieser Nahrungsentzug und die größere Flüssigkeitszufuhr auf den Organismus als ein starker Reiz. Während der ersten beiden Tage des Fastens greift der Körper auf seine Kohlenhydratreserven zurück. Diese reichen jedoch nur für etwa 1 Tag und sind daher schnell verbraucht.

Unter dem Einfluß des vegetativen Nervensystems stellt sich der Organismus jetzt langsam ganz auf die reduzierte Energiezufuhr ein und schaltet auf Sparflamme. Das ist auch einer der Gründe, warum die Kilos zu Beginn etwas schneller schwinden. Gleichzeitig werden nun die Energiedepots angegriffen. Gespeichertes Fett und Eiweiß liefert nun die notwendigen Kalorien. Der Körper ernährt sich jetzt von »innen«. Mit dem Abbau der Speicher werden Schlackenstoffe freigesetzt und über die Niere, den Darm und die Haut ausgeschieden. Hat sich der Organismus einmal auf die fehlende Kalorienzufuhr umgestellt, verschwindet auch das Hungergefühl.

Gerade die Leber und die Niere sind während einer Fastenkur stark belastet. Sie bauen Substanzen um, entgiften sie und sorgen dafür, daß der Organismus trotz mangelnder Energiezufuhr in Gang bleibt.

Der zivilisierte Mensch lebt nicht mehr in einer naturbelassenen, unverschmutzten Umwelt, sondern in einer Gesellschaft, die stark »chemisch« orientiert ist. So bleibt es nicht aus, daß wir uns mit den Nahrungsmitteln auch Umweltgifte, Schwermetalle, Düngemittelrückstände, Pflanzenschutzmittelrückstände und Arzneimittel zuführen. Aromasubstanzen, Konservierungsmittel und sonstige Zusatzstoffe tun ihr übriges.

So nimmt es nicht wunder, daß der Mensch einer Dauerbelastung ausgesetzt ist und er seinen Körper die meiste Zeit mit der Verdauung und Verarbeitung dieser Substanzen beschäftigt. Fasten aber befreit den Körper von seiner Verdauungsarbeit, so daß er sich in Ruhe dem »Säuberungsprozeß« widmen kann.

Bei der Fastenkur spielt die Reinigung des Dickdarms eine bedeutende Rolle. Obwohl man keine feste Nahrung zu sich nimmt, ist es immer wieder erstaunlich, welche Mengen an Exkrementen in den ersten 10 bis 12 Fastentagen aus dem Dickdarm gespült werden können.

Mit Hilfe der Klistiere, der Einläufe also, wird der Darm entleert. Diese Hilfsmaßnahme ist notwendig, denn durch die geringe Nahrungszufuhr wird entsprechend weniger Kot gebildet, der Stuhldrang nimmt ab. Würden diese zusätzlichen Maßnahmen zur Darmentleerung entfallen, dann würden die abgebauten Substanzen länger im Darm verweilen. Neben dem Darm werden Schlackenstoffe über die Niere und die Haut ausgeschieden. Die Leber spielt, wie bereits erwähnt, eine zentrale Rolle.

Um die Ausscheidung der Schlackenstoffe in ausreichendem Maße zu gewährleisten, muß dem Körper während einer Fastenkur viel Flüssigkeit zugeführt werden. Nur so kann die Niere arbeiten.

Die Entschlackung des Körpers steht bei der Fastenkur im Mittelpunkt, denn die alten Ablagerungen bilden die Ursache vieler Krankheiten, so z. B. für viele Stoffwech-

Klistiere und Einläufe wurden schon früher häufig benutzt, um den Darm zu entleeren.
(Kupferstich von Abraham Boise, um 1650)

selkrankheiten, Lebererkrankungen und sogar Krebserkrankungen.
Selbst der Laie erkennt hieraus bereits den immensen Wert der Fastenkuren.
Werden nun während einer Fastenkur Fettgewebe abgebaut und Giftstoffe freigesetzt, so gelangen sie in den Blutstrom und überschwemmen zunächst einmal den Organismus. So lassen sich manche Beschwerden, die während des klinischen Fastens auftreten, erklären. Sind die Gifte abgeführt und ausgeschieden, stellt sich das Wohlbefinden, von dem die überwiegende Mehrzahl der Fastenpatienten immer wieder berichtet, fast unmittelbar ein. Aus diesem Grunde ist besonders chronisch Kranken und labilen Patienten das Fasten in der Klinik dringend zu empfehlen. Kommt es zu Zwischenfällen, weiß der kundige Fastenarzt, wie er helfen kann. Gesunde Personen, die lediglich an einer Gewichtsreduzierung interessiert sind und dabei etwas zur Gesundheitsvorsorge tun wollen, können ein Kurzfasten, das sich über etwa fünf Tage erstreckt, auch zu Hause gefahrlos überstehen. Es werden hierbei keine so tiefgreifenden Umstrukturierungen im Körper ausgelöst wie bei einer zwei- oder dreiwöchigen Fastenkur. Andererseits können aber auch nicht die gleichen Erfolge erzielt werden. Wir werden auf diese Fragen noch ausführlich zu sprechen kommen.

Aktivierung des »inneren Arztes«

Der »innere Arzt«, wie Paracelsus von Hohenheim den Selbstregulationsmechanismus vor fast 500 Jahren nannte, regiert beim Fasten den Energiehaushalt. Alle Stoffwechselvorgänge werden auf ein Mindestmaß zurückgeschraubt. Der Körper greift auf eigene Fett- und Eiweißdepots zurück.
Aufgrund jahrzehntelanger Erfahrungen darf man annehmen, daß der Körper bei Nahrungsentzug, wie schon erwähnt, zuerst alles Krankhafte und Schädliche abbaut. Krankheitsstoffe, die im Gewebe abgelagert wurden, werden vom Blut wegtransportiert und ausgeschieden. Wird das Fasten früher abgebrochen, als die Giftstoffe entweichen, ist nur halbe Arbeit getan.
Wie können wir uns nun die gute und starke Wirkung des Fastens erklären?
Beginnt der Patient mit dem Fasten, setzt zuerst eine allgemeine Ausschwemmung ein, der eine starke Ent-

Bereits Paracelsus, eigentlich Theophrastus Bombastus von Hohenheim, deutscher Arzt, Naturforscher und Philosoph (1493–1541), berichtete von den Selbstregulationsmechanismen des Körpers.

Mit dem Aderlaß versuchten viele Ärzte im Mittelalter, das Blut zu reinigen und damit die verschiedensten Krankheiten zu heilen. (Holzschnitt von A. Sytz, Landshut, 1520)

schlackung folgt. Entschlackung ist in der Medizin die Bezeichnung für die angeregte Ausscheidung (beispielsweise durch Fasten) von Stoffwechselprodukten zur Entgiftung und Reinigung des Körpers, was früher auch durch den Aderlaß versucht wurde.
Untersucht man in dieser Entschlackungsphase das Blut, stellt man fest, daß der Schlackenstoffanteil um das Zehnfache angestiegen ist.
Betrachten wir uns in diesem Zusammenhang noch einmal die Funktion des Blutes genauer. Wie verändert es sich während des Fastens? Blut ist die im Herz-Kreislauf-System zirkulierende Körperflüssigkeit, die aus dem Blutplasma und Blutzellen besteht. Blutplasma ist die leichtgelbe Flüssigkeit, die anorganische Salze, Kohlenhydrate (Traubenzucker), Fettstoffe, Vitamine, Schlakkenstoffe und die Plasmaeiweiße enthält. Hauptaufgaben des Blutes sind:

– der Transport von Stoffen wie Sauerstoff, Kohlendioxid, Nährstoffe, Hormone
– die Blutgerinnung
– die Abwehrreaktion gegen Krankheitserreger und körperfremde Stoffe
– Transport von Wärme

Das Blut wird vorübergehend durch die starke Entwässerung und Ausschwemmung geringfügig eingedickt. Auch die Gerinnungsfähigkeit des Blutes nimmt ab. Durch die Zunahme saurer Stoffwechselendprodukte im Blut wird das biologische Säure-Basen-Gleichgewicht leicht verschoben. Das kann mit Kopfschmerzen einhergehen. Da auch die Körpertemperatur leicht absinkt, fröstelt der Fastende manchmal. Solche Zustände sind jedoch vorübergehend und können behoben werden. Umgekehrt gibt es auch unmittelbar positive Effekte: Erhöhter Blutdruck sinkt, der krankhaft niedrige Blutdruck steigt beim Fasten! Manchmal jedoch sinkt er zuerst noch tiefer ab, bevor er den Normalwert erreicht.
Gleichzeitig senkt sich durch die Fastenkur der Grundumsatz. Unter Grundumsatz versteht man diejenige Energiemenge, die der Körper bei völliger Ruhe verbraucht.
Außerdem verlangsamt sich das Arbeitstempo der Drüsen mit innerer Sekretion.
Wie wir wissen, reinigt und wiederbelebt das Fasten auch das Bindegewebe, in dem sich Schadstoffe eingelagert haben. Besonders bei der Massage werden die schädlichen Einlagerungen ins Blut und in die Lymphströmung »hineingepreßt«. Das Fasten aber ist in seiner Wirkung noch durchgreifender als ein heißes Bad oder eine Massage. Fasten spricht den gesamten Organismus an und beeinflußt ihn nachhaltig. In der Aktivierung des Bindegewebes liegt das Geheimnis der Verjüngung und der biologischen Aufwertung.
Weiterhin löst das Fasten einen starken Reiz auf das vegetative Nervensystem und den Hormonhaushalt aus.
Schließlich kommt es während einer Fastenkur zur Aktivierung der eigenen Abwehr- und Entgiftungssysteme des Körpers und auch zu einer geistig-seelischen Umstimmung.

Wie Pfunde schmelzen

Nachdem jetzt so viel von den medizinischen Wirkungen des Fastens die Rede war, nun zu dem Thema, das Sie möglicherweise am meisten interessiert: die Gewichtsreduktion. Übergewicht stört manchmal mehr als die krankheitsverursachenden Aspekte. Bei Licht betrachtet stellt das Abnehmen jedoch nur mehr eine angenehme Nebenwirkung der allgemeinen Entschlackung dar. Aber: die Gewichtsreduzierung geht Hand in Hand mit der Genesung und ist oft der beeindruckendste Teil einer Fastenkur.
Auf die Frage, wer denn besonders gut faste, antwortete einmal der alte Fastenarzt Gustav Riedlin: »Die Gepökelten!« Mit diesem Ausspruch zielte er auf Patienten, die oft und viel im Restaurant essen oder zu Hause reichlich gesalzene Speisen zu sich nehmen. Salz besitzt nämlich die unangenehme Eigenschaft, viel Wasser an sich zu binden, so daß die Patienten prall und »gesund« aussehen, in Wirklichkeit aber auf-

geschwemmt sind. Patienten, die plötzlich von einer stark salzhaltigen Nahrung auf salzarme Kost umgestellt werden, erzielen in den ersten Fastentagen fantastische Gewichtsabnahmen – in der Regel ein Kilogramm pro Tag. Mit zunehmender Fastendauer verringert sich die Gewichtsabnahme: nach wenigen Tagen hat sich der Körper entlastet, auf die verringerte Energiezufuhr eingestellt und muß nun an die eigenen Reserven, vor allem gelagert in den Fettdepots, gehen. Alle Organe sind mehr oder minder in Fett eingebettet und von Fett umgeben, so beispielsweise die Nieren, wo das Fett die Aufgabe besitzt, die Organe zu schützen, zu stabilisieren und sie am rechten Ort zu halten. Dieses Fett wird jedoch beim Fasten nicht angegriffen, sondern meist nur das Unterhautfettgewebe.
In den ersten Tagen schmelzen die Pfunde schneller dahin, da sich der Körper noch nicht an die reduzierte Energiezufuhr angepaßt hat. Daher ist das Hungergefühl in den ersten Tagen am größten und es ist im Grunde der Übergang zum richtigen Fasten, der unseren Charakter auf eine harte Probe stellt. Bei vollem Nahrungsentzug reichen die Energiereserven eines durchschnittlich ernährten, gesunden Menschen rund 50 Tage aus. Wichtig ist hier die Fettreserve des Körpers. Ein Kilogramm zusätzlichen Depotfetts liefert den Energiebedarf für 5 Tage. Völlige Ruhe verringert die Stoffwechselleistung und erhöht die ertragbare Hungerzeit. Ohne Flüssigkeit hingegen kann der Mensch nur wenige Tage überleben. Bei einer Abnahme der Körperflüssigkeiten kommt es bereits zu starken Störungen wie Schleimhautrötungen und Hitzegefühl im Bereich von Augen, Nase, Mund und Rachen, Durstfieber und schließlich zum Versagen der Schweiß- und Harnsekretion. Der Tod durch Verdursten ist beim Menschen nach einem Wasserverlust von 15–20% der Körperflüssigkeit gegeben.
Fasten, um allen Mißverständnissen vorzubeugen, stellt jedoch kein Überlebenstraining ohne Flüssigkeit dar. Keinesfalls darf es mit Hungern oder Verdursten gleichgesetzt werden. Um aus einer Fastenkur größtmöglichen Nutzen zu ziehen, muß eine reichliche Zufuhr von Flüssigkeit, auch in Form von basischen Rohsäften, sichergestellt werden. Sie neutralisieren die Stoffwechselgifte und Schlacken des Körpers und bauen neues Gewebe auf.
Schlanke und sehr schlanke Menschen, vorausgesetzt sie sind nicht extrem untergewichtig, können ebenfalls fasten. Bei ihnen kann man das Phänomen beobachten, daß sie während der Fastenkur wenig oder gar nichts abnehmen, ja nachher sogar zunehmen. Ein gesunder »Lastenausgleich« stellt sich ein, der Körper besinnt sich auf seinen Idealzustand.
Jeder von uns kann sich also überlegen, ob es nicht von Vorteil ist, einmal zu fasten, auch wenn er zunächst einige Tage »in den sauren Apfel« beißen muß! In jedem Fall ist es jedoch ratsam, vor Beginn der Fastenkur einen Arzt oder Heilpraktiker zu Rate zu ziehen.

Ernährungsgewohnheiten

Wie wichtig eine innere Reinigung ist, muß man im Zusammenhang mit unseren Zivilisationskrankheiten sehen, die größtenteils »hausgemacht« und als Folge falscher Ernährungs- und Lebensweise anzusehen sind. Würden wir heute noch so leben und arbeiten wie unsere Vorfahren, ein bäuerliches Volk, so könnten wir die großen Nahrungsmengen, die wir tagtäglich in uns hineinstopfen, besser verarbeiten und verwerten.
Paradoxerweise werden trotz des vielen und reichlichen Essens doch zu wenig Nährstoffe zugeführt. Also Mangel- und Fehlernährung mitten im Überfluß! Auf das häufig vorgebrachte Argument, daß Dicksein sicher drüsenbedingt sei, hatte ein Arzt einmal eine sehr treffende Antwort parat: »Drüsenbedingt – ja, durch die Speicheldrüse!«

Krank durch Wohlstand

Untersuchen wir den Status quo: »Weniger ist häufig – an Gesundheitsgewinn – mehr.« So formulierte es Dr. Otto Buchinger. Wir leben in einer Wohlstandsgesellschaft mit all ihren Vorzügen, aber auch ihren Nachteilen. Die Menschen werden, statistisch gesehen, immer älter, gleichzeitig aber auch immer anfälliger: fast jeder vierte Bundesbürger ist laut einer Stichprobenerhebung des Statistischen Bundesamtes ständig krank!
Ernährungswissenschaftler führen die besorgniserregende Zunahme der Krankheiten ausschließlich auf den Wohlstand und damit einhergehend Über- und Fehlernährung zurück. Die ohnehin schon negative Situation verschlechtert sich des weiteren durch den steigenden Zigaretten- und Alkoholkonsum. Betrachtet man die Lebensgewohnheiten von 1930 bis 1982, so ergibt sich folgendes, wohl sehr aussagekräftiges Bild: wir essen heute weniger: Kartoffeln, Brot, Milch, und statt dessen mehr: Eier, Fleisch, Fett/Zucker, Gemüse.
Wir essen also zu viel; zu fett; zu schwer und zu süß! Das Leben im »Schlaraffenland des Wohlstandes« bekommt, wie Sie selbst sehen können, den Bundesbürgern schlecht. Wenn man die Segnungen der neuzeitlichen Medizin und Hygiene, die sich in einer wesentlich höheren Lebenserwartung als früher ausdrücken, genießen will – mit einem Körper, der leistungsfähig bis ins hohe Alter bleibt –, muß man etwas ändern und lernen, »mit dem Überfluß zu leben«.
Denken wir an die Kriegs- und Nachkriegszeit: kaum eine der heute grassierenden, weit verbreiteten Zivilisationskrankheiten machte den Menschen damals zu schaffen. Gab es damals Gicht oder Übergewicht? Nein, als Folge davon natürlich auch weniger Diabetes und Herz- und Kreislaufkrankheiten. Die damals von so vielen beklagte Ernährung mit dunklem Brot, wenig Zucker und Fleisch entspricht der heutigen Vollwertkost – natürlich kann man sie heute schmackhafter zubereiten als zu Kriegs- oder Nachkriegszeiten. Die Ernährung damals war in gesundheitlicher Hinsicht »bekömmlicher« als der heutige Überfluß, in dem wir herumtappen, ohne den rechten Nutzen daraus ziehen zu können. Eine bedenkliche Bilanz zieht Dr. med. H. G. Schmidt in seinem Buch »So hilft die Natur durch Heilfasten«, wenn er auf den Gesundheitszustand der Bundesbürger zu sprechen kommt. Drücken wir seine Erkenntnisse einmal statistisch aus, so liest sich das wie folgt (bezogen auf die Bundesrepublik):

KRANKHEIT	ZAHL DER ERKRANKTEN
Bluthochdruck	7 Millionen
Herzinfarkt	400 000 pro Jahr (1/3 tödlich)
Venenleiden	5 Millionen
Arthrosen	5 Millionen
Verstopfung	50% aller Frauen
Hämorrhoiden	50% aller Erwachsenen über 50 Jahren
Schlafstörung	15% der Bevölkerung
Depressionen	10% der Bevölkerung
Grauer Star	3 Millionen
Grüner Star	500 000
Krebs	Jeder 4. stirbt an Krebs

20% der Weltbevölkerung sind ständig damit beschäftigt, mit dem Wohlstandsspeck zu überleben, während 80% nicht wissen, ob und woher sie etwas zu essen bekommen können.
Gleichzeitig beklagt man sich hierzulande über die Folgen und nimmt schließlich große Summen aus der Sozialversicherung in Anspruch, um diese selbstproduzierten Krankheiten kurieren zu lassen. Verantwortungsbewußte Ärzte gehen daher so weit, zu fordern, daß übergewichtige Menschen für die Auswirkungen ihres von ihnen selbst verschuldeten Übergewichts zumindest in finanzieller Hinsicht selbst aufkommen müssen.
Dr. med. M. O. Bruker – vielleicht Deutschlands prominentester Ernährungswissenschaftler – schreibt in seinem Buch »Unsere Nahrung – unser Schicksal«: »Bei uns erkrankt der Durchschnitt der Bevölkerung schon etwa 25 Jahre vor dem Tode an einem ernährungsbedingten Zivilisationsleiden, das dann oft später Todesursache wird... 98% der zehnjährigen Schüler sind heute von Zahnkaries befallen. Vor hundert Jahren

nahmen die 80jährigen noch sämtliche eigene Zähne mit ins Grab. Heute ist das die Ausnahme. Jeder zweite Erwachsene leidet an einer Erkrankung der Verdauungsorgane. Daß dies früher nicht der Fall war, weiß jeder ältere Arzt ohne Zuhilfenahme der Statistik.«
Bitte schön, das sind keine Horrormeldungen. Es tut uns persönlich leid, daß wir mit keinen besseren Nachrichten aufwarten können. Aber es ist dennoch vorteilhafter, den Tatsachen einmal ins Auge zu sehen, als ständig wie die Katze um den heißen Brei zu reden.
Dabei handelt es sich bei den zitierten Ärzten um keine Outsider, die einen zweifelhaften Ruf genießen.
Es nützt nichts, wenn man die Augen vor Tatsachen verschließt. Andererseits hilft es wenig, nur den Schalmeien der Schwarzseher zu lauschen und Trübsal zu blasen, zumal man wirklich und tatsächlich etwas unternehmen kann.
In diesem Zusammenhang lohnt es sich im übrigen, einen Blick über unsere Grenzen zu werfen. Denn aus der Ernährung dort kann man ebenfalls interessante Schlüsse ziehen.

Andere Länder, andere Sitten

Wußten Sie schon, daß Sie ein Allesfresser sind? So lautet zumindest die Bezeichnung für »Gemischtköstler«, die sich von pflanzlicher und tierischer Kost ernähren – wie das Schwein etwa. Aber: nur diese Tatsache hat es dem Menschen ermöglicht, sich auch in Gebieten am Leben zu halten, in denen es schwierig war, dem Boden die täglich notwendige Nahrung abzuringen. Anpassung an die jeweilige Fauna und Flora war erforderlich, um sein Überleben zu sichern.
Aus diesem Grunde sieht auch die Ernährung einzelner Völkergruppen völlig unterschiedlich aus. Schütteln Sie sich zum Beispiel nicht, wenn Ihnen jemand in fremden Landen eine Heuschrecke als besonderen Leckerbissen und Delikatesse anbietet. Genießbar oder nicht – vom Nährwert her gesehen sind die Speisen oft gar nicht so unterschiedlich. Ob wir uns nun Rindfleisch mit Kartoffeln und Gemüse schmecken lassen oder der Eskimo Seehundfleisch und Walfischtran in seinem Iglu verzehrt – der Körper entnimmt der Nahrung das, was er benötigt. Ein Blick »über den Zaun« lehrt uns, wie sich andere Völker ernähren und daß sie oft mit ihrer Kost weit besser bedient sind als wir, die »Feinschmecker« Europas, die so lange eine denaturierte und überfeinerte Kost zu sich genommen haben.
Auf den polynesischen Inseln beispielsweise leben die Menschen von rohen Fischen, Meeres- und Brotfrüchten, Taro (eine Knollenfrucht), Kokosnüssen sowie roten und gelben Bananen.
In Afrika bei den Massai essen die Krieger Hammel und etwas Obst, trinken täglich bis zu vier Liter Milch und zusätzlich Blut, das sie ihren Rindern bei lebendigem Leib abzapfen – was nicht gerade jedermanns Geschmack ist. Aber es ernährt offenbar seinen Mann. Bei den Massai kennt man keine Herz- und Kreislaufkrankheiten. Kein Wunder, denn sie legen bis zu 100 km pro Tag zu Fuß zurück. Eine weitere nachahmenswerte Regel für uns – neben mehr Bewegung – bestünde darin, wie die Massai nur dann zu essen, wenn man Hunger verspürt. Dort hält man sich mitnichten an feste Mahlzeiten.
Den Indern – zumindest den Hindus – verbietet ihre Religion, Fleisch zu essen. Daher besteht ihre Kost aus Reis oder »chapati«, einem flachen Weizenbrot, vervollständigt mit einem Brei aus Kichererbsenmehl, Obst, Gemüse, Milchprodukten und geklärter Butter, »ghee« genannt. Wenn Inder Fleisch essen (Moslems in Indien beispielsweise), dann Hammelfleisch.
Bei den Japanern war lange Zeit – bis nach dem 2. Weltkrieg – Reis das Grundnahrungsmittel, ergänzt mit Meeresfrüchten aller Art. Sojaprodukte liefern außerdem das nötige Eiweiß. Seetang, der ebenfalls verzehrt wurde – eine für uns unmögliche Vorstellung – sorgte für Vitamine und Mineralstoffe. Milch ist in Japan erst nach dem 2. Weltkrieg bekannt geworden.
Aus diesen Beispielen ist ersichtlich, daß eine vollwertige Ernährung sehr wohl ohne oder nur mit sehr wenig tierischem Eiweiß auskommen kann. Aber betrachten

wir noch einige weitere Beispiele. Wagen wir einen Blick nach China:
Sehr aufschlußreich ist in diesem Zusammenhang eine gemeinsame Studie der Partneruniversitäten Heidelberg und Wuhan in China, einer Stadt mit etwa vier Millionen Einwohnern: in dieser Stadt wurden 2 000 Arbeiter zwischen 40 und 60 Jahren untersucht. Dabei stellte sich heraus, daß Zivilisationskrankheiten, die hier in Europa so viele Opfer fordern, dort äußerst selten auftreten, ja fast unbekannt sind: Erkrankungen der Herzkranzgefäße, Herzinfarkt, Bluthochdruck, Zuckerkrankheit, Gicht und Übergewicht. Die Studie förderte zu Tage, daß die Menschen dieser Stadt sich vorwiegend von Reis mit Soja und Gemüse ernähren, während Eier, Fleisch, Milch, Käse, Quark, Butter und Süßwaren kaum oder gar nicht auf dem Essensplan stehen. Die durchschnittliche Kalorienzufuhr beträgt dort etwa 2 800 kcal/Tag, bei uns dagegen rund ein Viertel mehr, nämlich etwa 3 500 Kalorien. Der Eiweißbedarf wird im Gegensatz zu uns dort zu 70–80% mit pflanzlichem Eiweiß, vorwiegend Soja, gedeckt. Zu dieser, wie Sie leicht feststellen können, wesentlich gesünderen Ernährung gesellt sich als Plus viel körperliche Bewegung, wie zum Beispiel tägliche Gymnastik während der Arbeit und Radfahren. Nicht umsonst sind die Chinesen als das »Volk der Radfahrer« bekannt, wir wohl eher als das »Volk der Autofahrer«, gleichbedeutend mit »Bewegungsmuffel«.
Diese Studie ist ein überzeugender Beweis für die Wichtigkeit kalorienreduzierter Kost mit wenig tierischem Eiweiß.
Springen wir ein wenig von Kontinent zu Kontinent. Noch einmal ein Blick zurück nach Afrika:
Daß ein direkter Zusammenhang zwischen fetter Nahrung und Krankheit besteht, wird aus folgender Studie ersichtlich: in Südafrika untersuchten Wissenschaftler die Ernährungsgewohnheiten dreier Bevölkerungsgruppen, die kaum unterschiedlicher sein könnten. Das Anliegen der Wissenschaftler bestand darin, herauszufinden, in welchem Maße die Ernährung zur Arteriosklerose (Arterienverkalkung) der Herzkranzgefäße beiträgt. Während die schwarzen Afrikaner, die Bantus, äußerst selten an Herzkranzverengung leiden – ihre Nahrung ist extrem fettarm –, tritt diese Wohlstandskrankheit bei den »Cape coloured«, den Mischlingen, die sich eine »bessere« Kost leisten können und mehr Fett zu sich nehmen, schon häufiger auf; die weißen Afrikaner aber, die die reichhaltigste Kost und damit auch den größten Prozentsatz an Fett essen, weisen die höchsten Quoten an Herzkranzgefäßleiden auf.
Das Cholesterin scheint der Hauptschuldige dieser Erkrankung zu sein. Schließlich kommt diese Substanz in jeder tierischen, nicht aber pflanzlichen Zelle vor.
Cholesterin wird zusätzlich auch im Körper selbst erzeugt. Cholesterin spielt eine Rolle bei der Fettverdauung. Hauptsächlicher Cholesterinproduzent ist die Leber.
Ein hoher Blutcholesterinspiegel ist jedoch der wichtigste Risikofaktor des Herzinfarkts. Daneben spielt der Fettgehalt der Nahrung überhaupt eine Rolle.
Ein anderes Ernährungsbeispiel zeigt, daß nicht nur sehr fettreiche Kost zu Arteriosklerose (Arterienverkalkung) führt, sondern daß Zucker eine weitere Ursache für diese Erkrankung ist. Bei den jemenitischen Juden, die überhaupt keinen Zucker zu sich nehmen, tritt diese Krankheit ebenfalls nicht auf. Wandern sie jedoch nach Israel aus und stellen sich auf die dortigen Eßgewohnheiten um, so erkranken auch sie. Nur bei Beibehaltung ihrer alten Eßgewohnheiten bleiben sie verschont.
Noch ein Wort zum Fleisch:
Die Bundesbürger stellen wahre Rekorde im Fleischessen auf. Der Grund: noch immer wird von einigen Ernährungsaposteln verkündet: Fleischessen erhält schlank, Fleisch schenkt uns Lebenskraft.
In der neuesten Statistik der Landwirtschaftskammer Westfalen-Lippe heißt es, daß der Pro-Kopf-Verbrauch an Fleisch 1985 in der Bundesrepublik gegenüber dem Vorjahr wiederum um 1,7 Kilogramm auf durchschnittlich 100,6 Kilogramm pro Jahr und Verbraucher gestiegen ist. Besonderer Beliebtheit erfreue sich nach diesen Angaben das Schweinefleisch – hier stieg der Konsum 1985 auf 60,1 Kilogramm, obwohl – es ist inzwischen

wohl schon allgemein bekannt – Schweinefleisch durch die kurze Mastdauer oft blaß und wässrig ist und viele Rückstände enthält.
Die Ausflüge in die Ernährungsgewohnheiten anderer Völker zeigen uns also, daß es auch andere Möglichkeiten gibt und daß wir die eine oder andere Anregung ruhig übernehmen könnten.

Mensch und Umwelt

Es wäre blauäugig zu behaupten, daß man sich allein und aus eigener Kraft dem Sog unserer Zeit entziehen könnte. Dafür sind Luft- und Wasserverschmutzung schon zu weit gediehen. Der Boden ist überdüngt, und alles, was wir zu uns nehmen, auch Lebensmittel aus dem alternativen Anbau, unterliegt zu einem gewissen Grad diesen allgemeinen Umwelteinflüssen. Biologisch angebaute Lebensmittel werden zwar nicht chemisch gedüngt, aber wie steht es um das Wasser (für die Bewässerung dieser relativ »sauberen« Lebensmittel), wie um die Luft? Abgase und Industriegase speziell – selbst wenn sie noch so gut gefiltert werden – durchsetzen sowohl Wasser als auch Luft mit ihren Schadstoffen. In diesem Sinne gibt es keine »reine« Nahrung mehr. Dennoch kann man sagen, daß Lebensmittel, die aus biologisch geführten Anbaugebieten stammen, anderen »normal« angebauten Produkten qualitativ weit überlegen sind.

Essen als Seelenfutter

Von zivilisationsbedingten Irrwegen abgesehen, existieren natürlich noch andere Gründe, warum man sich in unseren Breiten falsch ernährt. Längst ist hierzulande zum Beispiel der Faktor »Streß« zu einem Phänomen geworden, der in dieser Form nur in den Industrienationen zu finden ist.
So werden in der Hetze des Alltages die Signale der Seele oft sträflich übersehen bzw. fehlinterpretiert. Aus Mangel an Liebe, Zuneigung oder Freundlichkeit wird, um sich das Leben dennoch zu »versüßen«, zu Schokolade oder Pralinen gegriffen. Der Hunger, der sich meldet, ist eigentlich der Hunger nach Zuwendung. Meist wird er jedoch kompensiert.
Viele von uns sind zum Beispiel von Kindesbeinen an daran gewöhnt, mit etwas Süßem getröstet zu werden – weil die Mutter keine Zeit hatte oder ihre Ruhe haben wollte. »Dem Kind den Mund stopfen« ist noch immer ein bequemer Weg gewesen, den Sprößling zum Schweigen zu bringen. So verschiebt sich oft schon beim Säugling das Bedürfnis nach Liebe und Zuwendung in Richtung Keks und Schokolade. Diese werden ihm dann »liebevoll« von der Mutter verabreicht – und der Teufelskreis ist geschlossen. Liebe = Süßigkeit. Kinderärzte klagen denn auch heute über einen hohen Prozentsatz übergewichtiger Kinder. Viele Mütter geben ihren Kindern jedoch oft auch aus Gedankenlosigkeit Schokolade und Süßigkeiten, weil die Kinder darum betteln, weil die Mütter glauben, ihnen damit etwas Gutes zu tun. So wird jedoch nicht nur der Grundstein für Übergewicht, sondern auch für Karies gelegt.

Fasten – Ruhe zum Umdenken

In den zwei oder drei Wochen des Fastens, in denen man weder durch Essensvorbereitungen noch durch zeitraubende Mahlzeiten in Trab gehalten wird, besitzt der Fastende viel Zeit, über die eigenen Lebensumstände und seine Ernährungsgewohnheiten nachzudenken. Wann begann der Frust, der manchen von uns zum Fresser werden ließ? Woher kommt es, daß man sich einen solchen Panzer, einen »Rettungsring« gegen die Wechselfälle des Lebens zugelegt hat? Genau dies kann eine Speckschicht symbolisieren! Wenn es möglich ist, quälende Ursachen abzustellen, dann ist fast immer auch die »Veranlagung zum Übergewicht« beseitigt. Damit kann der Mensch lernen, seine Probleme nicht mittels Essen, sondern mit und in seinem Kopf zu lösen. Er sieht sich plötzlich in der Lage, sie zu bedenken, seine

Lebensumstände neu zu ordnen und wieder normal, »natürlich« zu essen.
Ein immens hoher Prozentsatz der Kranken, die heute eine Praxis aufsuchen, sind in Wirklichkeit nur vordergründig krank: Experten schätzen, daß in nahezu 70% aller Fälle eine seelische Ursache zugrunde liegt. Wie äußert sich zum Beispiel bei Ihnen Streß? Haben Sie Gallensteine, Kopf- und Magenschmerzen oder Verspannungen? Oft sind dies sogenannte psychosomatische Erkrankungen. Kaum ein Arzt aber verfügt über genügend Zeit, die wahren Ursachen aufzuspüren. In vielen Redensarten finden wir Bezüge zwischen Seele und Körper: »Das schlägt mir auf den Magen!«, »Das geht mir an die Nieren!« oder »Da stockt mir der Atem!«. Es ist frappierend, immer wieder festzustellen, wieviel Wahrheit der Volksmund spricht.
Ist ein Mensch einer starken seelischen Belastung ausgesetzt und kann er sie nicht abschütteln, reagiert sein Gemüt zunächst einmal mit Unbehagen als erstes Warnzeichen des Körpers! Läßt sich die Belastung dennoch nicht wegschieben, dann wird der Schmerz manifest – Muskeln verspannen sich, der Magen mindert die Produktion von Verdauungssäften, das Herz schlägt schneller, die Gallenblase krampft sich zusammen. Mit solchen Symptomen pilgern die Kranken in die Arztpraxis und erwarten Hilfe, die ihnen dann in Form eines Medikamentes präsentiert wird – eine außerordentlich einfach zu bewerkstelligende, aber nur oberflächliche Lösung.
Probleme lassen sich nicht mit Medikamenten beiseite schieben! Nach Dr. M. O. Bruker kann man »lebensbedingten Krankheiten« deshalb auch nicht mit einer Diät beikommen. Während einer Fastenkur haben sie Zeit, Ruhe und Muße darüber nachzudenken und die Grundlagen für ein gesünderes Leben nach der Fastenkur zu schaffen.
Soviel vorab zum Thema Fasten, zum Einstimmen sozusagen. Ohne diese Grundlagen, die wir im Rahmen dieses Buches auf die wichtigsten Punkte zu beschränken versuchten, empfiehlt es sich kaum, sich dieser Ernährungsweise mit ihrer langen geschichtlichen Tradition zu nähern. Nur wenn man diese Methode in den korrekten Kontext einordnen kann und zumindest ein gewisses medizinisches Basiswissen mitbringt, lohnt es sich »einzusteigen«. Darüber hinaus muß man sich bewußt darüber sein, welchen Einflüssen wir in dieser der »besten aller Kulturen« ausgesetzt sind, wie das vielleicht der Satiriker Ephraim Kishon formulieren würde. Wenn man sich also der Praxis nähern und die möglichen positiven Wirkungsweisen am eigenen Leib erfahren will, sollten die Grundlagen nicht zu kurz kommen. Mit dem Fasten löst man sich in gewisser Weise von herkömmlichen Meinungen, Überlieferungen und Gewohnheiten. Fasten ist nichts für den Durchschnittsbürger, der alles glaubt, was ihm tagtäglich vorgesetzt wird.
Die systematische Nahrungsenthaltung basiert außerdem, wie gesagt, im Prinzip auf einem religiösen Hintergrund, den man nie aus dem Auge verlieren sollte. Dabei ist »Religion« im indischen Raum anders zu verstehen als etwa hierzulande. »Religion« bedeutet dort seit den Zeiten der Weden auch »Lebenshilfe«. Daneben aber bewegt man sich mit dem Fasten auch längst auf wissenschaftlich fundierten Grund und Boden.
Einzuordnen ist es freilich nicht in den Rahmen der klassischen (und manchmal einseitigen) Schulmedizin, wenn auch längst aus dieser Richtung genug Fakten mobilisiert worden sind, warum Fasten funktioniert. Für die Akzeptanz der Fastenkuren spricht ferner, daß sich zunehmend Naturheilärzte und Heilpraktiker dieser Methode befleißigen, in deren Mittelpunkt die Genesung und Heilung steht.
Jeder wirkliche Experte wird Sie jedoch auch darauf aufmerksam machen, daß man das Abenteuer nur wagen sollte, wenn bestimmte Voraussetzungen erfüllt sind. Diese Voraussetzungen wollen wir uns im folgenden einmal genauer betrachten.

WER? WANN? WO? WIE? – VORAUSSETZUNGEN ZUM FASTEN

Wer darf und wer sollte fasten?

Um es gleich vorwegzunehmen: Vor jeder Fastenkur sollten Sie Ihren Arzt oder Heilpraktiker um Rat fragen. Nur er kann individuell entscheiden, ob Sie fasten dürfen oder nicht. Allgemein kann jedoch gesagt werden: jeder erwachsene, geistig gesunde Mensch darf fasten und seinem Körper damit helfen, sich zu entschlacken, unabhängig davon, ob er jünger oder älter ist. Kinder sollten sich einer Fastenkur jedoch nicht unbedingt unterziehen. Erwachsene dagegen können bis ins hohe Alter fasten. Nur bei ausgesprochener Altersschwäche ist davon dringend abzuraten. Ansonsten erwachsen keine Probleme. Desgleichen können auch schlanke Menschen fasten, da für sie der ausschlaggebende Grund für das Fasten weniger in der Gewichtsabnahme als in den sonstigen Wirkungen einer Fastenkur, der allgemeinen Umstimmung, der Stimulation des Körpers liegt.

Durch Tausende erfolgreiche Fastenkuren unter ärztlicher Leitung läßt sich der Gesundheitsgewinn für alle oben genannten Gruppen eindeutig belegen.

Tierversuche haben darüber hinaus gezeigt, daß ein mäßiger Fastenzustand lebensverlängernd wirkt. Ein Experiment, das an Ratten angestellt wurde, bewies folgendes: einer Gruppe von Tieren wurde Nahrung nach Belieben zugeteilt, die andere Gruppe dagegen mußte zeitweilig fasten: man legte immer mehr Hungertage ein, bis schließlich auf zwei Futtertage ein Hungertag folgte. Das Leben dieser Versuchstiere verlängerte sich erstaunlich.

Jene Tiere, die jeden dritten Tag eine »Zwangsdiät« einlegten, lebten 52 Tage länger als die Vergleichsgruppe, die lediglich an jedem sechsten Tag hungerte. Vergleicht man diese Werte mit der durchschnittlichen Lebensdauer einer Ratte, so bedeutet dies eine prozentuale Verbesserung von etwa 10–12,5%. Auf den Menschen übertragen rund acht Jahre! Wir wollen in diesem Zusammenhang davon Abstand nehmen, auf die Problematik der Tierversuche einzugehen. Offengestanden halten wir wenig von solchen Experimenten, zumal sie oft nicht auf den Menschen übertragbar sind. Hinzu kommt, daß sich bei Menschen nie genau feststellen lassen wird, inwieweit ein besonders hohes Alter durch Fasten erreicht werden kann. Daß sich hingegen eine maßvolle Ernährung auf jeden Fall positiv auswirkt, ist wohl unumstritten. Aber noch einmal zurück zu den Tieren: Fassen Sie es nicht als makabre Bemerkung auf, wenn wir feststellen, daß theoretisch (und praktisch) auch Tiere fasten können. Wahrscheinlich ließen sich bei konsequenter Anwendung speziell bei Säugetieren erstaunliche Erfolge erzielen. Genaue Untersuchungen fehlen hier jedoch noch weitgehend.

Kehren wir zu unserem eigentlichen Thema zurück: Jeder erwachsene, geistig gesunde Mensch darf also fasten.

Speziell empfiehlt es sich zur allgemeinen Gesundheitspflege und zur Anregung der Körperabwehrstoffe, zur Steigerung des körperlichen und geistigen Leistungsvermögens, zur Vorbeugung vor vielen Zivilisationskrankheiten und Alterserscheinungen und natürlich zum Abbau von Übergewicht, da dies einer der größten Risikofaktoren vieler Erkrankungen ist. Eine Fastenkur unter ärztlicher Aufsicht oder der eines Heilpraktikers kann bei vielen Erkrankungen des Herzgefäßsystems, bei chronischen Erkrankungen des rheumatischen Formenkreises, bei Stoffwechsel- und Verdauungsstörungen, bei chronischen Hautkrankheiten und bei allergischen Krankheiten von Vorteil sein. Allerdings möchten wir auch an dieser Stelle nochmals darauf hinweisen, daß wir keine pauschale Diagnose und Empfehlung geben können.

Kampf den überflüssigen Pfunden

Oft dauert es eine gewisse Zeit, bis man einen direkten Zusammenhang zwischen der so lieben und vertrauten, manchmal lustvollen und tröstenden Gewohnheit des Essens und den vielen Pfunden herstellt, die täglich wie eine schwere Last herumgeschleppt werden. Dabei würde man es sich wohl kaum zumuten, beispielsweise ständig zwei Einkaufstaschen mit je fünf Kilogramm Inhalt mit sich zu führen. Nichts anderes aber fordert man unbilligerweise von seinem Körper, wenn zehn Kilogramm Übergewicht durch die Lande getragen werden. Das Herz muß in diesem Fall die höhere Belastung klaglos erdulden und das Skelett und die Bänder müssen mit einer immensen Last fertigwerden. Es ist schier unglaublich, wie viele Leiden sich ausschließlich dadurch bessern ließen, wenn man die Belastung wegnähme! Die Wirbelsäule, das »tragende Element« unseres Körpers, würde ebenso wie Knie, Fußbett, Venen, ja der ganze Stützapparat entlastet, das Herz könnte seine Leistung normalisieren, müßte nicht länger auf »Hochtouren« arbeiten und einen Bluthochdruck erzeugen, um dennoch alles versorgen zu können. So greifen die Dinge wie kleine Zahnräder ineinander und bedingen sich wechselseitig. Demzufolge ist es nur zu verständlich, wie Übergewicht, eine scheinbar relativ kleine, unbedeutende Störung, auf das Regelsystem Körper eine so verheerende Auswirkung zeitigen kann. Die überflüssigen Kilos begünstigen darüber hinaus Arterienverkalkung, Bluthochdruck, Herzinfarkt und Schlaganfall und stehen in Zusammenhang mit Diabetes und Gicht.

Vom Intellekt her ist es den meisten Zeitgenossen klar, daß sie etwas gegen ihr Übergewicht unternehmen und die Dinge in die Hand nehmen müßten, nur das Wie erscheint ihnen zu beschwerlich. Zugegeben, es kostet Überwindung. Aber: »Es gibt nichts Gutes, außer man tut es«, wußte schon Erich Kästner, und Wilhelm Busch formulierte: »Das Gute, dieser Satz steht fest, ist stets das Böse, das man läßt.«

Studieren Sie dazu erst einmal die Tabelle auf der nächsten Seite – mit deren Hilfe auch Sie Ihr »richtiges« Gewicht feststellen können:

Abgesehen von dieser Tabelle können Sie Ihr »richtiges« Gewicht auch selbst errechnen. Wahrscheinlich sind Ihnen bereits die Begriffe wie »Normalgewicht« und »Idealgewicht« untergekommen. Halten wir zunächst einmal fest, wie das Normalgewicht ermittelt wird. Die Formel lautet:

Größe in cm abzüglich 100 = Normalgewicht

Wenn Sie also beispielsweise 1,70 m groß sind, dürften Sie als »Normalgewichtler« 170 – 70 = 70 kg wiegen. Das Idealgewicht liegt bei Frauen 15%, bei Männern 10% unter dem Normalgewicht. In letzter Zeit rückt man von dieser Vorstellung etwas ab und sieht ein Gewicht zwischen Normal- und Idealgewicht immer noch als günstig an. Um bei unserem Beispiel zu bleiben: 70 kg minus 10% gibt ein Gewicht von 63 kg. Inzwischen hält man also bei einer Größe von 170 cm 66 kg bereits für

Körpergewicht

Körpergröße cm	Normalgewicht kg	Idealgewicht Männer kg	Idealgewicht Frauen kg	Behandlungsbedürftiges Übergewicht kg
150	50	45	42,5	55
152	52	47	44	57
154	54	48,5	46	59,5
156	56	50,5	47,5	61,5
158	58	52	49,5	64
160	60	54	51	66
162	62	56	52,5	68
164	64	57,5	54,5	70,5
166	66	59,5	56	73
168	68	61	58	75
170	70	63	59,5	77
172	72	65	61	79
174	74	66,5	63	81,5
176	76	68,5	64,5	83,5
178	78	70	66,5	86
180	80	72	68	88
182	82	74	69,5	90
184	84	75,5	71,5	92,5
186	86	77,5	73	94,5
188	88	79	75	96
190	90	81	76,5	99

ein sehr gutes, gesundheitsförderliches Gewicht, das eine lange Lebenserwartung und gutes Funktionieren des Körpers verspricht. Von Übergewicht spricht man, wenn es 10% über dem Normalgewicht oder sogar darüber liegt. Wir haben in der Tabelle nur den Mittelwert des Idealgewichts angegeben. Er gibt einen guten Anhaltspunkt für das gewünschte Gewicht. Wenn es Ihnen in letzter Zeit mit schlafwandlerischer Sicherheit gelungen ist, einen großen Bogen um die Waage zu machen, so empfiehlt es sich, trotz aller inneren Widerstände den »Gang nach Canossa« endlich einmal anzutreten. Zeigt Ihre Waage einen Wert an, den man unter »Übergewicht« einordnen kann, dann wird es höchste Zeit; in diesem Fall sollten Sie auf alle Fälle etwas unternehmen!

Mäßiges Übergewicht (5–7 Kilogramm) kann man in »Selbsthilfe« und durch ein einmaliges, möglicherweise auch wiederholtes Fasten, das allerdings immer mit einer anschließenden Ernährungsumstellung verbunden sein sollte, in den Griff bekommen. In diesem Zusammenhang muß die Bemerkung erlaubt sein, einmal augenzwinkernd festzustellen, daß seitens der Patienten gewöhnlich eine immense Phantasie entwickelt wird, wenn es darum geht, Begründungen für das Übergewicht zu suchen: normalerweise »liegt es in der Familie« oder »Vater und Mutter sind genauso stark« und »die Drüsen arbeiten nicht richtig«. Zumeist aber handelt es sich um schiere Apathie, ja eine geheime Verzweiflung, speziell wenn »man ja schon soviel versucht und alle möglichen Diäten probiert hat, aber nichts hilft«.

Versuchen Sie es jedoch einmal mit einer Fastenkur. Der vollständige Nahrungsverzicht fällt vielen Menschen leichter als nach einem Diätplan zu essen. Zudem sinkt das Gewicht zu Beginn einer Fastenkur sehr rasch und motiviert Sie, die Fastenkur durchzuhalten.

Wenn Sie jedoch mehr als 7 Kilogramm zuviel haben, bedarf es der Betreuung durch einen erfahrenen Therapeuten oder eines Sanatoriumsaufenthaltes.

Ein wichtiger Tip: nehmen Sie sich nicht zuviel auf einmal vor, Sie verlieren sonst zu leicht die Lust. Im übrigen beweist Erfahrung, daß es von Vorteil ist, größeres Übergewicht in mehreren Anläufen abzubauen; Sie können dann mehr Erfolgserlebnisse verbuchen, da der Vorsatz »drei Kilogramm weniger« leichter zu erreichen ist als ein sternhoch gestecktes Ziel wie: »das Gesamtgewicht muß um 20 Kilogramm schrumpfen.«

In diesem Zusammenhang noch eine Hilfestellung. Die Autoren können aus Erfahrungen ein Lied davon singen, wie unendlich schwer es oft Menschen fällt, auf »Null-Diät« umzustellen. Es handelt sich dabei oft mehr um ein psychisches Problem. Manchmal sind ganze Ket-

ten von Verlusten mit dem Vorsatz verbunden, endlich die überflüssigen Pfunde herunterzuhungern. Um Ihnen bei diesem Unterfangen zu helfen, sollten Sie sich einmal allen Ernstes darüber klarwerden, was dagegen spricht, abzunehmen. Mit anderen Worten: stellen Sie sich die Frage, warum man nicht abnehmen sollte. Dieses Selbstbekenntnis sollten Sie spielerisch angehen und sich getrost auch zu lachen erlauben – denn bei Licht betrachtet ist es abenteuerlich, wie erfindungsreich Menschen sind, wenn sie sich darum herumwinden abzunehmen. Diese geistigen Hindernisse, diese Einstellungen und Ausreden stellen jedoch die erste Hürde dar, die man nehmen muß, so man rank und schlank werden will.

Um Ihnen dabei »auf die Sprünge zu helfen«, anbei einmal ein kleiner Katalog der Ausreden, der den Autoren immer wieder begegnet ist, wenn es um das Thema Gewichtsabnahme ging. Vielleicht finden Sie einige Ihrer Lieblingsausreden wieder. Sie dürfen ruhig schmunzeln und sich getrost eingestehen, daß auch Sie schon diese oder ähnliche Ausreden gebraucht haben. Anbei also ein Überblick über die möglichen Einwände gegen das Fasten.

Kleine Liste beliebter Ausreden

Ich kann nicht fasten, abnehmen, hungern, weil …

… ich von Haus aus zur Fettsucht neige.
… ich in meinem Beruf unter einem solchen Streß stehe, daß ich nicht auch noch aufs Essen verzichten kann.
… mein sonniges Gemüt darunter leiden würde, wenn ich plötzlich weniger äße.
… die Ernährungswissenschaftler sich auf abenteuerliche Weise widersprechen und man nicht weiß, wo's langgeht.
… ich nicht zu Extremen neige.
… man nie weiß, wie lange man überhaupt lebt, und warum soll ich das Leben nicht genießen.
… man danach sowieso wieder zunimmt und alles keinen Zweck hat.
… es wichtigere Dinge gibt als eine gute Figur.
… es auf den Menschen ankommt, das Innere, nicht das Äußere.
… ich nicht auf mein Bierchen abends verzichten will.
… die anderen auch nicht gerade schlank sind.
… meine Schwiegermutter uns immer füttert.
… ich oft so traurig bin.
… der Chef so unausstehlich ist.
… ich Kopfschmerzen hatte, die immer vom leeren Magen herrühren.
… es unhöflich wäre, eine geschäftliche Einladung auszuschlagen.
… eine Kollegin mir in der Mittagspause etwas anbot.

Abenteuerlich, ja?! Wir hoffen, Sie haben nicht nur an einer Stelle geschmunzelt. Vielleicht sind Sie dabei auf den Geschmack gekommen und können diese Liste sogar noch weiterführen und fortschreiben. Nehmen Sie also einmal den Griffel zur Hand und notieren Sie sich Ihre beliebtesten Ausreden:

Meine häufigsten Ausreden

Ich kann nicht abnehmen, fasten, hungern, weil…

… ____________________

… ____________________

… ____________________

… ____________________

… ____________________

… ____________________

… ____________________

… ____________________

… ____________________

… ____________________

… ____________________

… ____________________

… ____________________

… ____________________

… ____________________

Faszinierend – meinen Sie nicht?
Man könnte schmunzeln, lächeln und auch manchmal Tränen lachen, wenn man sich wirklich einmal ernsthaft vornimmt, sich »geistig zu säubern« und die psychischen Blockaden abzubauen. Es ist abenteuerlich, wenn Sie umgekehrt andere Menschen fragen, warum sie nicht abnehmen. Sie werden höchst irrationale Antworten erhalten! Aber in diesem Zusammenhang soll nicht nur darüber geschmunzelt werden. Wir wollen echte Hilfestellung geben. Es soll gewissermaßen »tabula rasa« gemacht, das heißt eine Plattform geschaffen werden, von der aus man in die richtige Richtung weitermarschieren kann.
Im übrigen darf man nie dem Irrtum verfallen, zu glauben, daß mit dem Fasten allein schon alles überstanden sei und daß man danach wie bisher wieder zuschlagen könne. Ein regelmäßiger Blick auf die Waage wird Ihnen schnell bestätigen, daß von langanhaltendem Erfolg nur diejenigen Unternehmungen gekrönt sind, die Hand in Hand mit einer Ernährungsumstellung gehen, so daß nicht innerhalb kürzester Zeit wieder die Pfunde wuchern. Aber zu diesem Thema später mehr. Zunächst geht es um die Gewichtsabnahme, während der sich der Körper strafft und verjüngt. Fasten könnte man also auch als »innere Kosmetik« bezeichnen. Viele Patienten berichten, daß ihre Haut schöner aussieht, die Augen heller strahlen und eine allgemeine Straffung des Gewebes eintritt. Mit anderen Worten: Die Steigerung der körperlichen und geistigen Leistungsfähigkeit geht mit einer Fastenkur gewöhnlich einher. Der Mensch wirkt geradezu »generalüberholt« und »runderneuert«, »TÜV-fertig«, wenn man so sagen darf. Generell läßt sich also sagen: unterschätzen Sie nicht Ihr Übergewicht. Im übrigen sind nicht nur zur Fettleibigkeit neigende Menschen angesprochen. Das Fasten bietet die Lösung für eine ganze Reihe weiterer Probleme.

Hilfe bei banalen Infekten

Noch immer reagieren die meisten Menschen höchst betroffen und erschrocken, wenn das Thermometer erhöhte Temperatur oder Fieber anzeigt und sich eine Erkältung oder Grippe anbahnt. Der Griff zur Tablette – Allheilmittel Nr. 1 – ist beliebter denn je. Aber das Phänomen Fieber, dem Experten heute schon mit Temperaturmeßfühlern und Atmungskontrollgeräten auf der Spur sind, ist eine schon seit dem Altertum bekannte Begleiterscheinung vieler Krankheiten. Tatsächlich betonen selbst Experten bis heute, daß sich nicht mit letzter Sicherheit bestimmen ließe, was Fieber wirklich ist. Fieber, wie man weiß, bringt immer eine Erhöhung der Körpertemperatur mit sich. Säugetiere und somit auch der Mensch können die Körpertemperatur gewöhnlich konstant halten. Fachleute vermuten deshalb schon lange, daß Fieber nichts anderes ist als ein natürlicher Ablauf, der sich des komplizierten sogenannten »Temperaturregelsystems« bedient: Die Entstehung des Fiebers wird heute damit erklärt, daß der Körper unter dem Einfluß eines Infektionserregers eine Substanz bildet, die die Wärmesignale im Körper abschwächt und die Kältesignale aktiviert. Da die Körpertemperatur unter diesen Umständen jedoch sinkt, reagiert der Organismus darauf »hitzig«, das heißt die Körpertemperatur steigt so lange, bis die Balance zwischen Wärme- und Kältesignalen wiederhergestellt ist. Darüber hinaus weiß man, daß der Organismus die gewonnene zusätzliche Wärmeenergie auf die Infektionserreger ansetzt.
Um die Rolle des Fiebers und der erhöhten Temperatur als biologischen Heilungsmechanismus richtig einzuschätzen, berücksichtigen Wissenschaftler heute die gesamte Entwicklungsgeschichte, sprich die Evolution. Seit kurzem weiß man, daß die Fieberreaktion entwicklungsgeschichtlich älter ist als die Warmblütigkeit. Das heißt, daß selbst Kaltblüter in grauen Vorzeiten versuchten, im Falle einer Infektion die Körpertemperatur zu steigern, indem sie sich an sonnige und warme Plätze drängten! Das Bestehen des Fiebers über Jahrmillionen

werten Experten wiederum als Indiz dafür, daß Fieber auch heute noch für das Überleben wichtig ist. Da das Fieber keine Krankheit, sondern nur ein Symptom ist, das die natürlichen Abwehrvorgänge gegebenenfalls sogar unterstützt, sollte grundsätzlich nicht das Fieber, sondern zuerst die Ursache des Fiebers behandelt werden. Dennoch gibt es Umstände, unter denen Fieber schädlich, ja lebensgefährlich sein kann: übermäßig hohes Fieber zum Beispiel mit der Gefahr einer Wärmeschädigung von Zellbestandteilen und der Denaturierung lebenswichtiger Eiweißstoffe; oder eine Kreislaufbelastung, vor allem bei herz- und kreislaufschwachen Patienten. Bei schweren Infektionen ist die zunehmende Herz- und Kreislaufschwäche häufigste Todesursache. Aber wie gesagt: Verstanden als gesteigerte Wärme des ganzen Körpers (im Gegensatz zur lokalen Entzündung), war »Fieber« lange Zeit ein Sammelbegriff für einen Großteil der Infektionskrankheiten. »Fieber« galt, unterschieden nach Lokalisation und Verlauf, als selbständige Krankheit, bis nach 1850 das Fieber als bloßes Symptom erkannt wurde und die Entdeckung von Krankheitserregern neue Wege wies. Für die Humoralpathologie war Fieber eine Abwehr des Körpers, um verdorbene Säfte durch »Kochung« zu überwinden und auszuscheiden. Therapeutisch unterstützte man daher diese Abwehr.

Die Heilkraft des Fiebers war bereits antiken Ärzten bekannt. Diese Betrachtungsweise, die lange Zeit medizinisch als »überholt« galt, erfreut sich jedoch momentan zunehmender Beliebtheit und wird heute wieder sehr ernst genommen, vor allem von Seiten der Naturheilärzte und Heilpraktiker.

Unser Rat deshalb: Sofern es sich nicht um »Fieber« handelt, das einer ärztlichen Behandlung bedarf, verzichten Sie im gegebenen Fall auf Tabletten und Zäpfchen. Greifen Sie auf natürliche Heilmittel zurück und machen Sie sich die Heilwirkung des Fastens zunutze. Als natürlichste Heilmethode, die es gibt, aktiviert sie den eigenen, inneren Arzt, der Körper wird von Verdauungsarbeit entlastet und kann sich daher ganz auf die Abwehr der Krankheit konzentrieren. Gleichzeitig wird die gesamte Abwehrfunktion des Körpers angeregt. Manchmal können Sie sogar darauf verzichten, bereits am ersten oder zweiten Tag Ihren Arzt oder Heilpraktiker zu rufen, wenn man diesen Rat auch nur mit der gebotenen Einschränkung geben darf. Generell kann man jedoch empfehlen: Fassen Sie etwas Selbstvertrauen zu Ihrem Körper und seiner Selbstheilungskraft. Probieren Sie getrost einmal die guten alten Hausmittel, die Kneippschen Wasseranwendungen und die Heiltees, erkundigen Sie sich nach der »sanften Medizin«, der Homöopathie, bevor Sie mit Kanonen auf Spatzen schießen. Um es zu wiederholen: hiermit sollen nicht die Leistungen und die Entdeckungen der Schulmedizin verteufelt werden. Wir empfehlen lediglich, einmal die Möglichkeit in Erwägung zu ziehen, bei den sogenannten banalen Infekten auf natürlichere Art und Weise gesund zu werden.

Im konkreten Fall müßte man bei beginnender Krankheit, vor allem bei Magen-Darm-Verstimmungen, Erkältungen oder beginnender Grippe, ausschließlich anderthalb bis dreiviertel Liter ungesüßten Tee, über den ganzen Tag verteilt, zu sich nehmen. Kräutertees aus Kamille oder Pfefferminz eignen sich hierzu besonders, da sie zudem eine spezielle Wirkung auf den Magen- und Darmtrakt ausüben. Kamille wirkt entzündungshemmend und beruhigend, Pfefferminz verdauungsfördernd. Auch frisch geriebene Äpfel werden sehr gerne von dem Patienten gegessen – sie sind erfahrungsgemäß außerordentlich wirkungsvoll bei Durchfallerkrankungen. Bei beginnenden Infektionskrankheiten, verbunden mit Fieber, haben sich Holunder- und Lindenblütentees besonders gut bewährt. Man muß es einfach versuchen und eine (natürliche) anfängliche Skepsis überwinden. Tritt allerdings nach zwei bis drei Tagen keine überzeugende Besserung ein, muß an eine ernsthafte Erkrankung gedacht werden. In diesem Fall ist unbedingt der Arzt oder ein erfahrener Heilpraktiker aufzusuchen.

Desgleichen kann man bei Erkältungen eine kleine Fastenkur, das sogenannte Kurzzeitfasten, durchführen. Aber: schon das Wort »Erkältungen« ist irreführend,

denn die sogenannten »Erkältungen« sind in Wirklichkeit oft das Gegenteil. Krank werden die meisten Patienten, ob Erwachsene oder Kinder, nicht, weil sie sich zu niedrigen Temperaturen ausgesetzt, sondern weil sie, zu dick eingepackt, ihren Körper überhitzt haben. Zu viele und zu beengende Kleidungsstücke, meist noch aus Kunstfasern, behindern den Körper in seiner natürlichen Wärmeregulierung. Seine Reaktion: schwitzen! Erst die danach einsetzende Abkühlung läßt die allgegenwärtigen Bakterien und Viren, die sich in unserem Speichel und unserer Mundhöhle besonders »wohl fühlen«, aktiv werden.
Darum noch einmal im Klartext: die meisten Erkältungen (mit Ausnahme der ansteckenden Grippe) sind in Wirklichkeit Überhitzungen. Aufklärung wäre hier wichtiger als Hustensaft!
Aber wenn das Kind schon einmal in den Brunnen gefallen ist, kann man es einmal mit einer Fastenkur versuchen. Empfohlen werden kann eine Fastenkur vor allem als Gesundheitsvorsorge. Werden sogenannte kleine Fastenkuren regelmäßig im Frühjahr und Herbst durchgeführt, kann der Organismus die vielfältigen Gesundheitsrisiken in den grippegefährdeten Monaten leichter überstehen.

Erfolge bei chronischen Krankheiten

Ganz besondere Schwierigkeiten bereiten Ärzten und Therapeuten immer wieder chronische Krankheiten, da sie sich oft als therapieresistent erweisen, sehr zum Leidwesen der Patienten, die damit oft jahrelang behaftet sind. Gerade auf diesem Gebiet empfiehlt es sich unter allen Umständen, unter Anleitung eines Arztes oder erfahrenen Therapeuten zu versuchen, den Körper umzustimmen und in eine bessere Heilverfassung zu bringen. Fasten nimmt unter den vielen »Umstimmungsverfahren« (zu denen zum Beispiel auch die Eigenbluttherapie zählt, bei der das eigene Blut abgenommen und wieder eingespritzt wird) eine herausragende Stellung ein. Der Körper erfährt einen starken, stimulierenden Reiz, der ihn sozusagen aus seinem gewohnten Gang reißt und es ihm ermöglicht, selbstregulierend zu arbeiten und den Kampf gegen die Krankheitserreger selbst aufzunehmen.
Im folgenden nun eine kleine Auflistung der Krankheiten, die erfahrungsgemäß besonders gut auf Fasten ansprechen:

<u>Hautkrankheiten:</u>

Jeder, der sich schon einmal mit einer Hautkrankheit quälte, weiß um die Belastung. Durch Fastenkuren wurden hierbei schon oft überzeugende Besserungen erzielt, auch in Fällen, die sich jahrelang einer Behandlung widersetzten. Akne, Furunkulose, Ekzeme, selbst Schuppenflechte sprechen gut auf Fasten an. Kein Wunder – die Haut ist ein einziges großes Ausscheidungsorgan. Durch die entschlackende, entgiftende Wirkung wird die Haut entlastet. Nach der Fastenkur wirkt die Haut deutlich elastischer, jünger, gesünder.

<u>Chronische Darmträgheit:</u>

Ein großer Prozentsatz der Bevölkerung leidet heute an chronischer Stuhlverstopfung. Daß mehrere Tage hintereinander keine Stuhlentleerung stattfindet, betrachten viele Menschen als normal und unabänderlich. Auch hier hilft das Fasten in einer ungewöhnlich hohen Anzahl der Fälle. Kurzfastenkuren helfen bei Magen-Darm-Verstimmungen. Bei chronischen Magen-Darm-Erkrankungen oder Magen- und Darmgeschwüren ist jedoch Vorsicht geboten.

<u>Krankheiten der Atmungsorgane:</u>

Chronischer Rachen-, Luftröhren- und Nasenkatarrh, Bronchialasthma sind in manchen Fällen durch Fasten gut zu therapieren.

Nieren- und Blasenkrankheiten:

Die Nieren als Entgiftungs- und Ausscheidungsorgane unseres Körpers sind natürlich von Stoffwechselentgleisungen ganz besonders betroffen und erfahren beim Fasten tiefgreifende Entlastung. Allerdings gehören Krankheiten dieser Art in die Hand eines erfahrenen Fastenarztes oder -therapeuten.

Chronische Kopfschmerzen, Migräne und Verstimmungszustände:

Durch die allgemein entschlackende und lösende Wirkung des Fastens, die oft mit einer starken seelisch-geistigen Umstimmung einhergeht, sind chronische Kopfschmerzen, Migräne und Verstimmungszustände oftmals sehr günstig zu beeinflussen.

Eiweißstoffwechselerkrankungen:

Bei manchen Menschen ist die Möglichkeit, Eiweiß abzubauen, gestört. Der Körper bildet somit Ablagerungen im Binde- und Zwischengewebe, später auch an den Blutgefäßwänden, die immer undurchlässiger und enger werden. Als Notmaßnahme sozusagen erhöht der Körper seinen Blutdruck, um dennoch alle Organe versorgen zu können. Die Folge ist, neben zu hohem Blutdruck, höherer Augeninnendruck, erhöhte Blutfett-, Blutzucker- und Harnsäurewerte. Aus dieser Gesamtdisposition heraus resultieren eine Reihe von Krankheiten, die man ansonsten kaum miteinander in Verbindung bringt, als da sind: Bluthochdruck, Herzinfarkt, Erwachsenen-Diabetes (hier ist eine Fastenkur jedoch in den meisten Fällen nicht angezeigt), Gicht, rheumatische Erkrankungen und Glaukom (grüner Star).
Diese Folgen der »Eiweißmast« zeigen sich beim Rheumatiker bereits im mittleren Lebensalter, während ihm die Blutgefäßerkrankungen erst im höheren Lebensalter zu schaffen machen. Alle diese Symptome sind auf ein und dieselbe Wurzel zurückzuführen – auf eine Verschlackung des Körpers durch Stoffwechsel-Endprodukte aus zuviel konsumiertem tierischem Eiweiß. Nach neuesten Erkenntnissen von Prof. Wendt, der spezielle Forschungen auf diesem Gebiet anstellte, ist auch der grüne Star (Glaukom) auf eine Eiweißstoffwechselerkrankung zurückzuführen. Bei dieser Erkrankung ist das Augenkammerwasser in seinem Abfluß gehindert. Die Folge: der Augeninnendruck steigt und die Sehkraft wird beeinträchtigt. Diese verhängnisvollen Zusammenhänge sind im allgemeinen zu wenig bekannt. Schätzungsweise leiden circa 500 000 Menschen im Alter über 40 Jahre an grünem Star. Damit ist das Glaukom, neben der Netzhautdegeneration bei Diabetes, die häufigste Ursache für Erblindung!
Auch Menschen, die nicht an Glaukom leiden, berichten nach Fastenkuren nebenbei bemerkt von einem gesteigerten Sehvermögen.

Herz-Kreislauf-Erkrankungen:

In allen Industrienationen stehen die Herz- und Kreislauferkrankungen an erster Stelle der Todesursachen; sie rangieren damit noch vor dem Krebs. Eine zu fett- und eiweißhaltige Kost begünstigt die Entstehung dieser Krankheiten, so daß sich jede Ernährungsumstellung positiv auf den Körper auswirkt. Beim Fasten wird schädliches Übergewicht abgebaut, Fettdepots werden verbrannt und Eiweißschlackenstoffe beseitigt. Die Durchblutung des Koronarsystems verbessert sich gleichzeitig, der Herzmuskel wird besser mit Sauerstoff versorgt und dadurch leistungsfähiger. Der Kreislauf aber stabilisiert sich mit zunehmender Herzleistung.
Darüber hinaus wird eine fortschreitende Arterienverkalkung gebremst, die Blutfettwerte normalisieren sich.
In jedem Fall ist eine Fastenkur zur Bekämpfung chronischer und hartnäckiger Krankheiten mit dem Arzt oder Heilpraktiker zu besprechen. Er kann Ihnen die richtige Fastenmethode empfehlen und sie Ihren Bedürfnissen anpassen. In den meisten Fällen wird eine Fastenkur als Heilmittel gegen chronische Krankheiten in einer Klinik durchgeführt.

Wer darf nicht fasten?

Vom Fasten ausdrücklich auszuschließen sind nach Erfahrung führender Fachärzte Patienten, die an einer der folgenden Krankheiten leiden:
- Geisteskrankheiten
- überstandene Psychosen
- Schilddrüsenüberfunktion, z. B. Morbus Basedow
- schweres, anfallweises Herzjagen
- Tuberkulose
- Krebs
- Leukämie (durch eine außergewöhnliche Vermehrung der weißen Blutzellen gekennzeichnete Erkrankung)
- fortgeschrittene Leberzirrhose (auf Entzündung beruhende Bindegewebswucherung, die drüsiges Gewebe angreift)
- alle zehrenden Krankheiten
- Altersschwäche
- hochgradige Nervosität
- Diabetes mellitus
- chronische Darmkatarrhe
- chronische Magen- und Darmgeschwüre

Nach Operationen oder schweren Krankheiten sollte ebenfalls nicht gefastet werden.

Ein Jahr nach überstandener Krankheit können Patienten, die an Diphtherie (infektiöse Hals- und Rachenerkrankung) oder schwerer Grippe gelitten haben, in den Kreis der Fastenwilligen aufgenommen werden.

Da die meisten Sanatorien nicht wie Krankenhäuser geführt werden, sondern Stätten sind, in denen die Kur mit vielen Aktivitäten verbunden ist, eignen sich Fastenkuren desgleichen selbstredend nicht für bettlägrige Kranke. Gewöhnlich herrscht ein reges Treiben während des ganzen Tages.

In jedem Fall muß die Durchführung einer Fastenkur mit dem Arzt oder Heilpraktiker besprochen werden. Nur er kann individuell entscheiden, wer fasten darf und kann.

Auf den Zeitpunkt kommt es an

Vielleicht stehen Sie jetzt schon ungeduldig in den Startlöchern und können es kaum mehr abwarten, mit dem Fasten zu beginnen. Unser Tip: warten Sie noch ein Weilchen, denn – der Zeitpunkt sollte klug gewählt sein.

Andererseits sollten Sie auch nicht zu lange warten. Bei einem Auto wartet man auch nicht, bis es total durchgerostet oder fahruntüchtig geworden ist. Man sorgt sich schon frühzeitig um Lackschäden, Roststellen, Ölstand und dergleichen mehr. Man fährt sogar zur Vorsicht zur Inspektion und läßt nach möglichen Schäden Ausschau halten. Würden viele Menschen ihren Körper mit der gleichen Intensität pflegen wie ihr Auto, wäre schon viel erreicht. Spinnen wir den Vergleich noch etwas weiter: ein Auto, das eigentlich Super tanken sollte, aber permanent mit Normalbenzin gefahren wird, wird in nicht allzu ferner Zukunft streiken. Aber auch ein Körper, der jahrzehntelang hinweg die falschen Betriebsstoffe erhält, sprich fehlernährt wird, widersetzt sich nach einer Weile. Was beim Auto einsichtig ist, können einige Zeitgenossen jedoch nicht ohne weiteres auf ihren Körper übertragen. Sie verlangen im Gegenteil, daß der Arzt oder Heilpraktiker in kürzester Zeit Schäden beseitigen soll, die im Verlauf vieler Jahre entstanden sind.

Um dieser Schädigung vorzubeugen, wird von Fastenärzten eine alljährliche, ausgedehntere Fastenkur empfohlen – die idealerweise dann das erste Mal durchgeführt werden sollte, wenn noch keine schwerwiegenden Erkrankungen aufgetreten sind. Da eine Fastenkur so gut wie nie schaden kann, sollten also auch gesunde Menschen an das Fasten denken. Wenn Sie den Körper einer einmaligen, gründlichen Reinigungskur pro Jahr unterziehen, um den Gesundheitszustand zu stabilisieren, so kann dies nur positive Auswirkungen nach sich ziehen.

Der optimale Zeitpunkt ist also vor der Erkrankung anzusetzen; mit anderen Worten: man ist gesund und möchte es bleiben.

Ein zweiter, ebenfalls noch günstiger Zeitpunkt ist gegeben, wenn eine akute Krankheit auftritt: banale Infekte, eine fieberhafte Erkrankung, Grippe, Mandelentzündung, Darmbeschwerden – sie alle bessern sich nach kurzzeitigem Saftfasten, das nur drei bis vier Tage währen muß, da

- der Darm von der Verdauungsarbeit entlastet wird und der Körper sich voll auf die Bekämpfung der Krankheit konzentrieren kann,
- eine Entschlackung eintritt, weil man nichts ißt und der Körper nur ausscheidet,
- frische Obst- und Gemüsesäfte im Falle einer Saftfastenkur den Körper mit Vitaminen versorgen,
- das Säure-Basen-Gleichgewicht wieder hergestellt werden kann.

An dieser Stelle sei noch einmal darauf hingewiesen, daß man zur Bekämpfung akuter Krankheiten nicht unbegrenzt fasten darf. Sollte nach zwei bis drei Tagen keine Besserung eintreten, muß auf alle Fälle ein Arzt oder Heilpraktiker aufgesucht werden.

Der späteste Zeitpunkt für das Fasten ist dann gegeben, wenn bereits eine chronische Erkrankung vorliegt und eventuell schon viele Medikamente erfolglos ausprobiert worden sind. Zwar stehen hier die Heilchancen durch eine einmalige Fastenkur nicht schlecht, doch meistens ist ein mehrmaliges Fasten erforderlich.

So weit, so gut, werden Sie nun vielleicht im stillen kommentieren, der Zeitpunkt ist jetzt bekannt, doch in welcher Jahreszeit empfiehlt es sich, eine Fastenkur zu beginnen? Da das Fasten das »große Fest der Erneuerung« ist, bieten sich natürlich sofort Parallelen und Analogien zum Frühjahr an: das Leben ist neu erwacht und alles sprießt rein und frisch aus der Erde. Nicht zuletzt aus diesem Grunde schwören Fastenärzte auf die Fastenkur im Frühjahr. Die Sonne, die allmählich wieder an Kraft gewinnt, die hervorbrechenden Blüten, die Möglichkeit zu langen Spaziergängen, die wärmenden Sonnenstrahlen, das Blühen und Grünen rundum in der Natur – all das scheint so recht dazu angetan, die Lebensfreude wieder neu zu entfachen und sich guten Vorsätzen hinzugeben.

Je nach dem Temperament des Menschen und abhängig von seiner »Lieblingsjahreszeit« kann es aber auch angebracht sein, gerade dann zu fasten, wenn man sich besonders mit der Natur im Einklang fühlt.

Nach Buchinger fasten im Frühling am besten die Feinfühligen, die eine starke Beziehung zur Natur haben. Alte Verkrustungen können in dieser Jahreszeit offenbar leichter abgelegt werden.

Im Sommer fasten jene Zeitgenossen besser, die satt und prall im Leben stehen – die Realisten, die dem Essen und Trinken und den Genüssen des Lebens nicht abgeneigt sind. Sie genießen die Wärme, den Reichtum der Natur, die Luft- und Sonnenbäder. Zudem schläft es sich herrlich bei offenem Fenster, das heißt, die Natur ist in jeder Beziehung einladend.

Der Herbst ist angeblich für den künstlerisch veranlagten Menschen ideal, der über den Sinn des Daseins und seines Lebens nachsinnt und sich »höhere Sphären« erschließen will. Dichter, Künstler, alle Schöngeister fühlen offenbar eine tiefe innere Verwandtschaft zu dieser Jahreszeit, die zwar Fülle, aber auch die Melancholie des Vergänglichen in sich trägt.

Und wer fastet gut im Winter? All jene, die reichlich »Gepäck«, sprich Pfunde, mit sich herumtragen, die etwas kurzatmig sind und denen die Hitze des Sommers zuwider ist. Sie zehren im Winter beim Fasten mit Leichtigkeit aus den eigenen Depots und haben immer noch etwas zuzusetzen. Selbst bei Minustemperaturen geraten sie nicht so leicht ins Frösteln, weil sie über genügend eigenen Brennstoff verfügen.

Mit anderen Worten: man sollte sich auch den seelischen Aspekten des Fastens widmen. Da heute etwa 70% aller Leiden psychosomatisch bedingt sind, also seelische Ursachen haben, sind solche Ratschläge nicht von der Hand zu weisen. Denn auch die Psyche reagiert unterschiedlich auf die einzelnen Jahreszeiten.

Immerhin wird daraus ersichtlich, daß der einzelne selbst entscheiden muß, ob er Frühling, Sommer, Herbst oder Winter den Vorzug gibt.

Warum in der Klinik fasten?

Haben Sie inzwischen schon konkrete »Fastengedanken«? Suchen Sie vielleicht neben einer bestimmten Methode bereits den geeigneten Ort? Wenn man die Wahl des Zeitpunkts abgeklärt hat, erhebt sich die Frage nach der passenden Umgebung. Also: sollte man einer Klinik den Vorzug geben oder zu Hause fasten? Patienten, die noch nie gefastet haben, verhalten sich hier zu Recht in der Mehrzahl aller Fälle vorsichtig. Aber ein klarer Rat in diesem Zusammenhang: wenn man das erste Mal fastet, sollte man besser ein entsprechendes Sanatorium aufsuchen. Die Einübung des richtigen Verhaltens, das Zusammensein mit Gleichgesinnten, die ständige Bereitschaft der Ärzte, wenn einmal Unwohlsein, Unbehagen oder Kreislaufschwäche auftreten sollte, sprechen auf alle Fälle für die Klinik. Auch die Versuchung, doch etwas zu essen – was dem Fastenden nicht gut bekommt –, ist in der Klinik ungleich geringer als zu Hause, wo es einen Kühlschrank gibt, wo andere Familienmitglieder weiterhin kräftig zulangen dürfen und wo der Duft aus der Küche in die Nase steigt und Essensgelüste hervorruft. Selbst den Tapfersten fällt es in der falschen Umgebung gewöhnlich schwer, standhaft zu bleiben.
Hinzu kommt ein anderer Aspekt: Nicht nur um sich vor möglichen Verlockungen zu schützen, empfiehlt sich das Fasten in der Klinik. Ebenso wichtig ist auch die Distanz von Beruf, Familie und Problemen, den vielseitigen Verstrickungen und Anstrengungen, die der Alltag unweigerlich mit sich bringt. Körper und Geist sollen sich lösen und neue Wege und Kraft finden. Ein erstaunliches Potential wird allein dadurch freigesetzt, daß der Körper entlastet wird.

Die Kurkrise

Das schlagendste Argument für die Klinik besteht jedoch wie gesagt in den potentiellen Fährnissen. Was hat unser Körper nicht schon alles verkraften müssen! Patienten mit einem schlechten, labilen Gesundheitszustand können deshalb beim Fasten in seelisch und körperlich schwierige Situationen geraten. Der Körper löst im Laufe des Fastengeschehens alte, abgelagerte Schlackenstoffe auf und »aktiviert« sie quasi neu. So kommt es oft zu verblüffenden Erscheinungsbildern – der Körper blendet zurück auf alte Leiden, um sie dann als endgültig überstanden und erledigt zu betrachten. Diese Erscheinungsbilder treten zeitlich in umgekehrter Reihenfolge auf. Das heißt, wie bei der homöopathischen Behandlung verschwindet eine Krankheit und eine andere taucht auf. Das Leiden vergeht – und macht der vorletzten Krankheit Platz – bis diese verschwindet und die drittletzte auf den Plan tritt und so fort, bis alle Krankheiten sozusagen noch einmal durchexerziert worden sind. Die Krankheiten treten also in umgekehrter Reihenfolge nochmals auf. Die Heilung benötigt manchmal scheinbar unangemessen viel Zeit. Daß dafür die Krankheit aber auch wirklich von Grund auf geheilt ist, steht auf einem ganz anderen Blatt.
Der Fastende sollte also mit diesem Phänomen vertraut sein und sich gegebenenfalls darauf vorbereiten.
Viele Kranke berichten übereinstimmend, daß nach diesem letzten Aufflackern alter Krankheitsbilder die Beschwerden endgültig verschwinden. Kennt man diese Wirkung nicht, glaubt man verständlicherweise, das Fasten zeitige eine negative Wirkung. In Wahrheit handelt es sich jedoch um die »Endabrechnung« mit den letzten Ausläufern einer Krankheit – ein überaus deutliches Zeichen dafür, daß die Fastenkur voll angeschlagen hat. Mit anderen Worten: Ihre Mühe wird belohnt!
Vergessen Sie dabei nicht die stimulierende und unterstützende Atmosphäre einer Fastenklinik. Diese birgt nicht nur Vorteile für Patienten mit einer schwerwiegenden Erkrankung, die unter allen Umständen auf das

Fasten zu Hause verzichten müssen, da sie unbedingt der Leitung, Betreuung und Erfahrung eines Fastenarztes bedürfen. Auch der »normale« Fastende, man kann es nicht oft genug wiederholen, steht eventuell auftretenden schwierigen Situationen gegenüber, die es zu meistern gilt.

Abstand vom Alltag

Bettlägrige Kranke oder Patienten, die einen Großteil des Tages in liegender Stellung zubringen müssen, können in Fastenkliniken nicht aufgenommen werden, denn: Fasten beinhaltet Aktivität. Das beginnt mit morgendlicher Gymnastik, kneippschen Anwendungen, setzt sich fort mit Massagen, Sauna, Leberpackungen und gemeinschaftlichen Spaziergängen und endet abends mit Vorträgen über das Fasten und seine Auswirkungen auf den menschlichen Körper. Hier wird der Patient aufgeklärt, die Vorgänge im Körper werden ihm veranschaulicht. Auch diese theoretische Schulung ist von Nutzen, denn nur das, was man wirklich begreift, kann man nachvollziehen. Deshalb wird in Fastenkliniken gewöhnlich großer Wert auf Hintergrundinformation gelegt, denn nur so können die in der Fastenkur erreichten Ziele gefestigt werden.
Im übrigen aber wird kräftig trainiert – so weit es geht, denn Bewegung und körperliche Aktivität fördern die Ausscheidung der Schlackenstoffe aus dem Körper. Aber abgesehen von körperlichen Betätigungen während des Fastens fühlen sich viele Patienten auch in geistiger Hinsicht außerordentlich »beflügelt«. Fähigkeiten künstlerischer Art, die sonst im Alltag nicht zum Tragen kommen, werden aktiviert: Es werden gelegentlich sogar während des Fastens Bilder gemalt und Bücher geschrieben, da nicht selten große geistige Kräfte freigesetzt werden. Ähnliches gilt auch für den seelischen Allgemeinzustand des Patienten. In der Klinik in einer anderen Umgebung und in der Ausnahmesituation kann er endlich Abstand gewinnen und alles in einem anderen, neuen Licht betrachten. In dem Bewußtsein, standhaft zu sein, vermag er sich mitunter sogar ein neues »Ego« aufzubauen. Manchmal hört man davon, daß intuitive Fähigkeiten geweckt werden, ein Umstand, der jedoch nicht erwartet werden sollte.
Fasten, kann man ohne Übertreibung sagen, befreit. Nicht nur körperlich, sondern auch seelisch.

Zahlreiche zusätzliche Maßnahmen, die meist nur in einer Klinik angewendet werden können, fördern die Wirkung einer Fastenkur.
(Holzstich, 19. Jh., von Fritz Gehrke)

Die kalte Abreibung.

Dazu bemerkt der Nestor der Fastentherapie in der Bundesrepublik, Dr. Otto Buchinger sen. – der Mann, der das Heilfasten in die moderne Krankheitstherapie einführte und damit in die medizinische Geschichte einging –, daß jeder Fastende auch »Veränderungen in seinem seelischen Gefüge« wahrnimmt. In der Zeit des Fastens werden die Sinne geschärft, die Aufnahmefähigkeit wird gesteigert und die Phantasie belebt. Der Fastende ist oft erstmals in der Lage, seine seelische Situation richtig zu betrachten und zu erkennen, sie intuitiv zu überblicken und neue Lösungen für alte Probleme zu finden. Oft stellen sich zu Anfang des Fastens Depressionen ein, die aber bald wieder verschwinden und einem ausgesprochenen »seelischen Hoch« Platz machen.
Dem »Einsteiger« empfehlen wir also, sich mit dem gesamten »Know-how« des Fastens in geeigneter Umgebung vertraut zu machen. Der Fastenexperte, der bereits Erfahrung gesammelt und genügend Selbstvertrauen gewonnen hat, kann sich hingegen durchaus daran wagen, eigene Wege zu beschreiten. Im Anhang dieses Buches finden Sie im übrigen ein Verzeichnis der bekanntesten Fastensanatorien, die die verschiedenen Fastenkuren anwenden, die im Teil III und IV dieses Buches vorgestellt werden.
Bevor wir uns jedoch endlich in das Abenteuer stürzen, wollen wir noch eine letzte Frage beantworten: welcher Fastenkur sollte man sich unterziehen?

Welche Fastenkur für welchen Typ?

Gleich zu Anfang: Dieses Problem kann hier nicht generell gelöst werden. Die verschiedenen Experten geben verschiedene Antworten, wenn diese Frage gestellt wird.
»Eines schickt sich nicht für alle ...« Dieser Spruch scheint auch für die Fastenkuren zu gelten. Womit der eine glänzend zurechtkommt, ist für den anderen nicht geeignet.
Erfahrene Fastenärzte wie zum Beispiel Dr. H. G. Schmidt, der in seiner Klinik in Baiswail bei Bad Wörishofen sowohl die Buchinger-Kur als auch die Kur nach Dr. F. X. Mayr durchführt, beansprucht für sich, herausgefunden zu haben, daß einige Patienten besser auf Säfte, andere mehr auf Milch und Brötchen ansprechen. Er beruft sich dabei auf die Typen- und Konstitutionslehre nach Prof. Lampert, Lehrstuhlinhaber für physikalische Therapie an der Universität Frankfurt (1898–1981), der die »Reaktionstypenlehre« begründete.
Haben Sie also einmal negative Fastenerfahrungen gesammelt, so kann es durchaus sein, daß Sie sich »im falschen Lager« befanden. Lassen Sie sich deshalb nicht entmutigen, sondern versuchen Sie, die Ihrem Typ gerecht werdende Fastenkur herauszufinden.
Es sollte der intellektuellen Fairneß halber jedoch hinzugefügt werden, daß sich beileibe nicht alle Fastenexperten mit der Meinung Schmidts identifizieren. Einige Ärzte lehnen die Differenzierung nach Konstitutionstypen sogar entschieden ab.
Man kann sich jedoch problemlos darauf einigen, daß nicht jede Fastenkur für jeden geeignet ist. Gegebenenfalls sollte man also in ein anderes Lager »überlaufen« und sich nicht scheuen, sich einer auf die eigene Person passenden Kur zu unterziehen. Meist entscheidet jedoch der Therapeut, welche Fastenkur für den Patienten zu empfehlen ist, denn er kann den Gesamtzustand am besten beurteilen.
Im nachfolgenden Kapitel stellen wir Ihnen die einzelnen Fastenmethoden vor.

FASTEN IN DER KLINIK

Heilfasten nach Dr. Buchinger

In vielen Sanatorien der Bundesrepublik, die sich dem Naturheilverfahren verschrieben haben und die ganzheitliche Gesundung des Menschen anstreben, wird heutzutage »Heilfasten nach Buchinger« praktiziert. Ohne Übertreibung kann man behaupten, daß inzwischen Tausende von Patienten die reinigenden Kräfte dieser Kur erfahren haben, bei der im Laufe von zwei oder drei Wochen konsequent auf jede feste Nahrung verzichtet und der Körper mit Tee, Obst- und Gemüsesäften gereinigt und umgestimmt wird.
Wer war dieser Dr. Otto Buchinger sen., der das Heilfasten hierzulande begründete und der gewissermaßen als Pontifax maximus dieses Zweiges der Naturheilkunde gilt? Gestatten wir uns, ein wenig auszuholen:
Der Lebensweg des Otto Buchinger sen. gestaltete sich abenteuerlich: Als Sohn eines bismarcktreuen Regierungsrates sollte er sich ursprünglich in der Jurisprudenz seine Sporen verdienen. Als der Vater starb, wechselte der Sohn aus Neigung und ohne seine Mutter zu informieren den Studienzweig und legte ganz im stillen ein ausgezeichnetes ärztliches Vorexamen ab. Nach seinen eigenen Worten war seine Jugend geprägt von dem Glauben an die Möglichkeit, zu einer moralischeren und besseren Welt beizutragen und jedem einen Wandel seines Lebens zu ermöglichen – in einer Welt ohne verlogene Konventionen. Seine erste Publikation »Nationale Grundübel« handelte von der Gesundheitspflege und Hygiene in der damaligen kaiserlichen Marine.
Der eigentliche Durchbruch als Arzt und später als der berühmte Fastenarzt gelang Dr. Otto Buchinger sen. aufgrund eigener Fastenerfahrung nach fast tödlicher Sepsis (Blutvergiftung) im November 1917. Mit knapper Not davongekommen, verkrüppelt, an zwei Stöcken

Dr. Otto Buchinger jun.

gehend und mit fast zerstörter Leber wurde der 40jährige Marine-Generaloberarzt als Vollinvalide entlassen. Ein Freund riet ihm: »Du mußt fasten!« Er hatte von dem genialen, aber ohne klinische Einrichtung in Freiburg praktizierenden Dr. Gustav Riedlin und seinen spektakulären Erfolgen gehört. Unvoreingenommen allem Neuen gegenüber griff er nach diesem Strohhalm.

Er fastete mit stürmischem Verlauf, aber großem Erfolg. Eine zweite Kur im Jahre 1919 brachte die vollkommene Genesung. Im übrigen blieb er bis ins hohe Alter rüstig.
Die Methode, die ihm selbst die Gesundheit wiederschenkte, erforschte Dr. Buchinger in der Folge intensiv. Ihm schwebte der Plan eines »Lebensreform-Sanatoriums« vor, in dem er seine Erkenntnisse weitergeben wollte.
Am 4. Juli 1920 wurde sein Plan Wirklichkeit: in seinem Privathaus, dem »Bergschlößchen«, behandelte er den ersten Patienten mit seiner Methode, die er »Heilfasten« nannte. Es ist im Hause Buchinger überliefert, daß es sich hierbei um den finnischen Reeder Järnefelt handelte, der schwer an Gelenkrheuma erkrankt war und der von seiner Frau im Rollstuhl gebracht wurde. Das Ergebnis war geradezu unglaublich: nach sechs Wochen verließ Järnefelt auf seinen eigenen gesunden Beinen die Klinik!
Die großen Erfolge des Fastenarztes sprachen sich schnell herum. Stetig wuchs die Zahl der Patienten. Mitte 1935 erschien Otto Buchingers fünftes Buch, »Heilfasten und seine Hilfsmethoden«. Diese Veröffentlichung gilt heute noch als klassische Publikation der biologischen Medizin.
Das »Bergschlößchen« wurde bald zu klein und konnte die Zahl der Patienten nicht mehr fassen, die nach seiner strengen, aber hilfreichen Methode gesunden wollten. Dr. Buchinger und seine Patienten fanden im Städtischen Kurheim von Witzenhausen und später, im Januar 1936, in Bad Pyrmont ein neues Domizil.
Freunde Buchingers sprachen von ihm als einem Arzt »paracelsischer Prägung«. Offenbar besaß er einen Blick für den ganzen Menschen, für Leib und Seele. Sein Verdienst ist es, dem Heilfasten den ihm gebührenden Platz in der Medizin verschafft zu haben.
Er predigte nicht nur eine gesunde und vernünftige Lebensweise, sondern hielt sich auch selbst mit seiner Familie an diese Richtlinien. Er ernährte sich aus Überzeugung vegetarisch und trank keinen Tropfen Alkohol. Seine Kameraden bei der Marine nannten ihn deshalb nicht Dr. Buchinger, sondern Dr. Fachinger. Sein Sohn führte später mit ihm gemeinsam die Klinik in Bad Pyrmont und leitet sie seit 1953 verantwortlich. Buchinger sen. gründete 1954 in Überlingen mit seinem Schwiegersohn H. Ph. Wilhelmi eine weitere Fastenklinik, deren Leitung bis zu seinem Tode im Jahre 1966 in seinen Händen lag. Dr. Buchinger sen., rüstig bis ins hohe Alter, starb mit 88 Jahren.
Sie gestatten uns diese relativ ausführliche Beschreibung des Lebens und Wirkens dieses großen Mannes, der heute Vorbild und Leitbild vieler Fastenärzte darstellt. Ohne die Forschungen und den Einsatz Dr. Buchingers, so kann man ohne Übertreibung behaupten, wäre das Fastenwesen hierzulande nie und nimmer so weit gediehen – und würde sich nicht dieser Anerkennung und wachsenden Zuspruchs erfreuen.
Das Lebenswerk des Vaters, die Klinik in Bad Pyrmont, übernahm in der Folge der gleichnamige Sohn und baute sie gemeinsam mit seiner Frau weiter aus. Heute sorgen vier Ärzte und 60 geschulte Mitarbeiter für die Betreuung der Patienten rund um die Uhr. Die Patienten kommen aus ganz Europa.
Was erwartet nun den Fastenwilligen in der Klinik Buchinger? Betrachten wir den Ablauf aus dem Blickwinkel eines »Newcomers«, der zum ersten Mal »Neuland« betritt:

Vorbereitungstage

In seinem Zimmer findet der Kurpatient zunächst eine kleine Obstmahlzeit als Erfrischung und Einstimmung auf die vegetarische Kost des Hauses vor. Des weiteren muß er sich ein Merkblatt zu Gemüte führen, in dem eine Art »Hausordnung« beschrieben ist, denn das Gelingen der Kur hängt nicht unwesentlich von der engagierten Mitarbeit des Fastenden ab. In diesem Merkblatt finden sich konkrete Anweisungen, die zum Wohle aller Patienten dienen, beispielsweise: »Küche und Lebensform der Kuranstalt dürfen nicht mit der gewohnten Umgebung verglichen werden. Der Patient befindet sich nicht in einem Hotel, sondern in einer Kuranstalt mit gesundheitlicher Zielsetzung.«

Gespräche über Krankheiten und andere negative Dinge sind tunlichst zu unterlassen, da sie die Heil- und Fastenatmosphäre stören.

Es wird dringend empfohlen, Literatur über das Fasten zu lesen. In der Klinik herrscht absolutes Rauch- und Alkoholverbot. Auch Radio sollte so gehört werden, daß es die anderen nicht stört. Zwischen 12.00 und 15.00 Uhr herrscht in einer Fastenkuranstalt Mittagsruhe. Die Fastenpatienten erhalten einen Leberwickel im Bett. Danach wird morgens der Fastenpatient zur Waage gebeten. Man notiert sein »Startgewicht«. Beim ersten Kontakt mit anderen fastenerfahrenen Patienten hört der Neuankömmling von »Glaubern«, »Roedern«, »Krisentagen« und anderem mehr. Mit diesen Begriffen vermag er zunächst in den seltensten Fällen etwas anzufangen. Aber weiter mit der Prozedur: nach dem Wiegen folgt – wenn nicht bereits am Vortag geschehen – die Aufnahmeuntersuchung. Der Arzt stellt fest, in welchem Gesundheitszustand sich der Fastenwillige augenblicklich befindet. Es wird nach früheren und akuten Krankheiten gefragt, man erstellt eine sogenannte »Anamnese« (= Krankenvorgeschichte).

Sie soll neben einem guten Überblick über den Gesundheitszustand des Patienten auch einen Einblick in seine Persönlichkeitsstruktur geben. Zudem wird durch eine gute Anamnese das für den Erfolg der Fastenkur ebenfalls notwendige Vertrauensverhältnis zwischen Patient und Fastenarzt gefördert.

Diese Vorgehensweise basiert auf naturheilkundlichen und homöopathischen Behandlungsarten, in denen dem Gesamtheitszustand des ganzen Menschen mehr Aufmerksamkeit geschenkt wird als dem Symptom. Erst aufgrund eines umfassenden Bildes, das noch durch Laborergebnisse unterstützt wird, wird entschieden, wie sich der Klinikaufenthalt gestaltet – ob etwa eine besonders zusammengestellte Diät angebracht ist oder die strenge Form des Heilfastens, bei dem auf Nahrung in fester Form vollkommen verzichtet und lediglich getrunken wird, und wie lange die Fastenkur durchgeführt werden sollte. Wenn Medikamente zum Einsatz kommen, dann ausschließlich homöopathischer oder pflanzlicher Natur.

Erweist es sich im Verlauf der Kur, daß eine Verkürzung oder Verlängerung vorteilhaft ist, so wird in Abstimmung mit dem Patienten das Programm entsprechend geändert. Gerade Verlängerungen werden oft von Patienten selbst gewünscht, weil sie das Fasten als Wohltat empfinden und die begleitenden Freiheits- und Leichtigkeitsgefühle noch länger auskosten wollen.

Steigen wir nun noch weiter in die Praxis ein. Wie gestaltet sich der »normale« Fastenablauf in der Buchinger-Klinik, die, wie gesagt, als Prototyp der verschiedenen Fastenkliniken angesehen werden kann?

In der Vorbereitungsphase, mit der immer auch eine Eingewöhnung verbunden ist, haben Sie bereits eine gewisse Diät zu befolgen. Am ersten Tag nach der Ankunft bestehen die drei Mahlzeiten ausschließlich aus Obst – je nach Jahreszeit handelt es sich dabei um Apfelsinen, Äpfel, Birnen, Feigen oder Backpflaumen. Es kann Obst in beliebiger Menge verzehrt werden, meist genügt dem Patienten jedoch etwa 1 kg. Durst wird mit Mineralwasser gestillt, das nie direkt mit Obst aufgenommen wird, sondern nach der Obstmahlzeit.

Das Fasten beginnt

Nun wird es spannend! Das Abenteuer »Fasten« beginnt.

Nach dem Frischobsttag folgt der »Glaubertag«, das heißt, es werden 40 g gereinigtes Glaubersalz in 3/4 Liter heißem Wasser gelöst und schluckweise getrunken.

Dieser Trunk schmeckt nicht sonderlich angenehm – deshalb steht Obstsaft bereit, mit dem man jeden Schluck »versüßen« kann. Darauf folgen mehrere Darmentleerungen, damit das Innere des Fastenden für die Kur vorbereitet ist und auf »Ruhe« schalten kann. Ruhe allerdings nur in dem Sinne, daß er nicht wie üblich Nährstoffe aufnimmt; denn nun werden die Schlacken abgebaut und ausgeschieden. Das Ziel besteht darin, den Darm zu entlasten und von Fäulnisprodukten zu befreien, die vornehmlich auf Grund der Ernährung mit tierischem Eiweiß zustande kommen.
Selbst nach mehreren Entleerungen befinden sich im Darm immer noch größere Kotmengen, die gelöst werden müssen. Der Fastende ist oft erstaunt, welche Mengen beim Einlauf (alle zwei Tage) noch zum Vorschein kommen. Selbst am fünfzehnten oder zwanzigsten Tag des Fastens erscheint noch immer alter Darminhalt, mit dem körpereigene Schlacken abtransportiert werden.
Gleichzeitig mit dem Fastenbeginn am 3. Tag des Klinikaufenthaltes setzt eine Behandlung des »Wetterwinkeldarms« ein. Die oft schlaffe, verfettete Bauchdecken- und Darmwandmuskulatur wird durch Gymnastik und Massage gestärkt, dem oftmals ausgebildeten »Gaskotbauch« rückt man mit Darmbädern, eventuell mit Kräuterzusätzen, im wahrsten Sinne des Wortes »zu Leibe«, das heißt, man versetzt ihn in bessere Spannung. Das vom Blähbauch hochgestellte Zwerchfell wird durch intensive Atemübungen gesenkt und dadurch das Herz entlastet. Herzbeklemmungen schwinden so auf ganz natürliche Art und Weise, Lebensfreude kommt wieder auf.
Die übrigen Behandlungsmethoden richten sich nach dem Zustand des Patienten: ob Saunabehandlung oder Whirlpool, ob Wassergymnastik oder manuelle Massage – die Entscheidung darüber wird individuell gefällt.
In diesem Zusammenhang einige aufmunternde Anmerkungen: Die Araber nennen das Magen-Darm-Gebiet den »Vater der Trübsal«. An den mannigfachen Übeln der Welt, an schlechten Noten, am Ehezwist, an Melancholie, an Unfällen, Selbstmorden, geschäftlichem Versagen und politischen Mißerfolgen könnte also, so soll der 1926 verstorbene Kliniker Franz Petzoldt gesagt haben, nichts anderes schuld sein als schlechte Verdauung. In diesem Sinne bringen Gärungs- und Fäulnisprozesse im Darm das gesunde Darmbakterienmilieu aus dem Gleichgewicht, schlechte Darmbakterien breiten sich unmäßig aus und die gesunde Darmflora entartet. Die Nahrung kann nicht mehr richtig ausgewertet werden, Stoffwechselschlacken sammeln sich an – der Mensch erkrankt wie eine Pflanze, deren Wurzelwerk, aus dem sie die Nährstoffe zieht, nicht mehr in Ordnung ist. Schließlich werden die Anhangsorgane des Darms: Leber, Gallenblase und der drüsenähnliche Blinddarmfortsatz (der keineswegs so überflüssig ist, wie viele meinen) geschädigt, und der Mensch ist krankenhausreif. Wenn dann die allopathische Medizin noch mit Sulfonamiden zuschlägt oder mit Antibiotika, verabschiedet sich der Rest der gutartigen Darmbakterien. Sofern diese nicht wieder als lebende Kultur (zum Beispiel mit Hilfe dickdarmlöslicher Kapseln mit entsprechenden Substanzen) angesiedelt werden, »verelendet« der Patient zusehends aufgrund von Mangelernährung trotz reichlicher Nahrungsaufnahme.
Aus all diesen Gründen wird gerade dem Darmbereich bei einer Fastenkur größte Aufmerksamkeit gewidmet. Es gibt viele Patienten, die sich noch nie Gedanken darum gemacht haben, was in ihrem Bauch wohl vorgeht und wie ihr geplagter Darm mit falscher Kost in zu großen Mengen fertig wird.
Soviel als kleiner Ausflug zum theoretischen Hintergrund dieses Schrittes der Buchinger-Kur.
Der »Speiseplan« sieht im übrigen in etwa so aus: Morgens wird ein Becher Pfefferminztee mit etwas Honig geboten. Gegen 10.00 Uhr und am Nachmittag kann Mineralwasser getrunken werden. Mittags wird Gemüsebrühe und abends Obstsäfte aus eigenem biologischen Anbau gereicht, am Nachmittag chinesischer Tee (nicht zu stark). Alles in allem: nicht weniger als 1½ Liter Flüssigkeit pro Tag, sofern der Arzt es nicht anders bestimmt. Mehr zu trinken hieße den Kreislauf unnötig belasten. Zu wenig zu trinken würde hingegen die Arbeit der Nieren erschweren.

Wie ist es nun um das Wohlbefinden bestellt? Die meisten Fastenden fühlen sich bei dieser »Kost« ausgesprochen wohl. Am 2. Tage mögen noch leichte Hungergefühle vorhanden sein, aber am 3. Tag hat der Körper seinen Stoffwechsel schon ganz auf das Fasten eingestellt. Ein Fastender »hungert« daher nicht, sondern zehrt vom eigenen Fett.
Während des Saftfastens nach Buchinger kann es nicht zu dem gefürchteten Vitamin- und Mineralmangel kommen wie beim reinen Wasser- oder Teefasten. Durch mineralstoffreiche Gemüseabkochungen, sogenannte »Brühen«, und Frischobstsäfte in täglich wechselnder Folge wird der Körper ausreichend mit den lebenswichtigen Vitaminen und Mineralstoffen versorgt. Buttermilch wird lediglich dann zusätzlich gereicht, wenn modifiziertes Fasten angezeigt ist.

Der Brottrunk

Aber schreiten wir weiter in unserer Fastenkur nach Buchinger. Gelegentlich wird Ihnen hier auch ein »Brottrunk« geboten. Was hat es hiermit Geheimnisvolles auf sich?
Nun, waren Sie schon einmal in Rußland? Haben Sie dort vielleicht schon einmal »Kwass« getrunken? Es handelt sich hierbei um ein erfrischendes, ganz leicht alkoholhaltiges Getränk, das durch Vergärung aus Brot gewonnen wird. Etwas Ähnliches wird auch in der Fastenklinik Buchinger gereicht.
An den Geschmack muß man sich erst gewöhnen: das leicht milchig aussehende Getränk, das in großen Gläsern ausgeschenkt wird und sich in Deutschland »Brottrunk« nennt, ist von leicht säuerlichem, aber erfrischendem Geschmack und wird – da für Diätzwecke – ohne jeglichen Alkohol hergestellt.
Ausgangsprodukt für diesen »Brottrunk« ist vollwertiges Demeter-Brot. Durch eine besonders geführte Gärung wird eine natürlich milchsaure Flüssigkeit mit aktiven Fermenten und entwicklungsfähigen Milchsäurebakterien, die auch im Darm zu finden sind, gewonnen. In den letzten Jahren hat der Brottrunk zunehmende Verbreitung gefunden. Gesunde nehmen ihn zur Erfrischung und Leistungssteigerung bei Überlastung und Erschöpfung zu sich. Er ist wie das Brot selbst ein umfassendes Nahrungsmittel und deshalb für Menschen aller Konstitutionstypen geeignet. Fachleute betonen seine besondere Rolle in der Gesundheitsvorsorge: Brottrunk regt die Verdauungsdrüsen an. Dadurch können die Nährstoffe im Magen-Darm-Bereich besser abgebaut werden.
Bei vielen Patienten sind heutzutage die inneren Organe trotz reichlicher Nahrungszufuhr unzureichend ernährt. Das hat seine Ursache zum Teil in einer schlechten und unausgewogenen Ernährung, zum anderen aber auch im unvollständigen Abbau der Nahrungssubstanzen. Brottrunk wirkt sanierend auf das Darmmilieu. Gute Heilerfolge werden besonders bei Diabetes, geradezu ungewöhnliche Erfolge jedoch bei der Therapie von Hautkrankheiten erzielt. Es sind Fälle von Akne bekannt, die auf keine Therapie ansprachen, die jedoch durch den Brottrunk bisweilen schon nach vier Wochen gebessert oder sogar völlig ausgeheilt werden konnten. Auch bei der kaum heilbaren Hautkrankheit Psoriasis (Schuppenflechte) sind mit Brottrunk überraschende, anhaltende Heilerfolge erzielt worden. Desgleichen bei leichteren Störungen wie Haarausfall, Schuppenbildung und Kopfjucken. Man kann ihn in solchen Fällen auch lokal anwenden oder als Badezusatz.
Soweit unser kleiner Ausflug in die »Welt« des Brottrunks, der seit eh und je auch in der Buchinger-Klinik gereicht wird. Einsatzintensität und Zeitpunkt werden individuell abgestimmt. Nun aber zurück zu unserer Kur.

Fastenalltag

Obwohl Fastende im landläufigen Sinne nichts essen, sind sie dennoch leistungsfähig und fit. Was die Aktivität anbelangt, sind Fastentage auch Festtage.
Gewöhnlich wandert eine eigens engagierte Gymnastiklehrerin mit den Patienten durch herrliche Wälder

rund um Bad Pyrmont (Niedersachsen). Beim Spazierengehen werden alle Muskeln des Körpers gleichmäßig und harmonisch beansprucht. Arme und Beine werden bewegt, die Atmung vertieft sich. Der wichtigste aller Muskeln, das Herz, wird damit nachhaltig trainiert, ebenso wie die kleinen Muskeln, die das Erweitern und Zusammenziehen der Kapillaren (»Haargefäße«, feinste Verzweigungen der Blut- und Lymphgefäße) bewirken. Vom Zustand der Kapillaren hängt unsere gesundheitliche Verfassung in nicht unwesentlichem Maße ab. Längst ist in der Medizin sogar eine »Kapillardiagnose« üblich, anhand der man die Konstitution des Organismus beurteilen kann.

Der Spaziergang befreit gleichzeitig zu einem gewissen Grad die Sinne. Nicht umsonst wurden die großen Philosophen des Altertums »Peripatetiker« genannt, das heißt »die Umherwandelnden«. Körperliche Bewegung inspiriert auch den Geist, so daß sich neue Horizonte eröffnen. Wie sagte doch J. G. Seume, Schriftsteller (1763–1810), so treffend: »Es ginge alles besser, wenn wir mehr gingen.« Der Körperpflege kommt während des Fastens eine ganz besondere Bedeutung zu. Über die gründliche Darmreinigung und Pflege des Bauchraumes wurden bereits einige Ausführungen vorangestellt. Daß sich der Körper entschlackt, bemerkt man auch am mitunter üblen Atem des Fastenden. Wenn der Fastende einen Zitronenschnitz auslutscht, stellt sich jedoch rasch wieder ein frisches Gefühl im Munde ein. Lassen Sie sich während dieser Zeit also nicht vom »Wohlgeruch des Fastens« irritieren.

Um die Haut, dieses große Ausscheidungsorgan, anzuregen, vergeht kein Fastentag ohne Waschungen, Trockenbürsten, Luftbaden und – je nach ärztlicher Anordnung – Baden überhaupt. Alle diese Maßnahmen steigern die Hautatmung und begünstigen damit die Ausscheidung von Krankheitsstoffen. Massagen ergänzen das Programm.

Mittags zwischen 12.00 und 15.00 Uhr ist strenge Bettruhe verordnet – meist begleitet von einem feuchten Leberwickel, der das Entgiftungsorgan Leber bei seiner Schwerarbeit während des Fastens unterstützt.

Viermal die Woche finden am Abend schließlich Vorträge statt, um auch die »Botschaft des Fastens« an die Patienten heranzutragen und verständlich zu machen, neben medizinischen Themen (Gesundheitslehre) werden auch esoterische Aspekte angesprochen.

Nur wenn der Patient einsieht, warum dies alles geschieht, wird er dem Fastenplan willig folgen und nicht heimlich in Konditoreien oder Restaurants sündigen. Es würde damit nicht nur den ganzen Fastenerfolg in Frage stellen, sondern kann auch gesundheitlich ernste Folgen haben, wenn ein Fastender auf unvorbereiteten Magen die falschen Speisen zu sich nimmt. Auch der musische Bereich wird in der Buchinger-Fastenklinik gepflegt, denn »die Musik erfreut des Menschen Herz«. Im großen Gymnastiksaal steht ein Flügel. Oft werden hier Musikabende veranstaltet. Bad Pyrmont selbst, das »im Tal der sprudelnden Quellen« gelegen ist, bietet darüber hinaus eine wohltuende Atmosphäre. Das »Badebuch« aus dem 18. Jahrhundert berichtet, daß sich schon im 16. und 17. Jahrhundert hier schier »ganz Europa« traf, mit anderen Worten: alles, was Rang und Namen besaß. Neben dem Großen Kurfürsten kurten hier der König von England, Zar Peter der Große und der Alte Fritz. Desgleichen erholten sich an diesem Ort Königin Luise, Knigge, Leibniz, Lessing, Goethe und Herder. Heute kommen Gäste aus aller Welt, genießen das milde Schonklima und erfreuen sich an der exotischen Kulisse des nördlichsten Palmengartens Europas.

Weniger ist mehr

Im gleichen Maß wie die Genesung interessiert den Fastenden normalerweise die Gewichtsabnahme. Oftmals stellt dies der ausschließliche Grund für den Besuch einer Fastenklinik dar.

Wieviel kann ein Fastender nun in welcher Zeit abnehmen? Die Antwort ist nicht so einfach: Jemand, der von starkem Übergewicht geplagt wird, kann schneller abnehmen und hat eindrucksvollere Erfolge vorzuweisen

als ein normalgewichtiger oder gar schlanker Mensch. Das Fasten wirkt sich in bezug auf die Gewichtsabnahme wie ein »gerechter Lastenausgleich« aus: der Körper gibt nur das ab, was wirklich zuviel ist und den Organismus schon immer »bedrückt« hat. Umgekehrt vermögen schlanke Personen oder leicht untergewichtige Menschen, die auf Grund eines Darmproblems nicht zunehmen können, mitunter sogar Gewichtszunahmen nach dem Fasten verzeichnen! Das bedeutet im Klartext, daß sich der kranke und schlaffe Darm erholt hat und die Nahrung besser verwerten kann.
Infolgedessen läßt sich ein Kurerfolg auch nicht nur mit der Waage beurteilen. Jeder Fastende verfügt über eine andere Konstitution und besitzt eine ganz individuelle Krankheitsgeschichte. Meist sinkt das Gewicht durch die Entwässerung in den ersten Tagen sehr schnell. Hat sich jedoch der Organismus auf den Fastenstoffwechsel umgestellt, sinkt die Gewichtsabnahme. Es gibt Patienten, die in den ersten Tagen jeweils ein Kilo abnehmen, im Verlauf der Kur dann nur noch Pfunde und schließlich Gramme. Der Körper selbst bestimmt, wann der Ballast abgebaut wird.

Das Roedern

Was hat es nun mit dem vielzitierten »Roedern« auf sich? Hier handelt es sich um eine besondere Methode des Absaugens der Gaumenmandeln sowie eine Wischmassage der Rachenmandeln und des unteren Nasenganges, die auf den Arzt Heinrich Roeder (1866 bis 1918) zurückgeht. Er war der Meinung, daß Gaumen- und Rachenmandeln wichtige Organe des menschlichen Körpers sind. Durch Absaugen der Gaumenmandeln und eine Wischmassage der Rachenmandeln und des unteren Nasenganges wird ein Reflex auf das Zwischenhirn, die Hypophyse, und das vegetative Nervensystem ausgeübt. Otto Buchinger sen. erforschte diese Methode systematisch und gelangte zu der gleichen Überzeugung wie Roeder. Gaumen- und Rachenmandeln gehören zum Lymphsystem des Körpers und arbeiten als Filter für die Lymphflüssigkeit. Ist dieser Filter verstopft, kommt es zu Rückvergiftungserscheinungen. Das Absaugen mittels einer kleinen Gasglocke mit angeschlossenem Schlauch wirkt daher außerordentlich befreiend. Reflexverbindungen von diesen beiden Organen bestehen auch zur Gallenblase, zum Magen, dem Zwölffingerdarm und sogar zur Gebärmutter.

Homöopathische Maßnahmen

Auch naturheilkundliche und homöopathische Maßnahmen werden, so es angezeigt ist, während der Buchinger-Kur ergriffen. Daher zunächst ein kleiner Ausflug in die Theorie dieser Heilmethode: Zunächst: Wie entstand die Homöopathie? Wie wurde sie entwickelt? Der Begründer der Homöopathie ist der Arzt Samuel Friedrich Christian Hahnemann (1755–1843), der an verschiedenen deutschen Orten wirkte, bis er zuletzt in Paris internationale Berühmtheit erlangte. Bei der Übersetzung eines englischen Lehrbuches über Arzneimittel im Jahre 1790 stieß er auf das Mittel »China«. Die Chinarinde ist uns bekannt als ein Medikament, aus dem »Chinin« hergestellt wird, das unter anderem Malaria heilt. Auch schon im 18. Jahrhundert wurde die Chinarinde gegen Malaria eingesetzt.
Hahnemann fragte sich nun, ob es nicht möglich wäre, Genaueres und Besseres über die Chinarinde in Erfahrung zu bringen. Eine chemische Analyse nach unseren heutigen Maßstäben war damals nicht möglich. Hahnemann entschloß sich zur Selbstprüfung. Zweimal täglich nahm er eine geringe Menge Chinarinde zu sich und bemerkte bald typische Erscheinungen von periodisch auftretenden Fieberanfällen. Sobald er das Mittel absetzte, klangen diese Krankheitserscheinungen ab. Dieses Arzneimittel konnte also bei einem gesunden Menschen eine »Krankheit« erzeugen. Hahnemann stellte im Laufe seiner Forschungen darüber hinaus fest, daß die Chinarinde tatsächlich nur bei den Malariafällen hilft, die dem von ihr erzeugten Krankheitsbild ähnlich waren.

Dementsprechend formulierte Hahnemann das wichtigste Prinzip: »Man wende in der zu heilenden Krankheit dasjenige Arzneimittel an, welches eine andere möglichst ähnliche Krankheit zu erregen imstande ist – und jene wird geheilt werden.« Oder, kürzer formuliert: »Similia similibus curantur« – »Ähnliches soll mit Ähnlichem heilen!« Verabreichte man also dem Kranken eine Arznei, die in der Zusammensetzung dem Gift möglichst ähnlich war, in unschädlich geringer Dosierung, so löste man einen unterschwelligen Heilreiz aus. Die Abwehrsysteme wurden durch dieses Signal in die Lage versetzt, jetzt von sich aus gegen das Gift aktiv zu werden. Damit war dem Prinzip der Allopathie das Prinzip der Homöopathie entgegengesetzt worden. Die Allopathie stützt sich auf Medikamente, die »anders beschaffen« sind als die Krankheit und sich damit gegen die Krankheit und deren Symptome richten. Die Homöopathie aber setzt bei Krankheit »ähnliche« Medikamente ein. Sie schickt nicht chemische Substanzen in den Körper, sondern etwas »Ähnliches«, ein »Similimum« (lat. = »das Ähnlichste«). Seine Erkenntnisse legte Hahnemann in seinem Hauptwerk nieder, das 1820 erschien. Der Titel: »Organon« – ein griechisches Wort, was frei übersetzt soviel wie »Handwerkszeug« bedeutet. Später wurden homöopathische Mittel im großen Stil geprüft – auch an Menschen, die sich dafür zur Verfügung stellten.
Soviel zu unserem Ausflug in die theoretischen Gefilde dieser Heilmethode.
Falls es während der Fastenzeit also nötig ist, mit Medikamenten unterstützend einzugreifen, geschieht dies in der Buchinger-Klinik vorzugsweise mit homöopathischen Mitteln. Um eine vermehrte Wasserausscheidung zu erlangen, wird Goldrute (Solidago virgaurea) gegeben, bei Herzklopfen Weißdorn (Crataegus oxyacantha), bei Herzangstgefühlen »Goldtropfen«, bei Schlaflosigkeit Coffea C 30 usw. Die Krankheit wird, wie gesagt, laut homöopathischem Gesetz mit dem Mittel angegangen, das die Krankheit normalerweise auslösen würde, allerdings in sehr geringer Dosis.

Fastende sind hellwach

Ein häufiges Phänomen des Fastens besteht darin, daß Sie während dieser Zeit weniger Schlaf brauchen als sonst. Der Körper ist wacher und einsatzbereiter und weniger belastet mit dem Eigenbetrieb. Ein biblischer Spruch besagt: »So ihr fastet, werdet ihr wachen. Murret nicht. Nützet die Zeit.« Aus medizinischer Sicht muß man hinzufügen: dem muß nicht, kann aber so sein. Buchinger und andere Fastenärzte empfehlen, die Zeit der »Wache« für freundliche optimistische Gedanken oder Entspannungsübungen zu nutzen. Beispielsweise ist Musik angezeigt, diese stimmt oft schlafbereit. Schlaf scheint eine Qualität zu sein, die sich weitgehend unserem Willen entzieht. Gerade dem, der ihn bewußt und willensstark sucht, schlägt er ein Schnippchen. Oft nützen kühle Abwaschungen, das Öffnen des Fensters oder das tiefe Einatmen der Nachtluft. Von (selbst)hypnotischen Versuchen wird heute allerdings von weiten Teilen der Ärzteschaft abgeraten.
Während des Fastens befindet sich der Patient meist in einem ausgesprochenen seelischen Hoch. Er fühlt sich frei von der Körperschwere, erlebt glücklich, wie er sich leichtfüßiger bewegt, wenn die Pfunde schmelzen, und ist stolz auf seine eigene Leistung, wenn es ihm gelungen ist, der Krankheit und dem Übergewicht Paroli zu bieten. Unsere Empfehlung: genießen Sie Ihre Gewinne!

Dauer des Fastens

Die Länge des Fastens richtet sich im Hause Dr. Buchinger nach der Vorgeschichte des Fastenden und seinem »Gepäck«, das er mit in die Fastenklinik bringt. Gehören Sie zu den Fastenwilligen, die vorbeugend und der Gesundheit zuliebe die erste Kur wagen wollen, so genügt meist die 21-Tage-Fastenkur.
Bei hartnäckigen Fällen wird längeres oder wiederholtes Fasten nötig sein. Mitunter fasten Patienten 30, 40 Tage lang. Den Fastenrekord der Klinik stellte im übrigen eine Frau auf: Sie litt an Gelenkrheumatismus und

vegetativ-nervösen Störungen. Während des Fastens blühte sie sichtlich auf und wollte selbst am 42. Tag noch nicht mit dem Fasten abbrechen!
Man könnte hinsichtlich der Fastendauer in der Buchinger-Klinik die Faustregel aufstellen: nicht unter 14 Tagen und (in der Regel) nicht über 30 Tage. Der Übergang vom Fasten zum Hungern wird üblicherweise bei etwa 60 Tagen angesetzt.
In Ausnahmefällen kann es während einer Fastenkur zu intensiverem körperlichen Unwohlsein und Unverträglichkeiten kommen. Wenn der Puls 120 Schläge pro Minute übersteigt und sich nicht beruhigen will, wird die Fastenkur abgebrochen unter gleichzeitiger Gabe von Aconit C 30 und einer Baldrian-Tinktur. Bei sehr belasteten Angina-pectoris-Kranken (Herzbeklemmung, Abschnürungsgefühl) kann (in seltenen Fällen) während der Kur nochmals ein Anfall auftreten. Meist kommt dann der behandelnde Arzt ohne das sonst übliche Nitro-Präparat aus, wenn heiße Unterarmbäder gegeben werden, die krampflösend wirken.
Einer geringen Unterzuckerung während des Fastens wird mit einem Löffel Rübensirup, in etwas heißem Wasser aufgelöst, entgegengewirkt.
Soweit zu den einzelnen Stationen der Fastenkur im Hause Buchinger, die der Patient oder der Fastenjünger durchläuft.
Wie aber gestaltet sich nun das Ende, das beim Fasten den Anfang einer neuen Ära einleiten sollte?

Fasten
zeugnis

Es wird hiermit bestätigt, daß

FRAU INGELORE TIMM

aus DÜSSELDORF 1

-21- Tage ganz gefastet hat.

Bad Pyrmont, den 18. JULI 1986

KLINIK DR. OTTO BUCHINGER

Das Fastenzeugnis

Das Fastenbrechen

Auf Grund vielerlei Aktivitäten vergehen die Fastentage gewöhnlich wie im Flug. Wenn Sie während des Fastens alle geschriebenen und ungeschriebenen Regeln der Fastenklinik genau eingehalten und dadurch wirklichen Gewinn aus der Kur gezogen haben, dürfen Sie mit Recht stolz auf sich sein. Dementsprechend wird in der Buchinger-Klinik am Schluß feierlich eine Fastenurkunde, das sogenannte Fastenzeugnis, überreicht – der schriftliche Beweis Ihrer Standhaftigkeit.

Danach beginnt die Periode des Fastenbrechens. Bernhard Shaw, ein fastenerfahrener Schriftsteller, kommentierte dazu: »Jeder Narr kann fasten – Fastenbrechen kann nur der Weise.«
Als erste feste Kost gibt es – einen Apfel. Einen Apfel! Sie werden ihn mit großem Genuß und jeden Bissen auskostend verspeisen, denn die Geschmacksnerven sind

jetzt enorm sensibilisiert. Langjährige Erfahrungen haben bewiesen, daß der Apfel sich am besten zum Fastenbrechen eignet. Er sollte mit »Butzen und Stiel«, das heißt mitsamt dem Kerngehäuse, gegessen werden, weil das darin enthaltene Pektin sich günstig auf die Darmmotilität auswirkt und dem Körper wichtige Mineralstoffe zuführt. Wer Schwierigkeiten mit dem Gebiß hat, kann den Apfel gerieben zu sich nehmen.
Bereits diese erste kleine Speise beschäftigt Magen und Darm so sehr, daß es besser ist, sich mit einer Wärmflasche auf dem Bauch eine kleine Weile hinzulegen, um Magen und Darm bei der ungewohnten Verdauungsarbeit zu unterstützen.
So weit, so gut! Wie geht es nun weiter, wie gestaltet sich die Nachfastenzeit?
Am Nachmittag wird wiederum ein ganzer Apfel zum Verzehr geboten. Abends verwöhnt man Sie mit Kartoffelsuppe mit frischen Kräutern. Dann folgt der erste Aufbautag:
Noch im Bett werden eingeweichte Pflaumen oder Feigen eingenommen. Zum Frühstück gibt es Tee, der als »Vierwinde«-Tee bekannt ist, Müsli und drei Äpfel über den Tag verteilt. Sie dürfen zwischen den Mahlzeiten »vernichtet« werden. Mittags wird frischer Salat, geriebene Mohrrüben und Kartoffelbrei serviert. Am Nachmittag darf man sich an dünnem Schwarztee mit etwas Honig ergötzen, wozu es ein Knäckebrot, ebenfalls mit Honig, gibt. Abends verlustiert man sich wieder an Obst, je nach Jahreszeit, und Graham- oder Knäckebrot mit ein wenig Butter und Kräutertee.
Am zweiten Aufbautag darf der Gaumen erneut eingeweichte Pflaumen oder Feigen kosten. Zum Frühstück wird Müsli, Graham- oder Knäckebrot gereicht, mit ein wenig Butter. Eine Tasse Buttermilch, drei Äpfel für die Zwischenmahlzeiten und einige Haselnüsse für den Tag runden das Ganze ab.
Mittags ißt man jetzt Salat, gedünstete Möhren, Naturreis und ein Schälchen Quark. Nachmittags reicht man Butter, Knäckebrot und Tee. Der Abend wird durch eine Salatplatte verziert, die gereicht wird mit Graham- und Knäckebrot, Butter, Magerkäse, Hagebutten- oder Zitronenmelissetee. Ähnlich gestaltet sind der dritte und vierte Aufbautag. Erst am fünften Aufbautag wird Vollkost gereicht. Jetzt ist der Körper wieder in der Lage, normal gemischte Kost zu verdauen.
Die Zeit des Aufbaues ist immens wichtig und muß ernst genommen werden. Magen und Darm sollen wiederbelebt und in ihrer Funktion angeregt werden. Darauf reagieren sie zunächst unwillig, das heißt mit Völlegefühl und Aufgeblähtsein. Sie werden sich in den Tagen des Aufbaues müder und belasteter fühlen als während der gesamten Fastenzeit. Doch das darf Sie nicht beunruhigen. Der Körper muß wieder seine übliche Verdauungsarbeit aufnehmen, für die er Energie und Sauerstoff im Bauchbereich benötigt. In dem Maße, wie das Blut zum Magen für die Verdauungsarbeit herangezogen wird, werden die anderen Organe, inklusive des Gehirns, weniger gut versorgt und beklagen sich – besonders direkt nach den Mahlzeiten. Die bekannte »Müdigkeit nach dem Essen« stellt sich wieder ein. Mit zwei Löffeln Leinsamen, in Joghurt gestreut, mit eingeweichten Pflaumen und eingeweichten Feigen können Magen und Darm geholfen werden. Oft besteht eine gewisse Ängstlichkeit, besonders bei Patienten, die zu Stuhlverstopfung neigen, ob der Darm denn nach so langer Zeit wieder richtig funktionieren wird, ob er nicht »geschrumpft« ist. Sie können ganz unbesorgt sein, ein Darm schrumpft nicht und nimmt nach der Kur seine Arbeit wieder auf, meist besser als zuvor. Es ist durchaus normal, wenn der erste Stuhlgang erst am dritten oder vierten Tag erfolgt – erst muß der Darm ausreichend gefüllt sein. Mitunter ist es empfehlenswert, den ersten festen Stuhlgang mit einem Einlauf zu lockern.
Darüber hinaus müssen Sie mit einer Gewichtszunahme von etwa 1,5 kg nach dem Fasten rechnen, denn der Darm füllt sich wieder.
Mit einer Abschlußuntersuchung am siebten Tage nach dem Fasten ist die Kur schließlich beendet. Ausgestattet mit neuen Verhaltensmustern und dem Bewußtsein, daß der Mensch relativ wenig braucht, um gesund und leistungsfähig zu bleiben, können Sie wieder heimkehren – schlank und rank und voller Lebensfreude.

Der mündige Esser

Während der Fastenkur haben Sie eine Menge über sich und Ihren Körper gelernt. Sie wissen jetzt – dank der Vorträge und der allgemeinen Unterweisungen –, was sich in Ihrem Körper abspielt, was er braucht und was er nicht unbedingt braucht. Ideal ist es, wenn Sie als »mündiger Esser« nach Hause zurückkehren und in Zukunft die Signale Ihres Körpers besser verstehen. Der weit verbreiteten Sitte, entweder aus Gewohnheit, aus Höflichkeit oder aus gesellschaftlichen Zwängen weit mehr zu essen, als dem Körper nottut, können Sie jetzt erfolgreicher widerstehen als vor der Fastenkur. Sie haben gelernt, was für den Körper nützlich ist und welcher Schaden durch denaturierte Nahrung, vor allem durch Zucker, Weißmehlerzeugnisse, »totgekochte« Speisen und übermäßigen Salzgebrauch, angerichtet werden kann. Wir werden auf die optimale Kost im letzten Kapitel noch ausführlicher zu sprechen kommen. Selbst wenn Sie keine spektakulären Gewichtsverluste aufweisen können – die Erkenntnis, »vernünftig« zu essen, ist Ihr »Hauptgewinn«!

Die eben beschriebene Fastenkur nach Dr. Buchinger, die wir am Beispiel der »Stammklinik« Bad Pyrmont ausführlich beschrieben haben, wird nebenbei bemerkt mittlerweile auch in anderen Kliniken durchgeführt. Aus dem Verzeichnis der Kliniken am Ende des Buches können Sie die Beliebtheit dieses Heilverfahrens ersehen. Die Fastenkur nach Buchinger stellt neben der Darmreinigung nach Mayr die wohl bedeutendste Kur hierzulande dar. Wenn Sie sich für das Fasten interessieren, werden Sie den Namen »Buchinger« und »Mayr« immer wieder begegnen. In diesem Sinne müssen wir diesen beiden großen Männern hinreichend Referenz erweisen.
Nicht minder beliebt ist also die Fastenkur nach Dr. F. X. Mayr. Führen wir uns als nächstes also seine Methoden zu Gemüte, bei der auch »passionierte Esser« auf ihre Kosten kommen, denn hierbei darf zumindest – gekaut werden!

Die Darmreinigungskur nach Dr. F. X. Mayr

Nach den Erfahrungen des inzwischen verstorbenen Fastenarztes Dr. F. X. Mayr gibt es heutzutage praktisch keinen Menschen, der so ernährt und gesund ist, wie er es sein könnte, wenn sein Verdauungsapparat vollkommen in Ordnung wäre.
Der Verdauungsapparat ist nach seiner Meinung sozusagen das »Wurzelwerk der Pflanze Mensch«, da für den Ernährungs- und Gesundheitszustand des Menschen der Verdauungsapparat immens wichtig und er biologisch gesehen von ihm abhängig ist.
Auch Dr. Franz Xaver Mayr, ein österreichischer Arzt, der 1965 90jährig starb, erfreute sich bis ins hohe Alter geistiger und körperlicher Frische und Beweglichkeit – Beweis für die Richtigkeit der von ihm propagierten Fastenmethode.
Bereits in jungen Jahren begründete er eine nach ihm benannte Fastenkur, die auf Darmgymnastik, Bauchmassage und einer speziellen Schonkost, bestehend aus Milch und trockenen Semmeln, aufbaut.
In über 50jähriger Forschungsarbeit fand Mayr heraus, daß der Darm die »Wurzel allen Übels« beim Menschen ist. Seiner einfachen Lehre begegnete man zeitweise von Seiten der etablierten Medizin mit großem Mißtrauen. Zu überzeugten Anhängern seiner Methode wandelten sich jedoch viele Ärzte, die sich selbst einmal einer Mayr-Kur unterzogen oder deren Patienten von ihrem Kurerfolg berichteten.
Man könnte den Fastenarzt Dr. Mayr als einen Prediger einer neuen Eßkultur bezeichnen, in deren Rahmen das Ziel verfolgt wird, den Verdauungsapparat des Menschen in Ordnung zu halten oder in Ordnung zu bringen.
»(Es sind nachweisbar) die Gifte im Darm, die den Menschen krank, vorzeitig alt und häßlich machen!«, so die Meinung Dr. Mayrs.
Sie sehen, auch die Methode dieses Fastenarztes muß

Dr. F. X. Mayr

im Rahmen einer Ganzheitsmethode gesehen werden. Beschäftigen wir uns also noch ein wenig mehr mit der Theorie.

Diagnose der Gesundheit

Dr. F. X. Mayr operierte schon als junger Arzt mit zwei Schlüsselfragen:
»1. An welchen Merkmalen erkennt man die Gesundheit des Menschen im allgemeinen und seines Verdauungsapparates im besonderen?
2. Wie groß, wie geformt, wie beschaffen ist der gesunde Bauch? Mit anderen Worten: Wann vollzieht sich die Wende zum krankhaft geformten Bauch?«
Nach seinen eigenen Worten konnte ihm hierauf niemand eine befriedigende Antwort geben. Also begann er, auf eigene Faust auf diesem Gebiet zu forschen. Konsequent suchte er festzustellen, ob ein Mensch, der sich subjektiv gesund fühlt, auch objektiv gesund ist – oder sich nur in einem Übergangsstadium befindet, das jederzeit in Krankheit umschlagen kann. Des weiteren suchte er nach einer Methode, mit der man feststellen konnte, ob der Darm wirklich leistungsfähig ist und die ihm gestellte Aufgabe optimal erfüllt.
Um diese Fragen zu klären, behandelte er alle Patienten, egal aus welchem Krankheitsgrund sie kamen, so als ob sie alle verdauungsgestört seien. Mit anderen Worten: er führte alle Krankheiten auf Magen-Darm-Krankheiten zurück. Falls seine Theorie sich als stimmig erwies, so glaubte er, müsse man vom Verdauungsapparat aus alle entstandenen Leiden beeinflussen können. Bei seinen Untersuchungen kam er zu verblüffenden Ergebnissen:
Er entdeckte, daß auch nicht an Magen-Darm-Erkrankungen leidende Patienten in erheblichem Maße verdauungsgestört und verschlackt waren. Außerdem wies er nach, daß mit der Regeneration des Verdauungssystems auch viele andere Leiden sich zurückbilden oder gänzlich verschwinden.
Aus diesen Beobachtungen heraus entwickelte Dr. F. X. Mayr seine »Diagnostik der Gesundheit«, die im Gegensatz zu den bisherigen Methoden stand, die meist die Krankheiten diagnostizierten. Der springende Punkt bestand also darin, die Gesundheit des Menschen in den Mittelpunkt zu stellen, das hieß im einzelnen den tatsächlichen Gesundheitszustand zu beurteilen, die Veränderungen des Gesundheitszustandes über einen Zeitraum festzustellen und die beeinflussenden Faktoren zu bestimmen.

Krankheit in mehreren Akten

Der Mensch erkrankt nicht urplötzlich aus »heiterem Himmel«. Immer kommen verschiedene Faktoren zum Tragen und auch die Zeit spielt eine bedeutende Rolle. Aus diesem Grund verglich Dr. Mayr den Verlauf einer Krankheit mit einem Schauspiel in mehreren Akten. In den ersten drei Akten verläuft die Krankheit meist völlig unbemerkt, der Mensch fühlt sich beschwerdefrei und ist subjektiv gesund. In den Akten vier bis sechs treten die ersten Symptome auf, der Arzt wird aufgesucht, der Patient erwartet Abhilfe. Wird jedoch nur das Symptom und nicht der ganze Mensch behandelt, spielen sich die nächsten beiden Akte im Krankenhaus ab, das Schauspiel wird mit dem Tod des Patienten abgeschlossen.
Diese Darstellungsweise mag Ihnen auf den ersten Blick dramatisch erscheinen und überspitzt formuliert sein, die vielen Zivilisationskrankheiten bestätigen jedoch eher die These Dr. Mayrs als sie zu entkräften.
Erkrankt heutzutage ein Mensch, so sucht er nicht nach dem Auslöser des Übels, sondern bekämpft das Symptom: die Grippe, die Erkältung oder die Infektion zum Beispiel. Daß der Organismus schon lange Zeit geschädigt und seiner Abwehrkräfte beraubt ist, ist den meisten Zeitgenossen völlig unbekannt. Sie halten sich denn auch für gesund, sind aber in den meisten Fällen nur halbgesund und anfällig. Bei einem solchen labilen Zustand können sich leicht Krankheitserreger im Organismus breitmachen und das Immunsystem »überrennen«.
Sie werden sich fragen, wie und vor allem wann es zu einer Schädigung des Organismus und des Immunsystems kommt. Sind es ererbte Defekte, also Krankheiten, die schon bei Eltern oder Großeltern beobachtet wurden und die nun per Erbfolge auf die Kinder und Enkel übergehen? Oder handelt es sich nicht vielmehr um eine falsche Lebensweise, die den Kindern und Enkeln, mitsamt den daraus resultierenden Krankheiten, anerzogen wurde?
Die Entgleisung des Organismus beginnt heutzutage bereits im Kindesalter; schon Säuglinge und Kleinkinder sind vielfach überernährt und dadurch unnötig dick, weil immer noch die Meinung vorherrscht, daß nur ein dickes Kind ein »Prachtkind« ist. Kinder werden leider häufig systematisch zu übermäßigem Essen gezwungen. Droht dann dem Kind auch noch Liebesentzug seitens der Mutter, wird dem Kind eine Verhaltensweise anerzogen, die sich gegen die eigenen Bedürfnisse richtet.
Dieser soziale Unfug setzt sich später bei vielen Gelegenheiten fort: im Büro, bei Familienessen, wo oft zu viele und zu schwere Speisen aufgetragen werden, aber niemand das Herz hat, etwas abzulehnen und damit die Köchin zu beleidigen.
Qualvolle Verirrungen in der Kochkunst werden aus Liebe (»Liebe geht durch den Magen«) begangen und zeitigen schreckliche Folgen. Nicht nur der Komödiendichter läßt die heimtückische Gemahlin mit Vorliebe Schweinebauch und Rotwein servieren. Aber schauen wir uns nun einmal an, zu welchen Ergebnissen dieses Drama gemeinhin führt.

Die Bauchtypen nach Dr. Mayr

Die Darmfüllung mit ihrem Gewicht bestimmt Kontur und Haltung des Menschen; der Bauch gibt untrüglich Auskunft über das, was in seinem Inneren geschieht.
Dr. F. X. Mayr unterschied je nach Körperhaltung 6 verschiedene Typen:

<u>»Habtacht«-Stellung</u> ①

Darunter versteht man eine überstreckte, forciert stramme Haltung (Brust raus, Bauch rein!) mit einer deutlichen Hohlkreuzbildung.
Der durch chronischen Verdauungsschaden stärker gefüllte Magen-Darm-Trakt braucht mehr Platz als vorgesehen. Aus diesem Grund ist bei muskelkräftigen Menschen die Brustkorbwölbung verstärkt, das Zwerchfell hochgestellt, der Unterleib rückwärts geneigt und der Beckenboden steht tief.

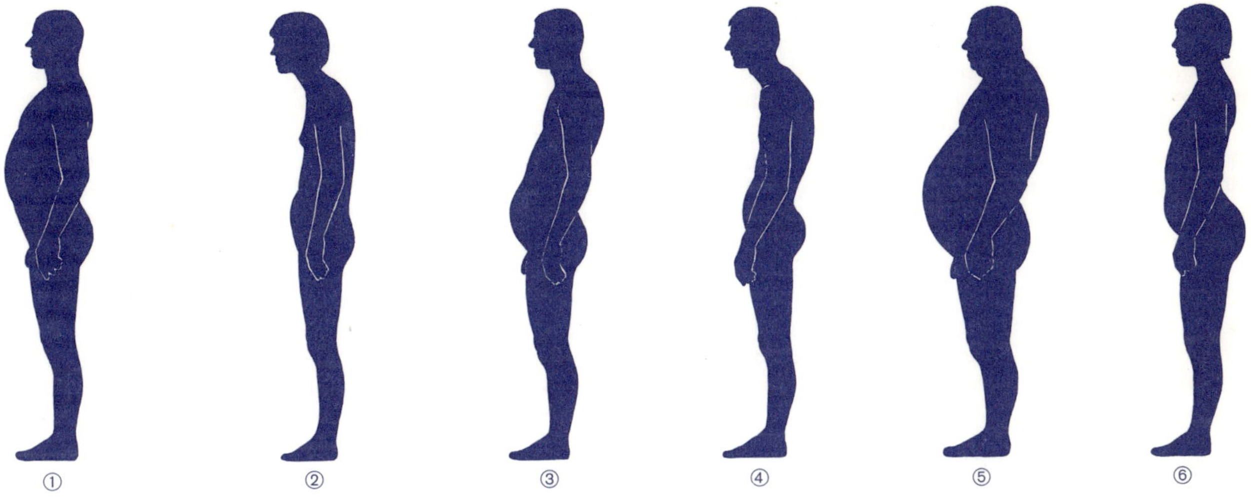

»Anlauf«-Stellung ②

Der ganze Mensch ist in seiner Achse nach vorn gebogen, als wolle er Anlauf nehmen. Die Därme sind erschlafft und drücken mit ihrem Gewicht nach unten. Der Körper krümmt sich zusammen wie bei Bauchschmerz, der Oberkörper ist nach vorne geneigt.

»Sämann«-Stellung ③

Darmerschlaffung und große Kotfülle führen zu einem sackartig erweiterten Kotbauch. Der Kranke wirkt wie ein Sämann, der das Saattuch vor dem Leib trägt. Der Oberkörper wird stark nach hinten gebogen, um ein Gegengewicht zu der Last des Bauches zu bilden.

»Lässige« Stellung ④

Eine zusammengesackte, kraftlose Haltung mit Rundrücken und vorgestrecktem Bauch.
Eine vermehrte Darmfüllung bei schlaffer Bauchdecke führt zu dieser Zwangshaltung in S-Form.

»Großtrommelträger«-Stellung ⑤

Die unmäßige Vermehrung des Darminhalts, zusammen mit Gasbildung, führt zu dieser Auftreibung des Leibes, wobei der Brustkorb hochgedrückt wird. Der Hals wirkt verkürzt und steckt quasi zwischen den Schultern. Die Lendenwirbel sind stark eingeknickt.

»Enten«-Stellung ⑥

Diese Haltung wird besonders bei Frauen beobachtet. Der Po steht ab wie bei einer Ente der Schwanz, der Gang ist entsprechend watschelnd.
Der Oberkörper wird in den Hüften nach vorn geneigt und weiter oben wieder zurückgebogen.
Erschlaffte Darmschlingen belasten die weiblichen Unterleibsorgane und deren Blutgefäße, so daß der Körper durch die beschriebene Haltung die Organe schützt.

Die »Normal«-Stellung zeichnet sich durch ein gerade Haltung mit flachem Bauch aus.

Wir können uns denken, daß Sie nach der so drastischen Beschreibung deformierter Bauchtypen jetzt zum Spiegel eilen, um festzustellen, wie es um Sie bestellt ist. Seien Sie ehrlich zu sich selbst, auch wenn es schwerfällt. Die meisten sind – vor allem in der Seitenansicht – nicht mit Adonis oder Aphrodite vergleichbar.
Ist Ihr Auge erst einmal geschult, können Sie so manchen Zeitgenossen am Strand mühelos einordnen. Ein vielsagender Blick zu Ihrem Begleiter und die Bemerkung »auch Großtrommelträger!« läßt Schmunzeln bei den Eingeweihten aufkommen.
Anzuraten ist also eine gründliche Inspektion der eigenen Bauchpartie, verbunden mit einer schnellstmöglichen Abhilfe auf diesem Gebiet. Daß damit mehr bezweckt wird als »nur« ein kosmetischer Effekt, hat Dr. Mayr mit seinen Kurerfolgen eindeutig bewiesen.
Wir können demgemäß schlußfolgern, daß eine übermäßige Bauchfüllung zur Veränderung der Statik führt; so mancher Gang zum Orthopäden oder Chiropraktiker könnte unterbleiben, würde man diesen Zusammenhang als Arzt oder Laie rechtzeitig erkennen. Jeder chiropraktische Griff bleibt so lange wirkungslos, bis das Grundleiden kuriert ist.
Mit der Ausheilung des Darmes verschwinden in den meisten Fällen die Haltungsschäden und die dadurch bedingten Wirbelverschiebungen.

Gesundheit bringt Schönheit

Verschlackung des Körpers und ungesunde Verdauung zeigen sich aber nicht nur an der Bauchform, sondern ganz deutlich auch im Gesicht des Patienten. Ärzte, die in der Diagnostik nach Dr. Mayr geübt sind, erkennen hieran die einzelnen Stadien der Verschlackung.
Ein gut ernährter, gesunder Mensch erfreut sich einer straffen, rosigen Gesichtshaut. Ist die Verdauung gestört, zeigen sich erste negative Anzeichen bezüglich Festigkeit und Elastizität. Es ist glaubhaft überliefert, daß Dr. Mayr seine Patienten genau zu betrachten pflegte und fragte: »Lassen Sie mich sehen, wie es Ihnen geht?« Er hob dabei die Haut am Jochbogen leicht an; wenn sie elastisch war, sich kaum abheben und verschieben ließ, war der Zustand der Haut gut, wenn nicht, dann lag bereits die erste Schädigung, das sogenannte »Quellungsstadium«, vor. Hier sehen die Menschen »wohl« und rundlich im Gesicht aus; der erfahrene Arzt aber erkennt bereits diese ersten Zeichen der Verschlakkung. Schreitet diese weiter fort, wird das zweite Stadium, das »Erschlaffungsstadium«, erreicht; die Wangen sinken ein, das Gewebe ist zu schwer, um von der Gesichtsmuskulatur weiter in seiner Lage gehalten zu werden. Hier zeigen sich bereits deutlich die ersten Falten. Im dritten Stadium, dem »Hautschwund« (Atrophie), sind Teile der Hautschicht bereits zerstört, die Haut ist papierdünn und von knittrigem Aussehen.
Gesundung geht für den Patienten daher immer auch Hand in Hand mit einer Schönheitskur.
Sagen Sie selbst, können Sie mehr verlangen?!
Aber wie gestaltet sich nun eine Regenerationskur nach Dr. Mayr, wie sie heute in verschiedenen Gesundheitszentren, Sanatorien und Kliniken angeboten wird?
Am Schluß dieses Buches finden Sie im übrigen auch eine Liste der »Gesellschaft der Mayr-Ärzte e. V.«, zusammengeschlossen in der GESELLSCHAFT DER ÄRZTE FÜR ERNÄHRUNGSHEILKUNDE mit Sitz in Heidelberg. Sie alle sind in der Regenerationskur nach Dr. Mayr geschult und ausgebildet. Ihr erster Vorsitzender ist Med. Rat Dr. E. Rauch, Chefarzt des Gesundheitszentrums Golfhotel am Wörthersee, ein Spezialsanatorium für Diagnostik und Therapie nach Dr. F. X. Mayr.
Haben Sie sich zu einer solchen Kur entschlossen?
Wenn ja, sieht Ihr Tagesprogramm nach Kurbeginn wie folgt aus: Zunächst werden Sie gründlich untersucht, wobei auch bereits vorhandene medizinische Befunde berücksichtigt werden und die Spezialdiagnostik nach Dr. Mayr angewendet wird. Sodann folgt, je nach Zustand, die Auswahl der geeigneten Kurform.
Prinzipiell stehen drei Programme zur Verfügung:
- die Teefastenkur
- die Milch-Semmel-Diät
- die milde Ableitungsdiät

Das Tagesprogramm sieht unter anderem vor:
Die Ausgabe eines salinischen (salzhaltigen) Morgentrunkes zur Entschlackung und Blutreinigung, Morgengymnastik, Schwimmen in 30° C warmem Wasser, verschiedene Kneippanwendungen, Spezialbehandlungen und Alpenkräuterbäder.
Vor dem Mittagessen wird Bettruhe mit feuchten Leibauflagen verordnet. Die Arztvisite findet grundsätzlich im Zimmer statt und gibt Ihnen Gelegenheit, sich mit dem Arzt ausführlich über Ihr Befinden zu unterhalten. Ansonsten bietet sich beispielsweise das Naturschutzgebiet rund um den Wörthersee zum Wandern, Radfahren, Bootfahren, Golfspielen (im Sommer) und Skifahren (im Winter) an. Gesundheitsvorträge am Abend informieren über Sinn und Zweck der Kur. Daneben ist für Unterhaltung und Entspannung bestens gesorgt.
Aber nehmen wir die einzelnen Fastenprogramme unter die Lupe.

Das Teefasten

Dies ist die strengste Form des Fastens. Die Entscheidung über die Dauer der durchgeführten Kur trifft der Arzt anhand der fortschreitenden Genesung des Patienten. Im Laufe dieser Kur wird nur Kräutertee, mit etwas Honig gesüßt, getrunken. Auch Gemüsebrühe, Wasser und Mineralwasser werden gereicht.
Der gesamte Verdauungsapparat wird dadurch gereinigt und gleichzeitig auf eine spätere vernünftig zusammengestellte Kost vorbereitet. Darüber hinaus führt man hier eine spezielle Bauchmassage jeden Tag durch, so daß der Darm zum Arbeiten angeregt wird. Die Massage bewirkt das schnellere und intensivere Aufsaugen von Nährstoffen in das Blut. Außerdem wird die Ausscheidung von Schlacken beschleunigt.
Mitunter wird Autosuggestion nach Coué empfohlen, ein Rat, dem sich die Autoren nicht anschließen können. Hierbei stellt sich der Patient in positiver Selbstbeeinflussung seinen Körper schön, jung, straff und elastisch vor. Die Verfechter der Suggestion argumentieren, daß unser Gehirn, ein Computer, den wir »füttern« können, bestrebt ist, dieses Bild in die Tat umzusetzen.
»Think slim«, sagen die Amerikaner und meinen »stell dir vor, du seist schlank!«
Anhand vieler nachweislich dokumentierter Fälle können wir von der Hypnose und auch der Autosuggestion jedoch nur abraten. Es sind zu viele Beispiele bekannt, in denen durch solche Praktiken irreparable Schäden auftraten. Im Zweifelsfall kann man sich jedoch sicherlich von der Autosuggestion auch in der Mayr-Klinik distanzieren.
Das Kneten und Massieren des Bauchraumes hingegen zeigt ausschließlich positive Auswirkungen: Das Zwerchfell massiert normalerweise den Darm. Wenn dagegen diese natürliche »Massage« durch Überfüllung oder Gasbildung im Darm gestört ist, atmet der Mensch flacher, das Zwerchfell ist hochgestellt und »außer Kraft« gesetzt.
Durch die flache und schlechte Atmung kann der Körper durch die Lunge nicht mehr genügend verbrauchte Luft ausscheiden. Das führt zu einer Kohlensäureüberlastung des Blutes, Ermüdungserscheinungen und Vergiftungen. Wir sehen, daß wir es hier mit einem wahren Teufelskreis negativer Wirkungen zu tun haben und ein Schwachpunkt den nächsten bedingt und hervorruft!
Daß sich bei einer solchen mangelnden Sauerstoffzufuhr und gleichzeitiger Ansammlung von Schlackenstoffen keine Spannkraft, keine gute Haltung, kein gutes Aussehen einstellen kann, ist wohl jedem verständlich.
Die große Darmreinigungskur nach Dr. Mayr kann im übrigen nicht zu Hause durchgeführt werden, weil erst die geschilderte Massagetechnik – zusammen mit der richtigen Fastennahrung – den Erfolg sichert.
Allerdings kann man eine vereinfachte Form, die milde Ableitungsdiät, durchaus privat anwenden.

Die Milch-Semmel-Diät

Nicht ganz so streng wie das Teefasten ist die Kur mit Milch und altbackenen Kursemmeln. Sie werden sicher fragen, warum denn gerade alte Brötchen gegessen werden sollen, wo Ernährungsberater vor Weißmehlerzeugnissen warnen und Vollkornbrot empfehlen. In diesem speziellen Fall, also bei der Kur nach Dr. Mayr, ist das altbackene Brötchen weniger Nahrung als vielmehr ein Mittel zur Kauübung. Mit anderen Worten: es handelt sich um eine Methode zur Einübung der »Eßkultur nach Mayr«.

Auch Bundeskanzler Kohl fastete übrigens nach dieser Methode – und mit Erfolg. Die Milch-Brötchen-Kur wird von nahezu allen Menschen gut vertragen. In der »kleinen Form«, der milden Ableitungsdiät, kann sie auch von Berufstätigen mühelos durchgehalten werden. »Schonung«, »Säuberung« und »Schulung« sind die drei Ziele dieser Kur. Der Darm wird geschont und von zu vielem und ungesundem Essen gesäubert, wobei neue Eßgewohnheiten erlernt werden.

Dr. Mayr soll einmal zu dieser Fastenmethode kommentiert haben: »Es verhält sich durchaus nicht so, daß wir dem Patienten das Fasten beibringen wollen, sondern vielmehr das richtige Essen!«

Fasten kann man nicht immer – richtig essen, vor allem kauen, aber jeden Tag.

Die »neue Eßkultur nach Dr. Mayr« ist eine Zeremonie, die erst erlernt werden muß.

Das Geheimnis des richtigen Essens sieht so aus: die gut getrockneten Semmeln, die sich gerade noch schneiden lassen, werden in Scheiben zerteilt. Nun werden sie so lange gut gekaut – etwa 35mal! –, bis sich der Speisebrei vollkommen verflüssigt. Da der Speisebrei länger im Mund verweilt, können die Kohlenhydrate durch den Speichel und die Verdauungsenzyme aufgeschlossen werden. Sie bemerken es an dem leicht süßlichen Geschmack. Zu diesem Brötchenbrei, so wollen wir ihn einmal nennen, wird nun aus einem Löffelchen Milch dazu gesaugt. Ja, der Ausdruck ist richtig, denn die Milch wird mit fast geschlossenen Lippen ganz langsam angesaugt, so wie es Säuglinge tun. Dr. Mayr hat hierfür den Ausdruck »sippeln« geprägt. Der Grund hierfür ist die Anregung der Speicheldrüsen.

Dieses Milch-Brötchen-Gemisch ist die Basis der eigentlichen Mayr-Kur. Sie lehrt nicht das Fasten, sondern das bewußte Kauen, das nachher im Alltag auch auf andere Speisen übertragen werden soll. Was nicht im Mund gut eingespeichelt, im Magen verdaut und im Dünndarm optimal ausgewertet werden kann, ißt man vergeblich. Denn – wir leben nicht von dem, was wir essen, sondern von dem, was wir verdauen.

Bei der Mayr-Kur wird nur zweimal am Tag gegessen. Der Darm läuft im »Schongang« und soll sich erholen von all den opulenten Mahlzeiten, mit denen er oft überfordert wurde. Falls dennoch Hungergefühle aufkommen, darf Kräutertee oder Mineralwasser nach Bedarf getrunken werden. Häufiges Trinken ist sogar erwünscht.

Fastende, die Milch nicht vertragen, brauchen deshalb nicht auf eine Kur nach Mayr verzichten: Sie entschlakken mit Breien oder Suppen aus Weizen, Hafer, Gerste oder Reis.

Um es noch einmal ganz deutlich herauszustellen: Die Original-Fastenkur nach Dr. F. X. Mayr, die normalerweise 3 bis 4 Wochen dauert, sollte nicht im »Alleingang« durchgeführt werden! Vor Selbsttherapie über einen langen Zeitraum hinweg wird gewarnt! Nicht das Fasten mit Milch und Brötchen verursacht Schwierigkeiten, sondern die Überleitung zum normalen Essen und das langsame Gewöhnen des Darmes an die übliche Nahrung. In diesem Punkt ist das Fastenbrechen mit dem Landen zu vergleichen – dem schwierigsten Part beim Fliegen!

Die Kur nach Dr. Mayr hat sich vor allem auf folgenden Gebieten bewährt:

- Weichteil- und Gelenkrheuma
- Gicht
- Wirbelsäulenschäden
- Bandscheibenschäden
- psychosomatische Störungen

Die Vollkur nach Dr. Mayr sollte man vorbeugend etwa einmal im Jahr durchführen. Schwere, ja als hoffnungslos geltende Fälle wurden dabei schon auskuriert.
Soviel zu dieser Fastenmethode, die mit der Buchinger-Kur um Platz 1 in deutschen Landen kämpft – was die Beliebtheit anbelangt.

Die milde Ableitungskur

Die mildeste Form, die sich aus den Diät- und Fastenkuren des Dr. F. X. Mayr entwickelt hat, ist die »milde Ableitungskur«, sozusagen die Volksausgabe der großen Kuren, die nur stationär in einem Kurheim mit eigens ausgebildeten Mayr-Ärzten durchgeführt werden können.
Die milde Ableitungskur ist eine der freundlichsten Fastenkuren, geht sie doch auf viele natürliche Bedürfnisse des Menschen ein, wie z. B. seine Freude an frischer, leichter Nahrung oder seinen natürlichen Instinkt, nichts zu essen, was ihm widerstrebt.

Schongang-Diät

Grundgedanke bei der milden Ableitungskur ist, daß der Fastenwillige oder Diätwillige, wie wir ihn hier einmal nennen wollen, bestimmte Lebensmittel favorisieren sollte.
Empfohlen werden Milch und Milchprodukte, wie Sahne und Quark und leicht verdauliche Käsesorten. Aus der »grünen Küche« kommen zart gedünstete Gemüse, Kartoffelgerichte, leicht verdauliche Getreidearten, altbackenes und gut abgelagertes Brot und kaltgepreßte Pflanzenöle. Als Gewürze dienen Meersalz und Honig (kein Zucker!). An Getränken sind erlaubt: stilles Mineralwasser, Kräutertee und Malzkaffee.
Folgende Dinge werden während dieser Kur, bei der der Magen- und Darmtrakt im »Schongang« läuft, jedoch unter allen Umständen gemieden: Schweinefleisch und Schweinefett, alle Wurstsorten (sie enthalten einen hohen Prozentsatz an Fett und viel Salz), alle raffinierten Öle und Fette, auch Mayonnaisen. Vor allem aber ist Ernährungsfeind Nr. 1 weißer Zucker und alles, was daraus hergestellt wird: Schokolade, Bonbons, Süßigkeiten aller Art, Pralinen und Marmelade etwa. Gerade Marmelade enthält, nach guter alter Hausfrauenregel, bis zu 50% und mehr Zucker. Sinnvoller ist es, die Früchte in der Art zu essen, wie sie wachsen.
Selbstverständlich werden Sie während der Kur nicht rauchen und auch keine Aufputschmittel wie Alkohol oder Cola zu sich nehmen. »Mild und bekömmlich« lautet das Motto dieser Beinahe-Fastenkur.
Ein Umstand verdient noch besonderer Erwähnung: das sonst so hochgelobte Vollkornbrot mit all seinen Vorteilen ist während dieser Kur nicht angebracht, weil es Schwerarbeit vom Darm verlangt. Während der milden Ableitungskur gibt es Mischbrot oder Graubrot, das schon 1 oder 2 Tage alt ist. Gemieden werden auch Hülsenfrüchte, Kraut und Kohl.
Verboten – und das mag verwunderlich klingen – sind während dieser Spezialdiät auch Rohkost sowie Obst in jeder Form. Eine Ausnahme bilden die Banane – man verabreicht sie ja auch Babys! – sowie 1–2 Teelöffel Zitronen- oder Orangensaft zum abendlichen Kräutertee.
Auch auf alles Gebackene, Fritierte und Panierte müssen Sie während der Kur verzichten. Ihr Magen-Darm-System wird es Ihnen mit einem Gefühl der Leichtigkeit danken.
Wie sieht nun der Tagesablauf bei der milden Ableitungskur aus?
Morgens trinken Sie auf nüchternen Magen ½ l lauwarmes Wasser oder besser, weil wohlschmeckender, 2 Tassen Kräutertee mit einem gestrichenen Teelöffel Bittersalz.
Das Frühstück und die Mittagsmahlzeit entsprechen den Grundsätzen der milden Ableitungskur. Das Abendessen besteht aus 1–2 Tassen Kräutertee, gesüßt mit 1 Teelöffel Honig.

Begleitende Maßnahmen

Eine feuchtwarme Leibauflage macht den Magen ganz besonders aufnahmefähig für das nachfolgende Essen; er entspannt, kann besser arbeiten und der Magensaft bildet sich schneller.
Ob die Kur bei Ihnen anschlägt, können Sie auch selbst kontrollieren:
Betasten Sie Ihren Bauch. Er müßte sich bereits nach einigen Tagen weicher und elastischer anfühlen. Ganz nebenbei werden Sie feststellen, daß Ihre Haltung besser wird, daß Sie aufrechter gehen und sich Ihre Haut strafft – wohltuende Folgen der schlackenarmen Kost, die vom Körper willig verarbeitet wird.
Nach Dr. Mayr gibt es ja, wie bereits ausgeführt, nur eine einzige gesunde Bauchform: den flachen, unbetonten Bauch, wie man ihn bei gesunden, jungen Menschen kennt. Alles andere ist bereits vom Übel. Jede Vorwölbung, ob als Spitzbauch oder Rundbauch, deutet auf Störungen im Verdauungssystem hin, nicht nur auf Fettdepots. Diesem Wohlstandsbauch, der eigentlich eine Erkrankung signalisiert, können Sie auch mit der milden Ableitungskur bereits wirkungsvoll »zu Leibe« rücken.

Bauchmassage nach Dr. F. X. Mayr

Als außerordentlich wohltuend und unterstützend wird von vielen während der milden Ableitungskur eine Massage des Bauchraumes empfunden. Sie geht ebenfalls zurück auf Dr. Mayr.
(1) Massage des Magens
Mit dem Handteller der rechten Hand wird unter dem Brustbein in der Magengrube begonnen, dann hinunter bis zum Nabel und wieder zurück massiert. Dauer: etwa eine oder zwei Minuten. Der Magen wird dadurch gekräftigt und einer Erweiterung vorgebeugt.
(2) Massage des Dünndarms
Mit beiden Händen wird unter leichtem Druck in engen Kreisen um den Nabel massiert. Wichtig: links absteigend, rechts aufsteigend, im Uhrzeigersinn. Das entspricht dem Verlauf der Darmschlingen.
(3) Massage des Dickdarms
Mit beiden Händen wird wie unter (2) beschrieben massiert, jedoch in einem großen Kreis, mit weitem Nabelabstand im Uhrzeigersinne.
Diese leichte Darmmassage, die jeden Tag durchgeführt wird, wirkt außerordentlich darmanregend und kann sogar einer Magenerweiterung entgegenwirken. Wer unter starker Verstopfung leidet, dem kommen die schon beschriebenen feuchtwarmen Umschläge besonders zugute. Hilfreich sind außerdem kleine Klistiere.

Ausleitung der Kur

Nach Beendigung der Kur müßten Sie sich ausgesprochen wohl und verjüngt fühlen. Auch mit der Waage können Sie sich wieder anfreunden.
Achten Sie nach der Kur auch zu Hause auf substanzreichere, vollwertige Kost und auf eine möglichst einfache, naturbelassene Zubereitung. Kochen Sie nichts, was auch roh gegessen (und gut vertragen) werden kann. Gewöhnen Sie jetzt Ihren Darm wieder an volle Leistung, und bereichern Sie Ihren Speisezettel mit Vollkornbrot, Wurzel- und Blattgemüse, mit Getreidegerichten, kleinen Portionen Fisch oder Fleisch und wenig Eiern. Denken Sie vor allem daran, Fleischportionen drastisch zu reduzieren. Sie beugen damit einer Übersäuerung und Verschlackung des Körpers vor!

Die Molke-Kur

Die Molke-Kur kannte man bereits im Mittelalter – sie ist damit eine der ältesten Fastenmethoden. Die berühmten Ärzte Galenos (Italien), Sydenham (England) sowie Tissot (Schweiz) verordneten sie schon mit großem Erfolg.
Später nahm die Molke-Trinkkur ihren Ausgangspunkt von dem kleinen Bergdorf Gais im Kanton Appenzell

(Schweiz), von wo aus sie auch Österreich und Italien eroberte. Die Kur geriet dann eine Zeitlang in Vergessenheit. Heute erlebt sie wieder eine Renaissance. Wissenschaftlich untersucht wurde die Wirkung der Molke-Kur in jüngster Zeit im Bad Lauterberger Kneipp-Kurhaus im Jahre 1981. Die Ergebnisse sind in der »Molke-Trinkkur-Studie« im Kneipp-Kurhaus Bad Lauterberg einzusehen. 35 Kurpatienten erhielten 3 Wochen lang täglich 1 bis 2 Liter Diätkurmolke sowie 80 ml Frischpflanzensäfte oder Molke in Kombination mit einer laktovegetabilen (auf Milch und Gemüse basierenden) 1 000-Kalorien-Reduktionskost. Die Passagezeit im Darm konnte während der Kur wesentlich verkürzt werden, es wurde eine deutliche Entlastung des Stoffwechsels beobachtet. Bei einigen Patienten wurden sogar Stuhlverstopfungen beseitigt und Abführmittel wurden dadurch überflüssig. Der Stuhl der Patienten verlor seinen Fäulnisgeruch und nahm eine breiige Konsistenz an; es wurden keine Unverträglichkeiten beobachtet.

Gerade auf den kranken Darm, auf Stuhlverstopfung, auf eine veränderte Darmflora, Fäulnisdyspepsie (Schwierigkeiten bei der Verdauung durch Fäulnisvorgänge im Darm), Selbst- und Rückvergiftung sowie Lebererkrankungen übte die Molke-Kur nachweislich einen ausgezeichneten Einfluß aus. Die Patienten verloren in den drei Testwochen im Durchschnitt 4,3 kg an Gewicht und fühlten sich insgesamt sehr wohl. Daher kann das Fasten mit Trinkmolke speziell bei Darmproblemen als geradezu ideal bezeichnet werden.

Anstelle der früher üblichen Frischmolke wird heute fast nur noch Kurmolke verwendet.

Und das sind die besonderen Vorzüge der Diät-Kurmolke:

- Kurmolke hat einen angenehmen, mildsauren Geschmack. Sie wird auch von Magenempfindlichen gut vertragen.
- Zusätzliches Molkeneiweiß reichert die Diät-Kurmolke auf 30 g Milcheiweiß pro Liter an (normale Molke enthält nur 5–8 g Eiweiß). Eine optimale Eiweißversorgung für die Dauer der Kur ist daher sichergestellt. Das Gewebe erschlafft nicht.
- Diät-Kurmolke enthält fast ausschließlich die wertvolle, rechtsdrehende L(+) Milchsäure, die vom Organismus verwertet werden kann. Eine Milchsäureanreicherung des Blutes wird dadurch vermieden.
- Die besondere diätetische Wirkung der Diät-Kurmolke liegt in der Anregung der Darmfunktion, der Entlastung der Leber und der Aktivierung des Stoffwechsels.

Hier noch eine Erläuterung, was Molke ist und wie sie gewonnen wird: Molke ist sozusagen das »Serum« der Milch, also das Käsewasser, das bei der Quarkgewinnung anfällt. Molke ist keineswegs wertlos oder gar ein Abfallprodukt, denn sie enthält neben dem Milcheiweiß wichtige Mineralstoffe und die eiweißaufbauende Orotsäure. Übrigens, da in diesem Buch soviel von basen- und säureüberschüssigen Nahrungsmitteln die Rede ist: Molke wirkt trotz ihres säuerlichen Geschmakkes der Übersäuerung, beispielsweise durch zu viel Fleischgenuß, entgegen.

Und so wird eine Fastenkur mit Trinkmolke beispielsweise im Kneipp-Kurhaus Heikenberg in Bad Lauterberg, von einem Fastenden auch einmal scherzhaft »Molkenkuckucksheim« genannt, durchgeführt: Den Einstieg in das Fasten bildet wieder das unumgängliche Glaubersalz, das den Darm reinigt und von Schlackenstoffen befreit.

Das Frühstück des ersten Tages kann bei einer kombinierten Molken-Kur mit Reduktionskost so aussehen:

Auf dem Tisch stehen

- 1 Liter Diät-Kurmolke (aus dem Reformhaus)
- 1 Liter Bergquellwasser
- 1 Kännchen Kräutertee
- 1 Flasche Brennesselsaft
- 20 g Corn-flakes mit ⅛ l Milch
- 1 Scheibe Leinsamenknäcke
- 50 g Magerquark mit einem Teelöffel Diabetikerkonfitüre

Fastende berichten, daß dieses Frückstück rundum sättigt. Saft und Wasser darf mit auf das Zimmer genommen werden. Beides trinkt man üblicherweise im Laufe des Tages. Generell wird Trinken während dieser Kur

groß geschrieben: Bis zu 3 Liter Flüssigkeit pro Tag sind Pflicht, um die Stoffwechselschlacken auszuschwemmen. Neben Molke und Wasser darf man im übrigen mit Kräutertee und Pflanzensäften – wobei sich Löwenzahn-, Artischockensaft oder Brennesselsaft abwechseln – die Kur variieren.
Viele Patienten verspüren bei dieser Fastenmethode tatsächlich keinen Hunger – selbst wenn sie parallel dazu Wanderungen, Frühsport, Saunagänge oder Schwimmübungen absolvieren.
Gleichzeitig sind die Gewichtsverluste beim Molke-Fasten eindrucksvoll: Fast jeder Patient verliert bis zu 4 kg, selbst bei der Kurzkur.
Selbstredend, daß Vitalität und Lebensfreude steigen und der Organismus belebt wird. Die Molke mit ihren 800 Kalorien pro Tag ist eben »ein ganz besonderer Saft«.
Molke-Trinkkuren werden im übrigen in drei verschiedenen Programmen angeboten:

Kurprogramm 1 = Solo-Molken-Trinkkur

Bei dieser strengsten Form des Molkefastens wird lediglich Molke getrunken, erlaubt sind außerdem Mineralwasser, Kräutertee und ungesalzene Gemüsebrühe. Die Molkenmenge steigert sich von Tag zu Tag und beträgt am 1. Tag 0,5 Liter, am 2. Tag 0,75 Liter und ab dem 3. Tag 1 Liter bis zum Ende der Kur.

Kurprogramm 2 = Molken-Trinkkur + Reduktionskost

Die Trinkmenge für die Molke steigert sich, wie unter Kurprogramm 1 beschrieben, bis zu 1 Liter pro Tag. Zusätzlich gereicht wird eine 1000-Kalorien-Reduktionskost, basierend auf Milchprodukten und Gemüse.

Kurprogramm 3 = Molken-Trinkkur + Grunddiät

Bei dieser Form des Molkefastens wird lediglich ein halber Liter Molke pro Tag getrunken (in 5–7 Portionen über den Tag verteilt). Hinzu kommt eine 2000-Kalorien-Grunddiät, ebenfalls auf der Basis von Milchprodukten und Gemüsen bzw. Salaten.

Neben der Kurzkur von 10 Tagen wird im Hause Heikenberg auch die 21-Tage-Kur angeboten. Das Kneipp-Programm enthält unter anderem Wasseranwendungen, Massagen, Gymnastik und die Möglichkeit zum Saunabesuch. Selbstverständlich wird das Programm unter ärztlicher Aufsicht absolviert.
Wer einmal die überzeugenden Vorteile der Diät-Kurmolke in einem Sanatorium kennengelernt hat und mit dieser Fastenmethode vertraut ist, kann danach jederzeit zu Hause eine »Mini-Kur« einplanen, wenn sich wieder Pfunde angesammelt haben oder wenn es einfach gilt, die Lebensgeister neu zu entfachen.
Bei größerem Übergewicht oder ernsthaften Erkrankungen ist in jedem Falle ein Aufenthalt in einem Kurheim anzuraten. Wer sich für eine solche Heilmaßnahme interessiert, erhält einschlägige Adressen von der Arbeitsgemeinschaft klassische Molke-Trinkkur, Landhaus Bergham, 8214 Bernau am Chiemsee.

Die Schroth-Kur

Ihr Name geht auf Johann Schroth, einen einfachen Bauern, zurück, der 1789 in Böhmischdorf bei Freiwaldau (Österreich-Schlesien) geboren wurde.
Die Entwicklung der nach ihm benannten Kur verdankt er einem Mißgeschick: mit 19 Jahren wurde er von einem Pferd getreten, so daß das Kniegelenk sich versteifte. Kein Arzt konnte ihm helfen. Ein wandernder Mönch gab ihm den Ratschlag, kalte Umschläge zu machen und diese mit einer wärmenden Decke zu umwickeln. Das Unglaubliche geschah: die feuchte Wärme heilte sein Kniegelenk vollkommen aus!
»In feuchter Wärme gedeiht Holz, Frucht, Wein – selbst Fleisch und Bein!« formulierte Schroth daraufhin sein Glaubensbekenntnis. Seit dieser Begebenheit versuch-

Johann Schroth (1789–1856)

te er, der Natur Heilmethoden abzulauschen. Er beobachtete, daß seine Pferde weniger leisteten, wenn sie viel getrunken hatten, und übernahm diese Theorie später für seine Kur. Durch die Erfolge, die er mit der Anwendung feuchter Wärme und seiner Naturheilmethode erzielte, stand er bald im Rufe eines »Wunderdoktors«. Doch erst als Schroth auch hochstehende Persönlichkeiten heilte, gelang es ihm, als Naturarzt Anerkennung zu finden. Er erhielt sogar von der Hofkanzlei Wien die Erlaubnis zum Betreiben einer eigenen Kuranstalt. Im Rahmen dieser Tätigkeit gelang es ihm, den schwer verletzten Prinzen Wilhelm von Württemberg, der durch eine Kugel an der Kniescheibe verwundet worden war, zu heilen. Vorher hatten dies »Experten« in ganz Europa vergeblich versucht. Von nun an fand seine Methode volle Anerkennung. Der einfache Bauer Johann Schroth hatte mit nichts als Beobachtungsgabe, Zähigkeit und einem echten Gespür für natürliche Heilmethoden neue Wege in der Medizin eingeschlagen. Heute, nach über 150 Jahren, leitet sein Ururgroßneffe, Dr. Rainer Schroth, die Klinik in Obervellach/Kärnten (Österreich), in der nach der Original-Schroth-Methode geheilt wird.

In seinem Buch »Die echte Schroth-Kur« hat Dr. Rainer Schroth ausführlich dargelegt, wie eine solche Kur vor sich geht. Da sie mindestens 3 Wochen dauert, kann sie nur in einem Sanatorium oder einer Klinik durchgeführt werden.

Das Besondere an der Schroth-Kur ist, daß sich drei Naturheilverfahren ergänzen und gegenseitig unterstützen. Wein ist das einzige Getränk während der Fastenkur.

Nach Schroth werden Trocken- und Trinktage streng getrennt. Die Kur, wie sie heute durchgeführt wird, hat Emanuel Schroth, Sohn von Johann Schroth, vor über 100 Jahren festgelegt. Bis auf den heutigen Tag hat sich daran nichts Wesentliches geändert. Es wechseln also Trink- und Trockentage, darüber hinaus kommen Dunstwickel und das Heilfasten zum Einsatz. Wie sieht die Kur, hier in der gebotenen Kürze vorgestellt, nun aus?

Montag, Mittwoch und Freitag sind Trockentage. Als einziges Getränk gibt es abends ein Achtel Wein. Semmeln und Zwieback können in beliebiger Menge gegessen werden.

Dienstag und Samstag sind kleine Trinktage. Abends ab 18.00 Uhr gibt es bis zu einem halben Liter Wein, wobei ein Teil warm getrunken wird. Die Kurspeise besteht aus Weinsuppe oder Haferbrei und einer nicht begrenzten Anzahl von Kurgebäck.

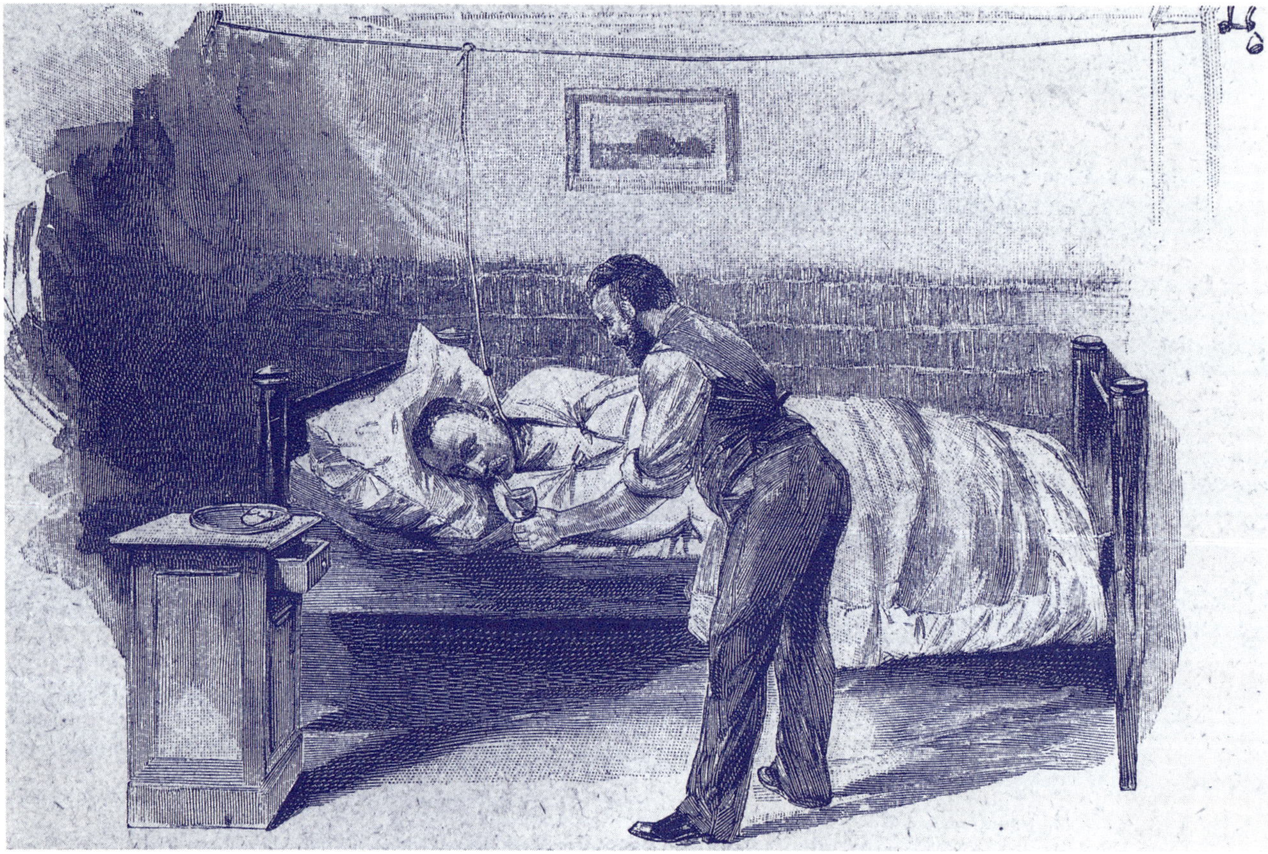

Der Dunstwickel (Fritz Gehrke)

Donnerstag und Sonntag sind die sogenannten großen Trinktage. Weinliebhaber werden ihre Freude daran haben! Morgens gibt es einen viertel Liter warmen Wein oder eine Hafersuppe. Das Mittagessen besteht aus einer Hafersuppe, Grießbrei mit Pflaumenkompott bzw. einer Pflaumensuppe mit Reis. Abends wird wieder fröhlich gebechert. Es gibt bis zu einem dreiviertel Liter Wein und dazu Semmeln und Zwieback.

Das sind die grundsätzlichen Kurregeln, die jedoch auf den Patienten abgestimmt werden. So gestattet man Kurgästen, die nicht übergewichtig sind, besondere Zusatzspeisen, anderen erlaubt man mehr Flüssigkeit auch an Trockentagen. Besonders bewährt hat sich die Schroth-Kur bei Stoffwechselerkrankungen, Gicht, rheumatischen Erkrankungen und chronischen Entzündungen.

Die Keppler-Kur

Im Zeichen der zunehmenden Industrialisierung gelangen immer mehr künstliche Abfallprodukte in die Umwelt und werden von uns über die Nahrung aufgenommen.
Dazu kommen denaturierte, mit chemischen Zusätzen versehene Nahrungsmittel, Arzneimittel, Impfstoffe und Röntgenstrahlen – ganz zu schweigen von den Rückständen, die durch Drogen, Alkohol und Zigaretten entstehen.
Spätestens seit den Forschungen des bekannten Biophysikers Dr. Popp und des Pioniers L. Ron Hubbard wissen wir, daß sich selbst geringste Spuren dieser Stoffe in den Zellen des menschlichen Organismus anhäufen. Zum Teil bleiben sie ein Leben lang erhalten.
Die Keppler-Kur berücksichtigt diese besondere Art der Belastung! Durch die Verabreichung spezieller homöopathischer Medikamente in Verbindung mit Dauerbrause, Sauna und einer frischkostreichen, vollwertigen Ernährung nach Dr. Bruker können diese Einprägungen, die Homöopathie spricht von »Blockaden«, gelöst werden.
Der Patient wird während der Keppler-Kur gründlich gereinigt und entledigt sich über die Ausscheidungsorgane Haut, Nieren, Darm und Lunge vorhandener Schlacken. Häufig verfärbt sich der Urin dunkel. Gleichzeitig sind die Ausdünstungen der Haut oft sehr intensiv. Bei Bedarf werden während der Kur zusätzlich Vitamine und Mineralien verabreicht.

<u>Zwei Beispiele aus der Praxis:</u>

Fall 1:
Herr J. D., 47 Jahre alt, erlebte während der Keppler-Kur an der Einstichstelle einer vor 15 Jahren (!) verabreichten Tetanusspritze plötzlich eine deutliche Rötung. Seine Glieder fingen an, heftig zu schmerzen, und Neuralgien stellten sich ein. Er erinnerte sich, daß er nach der vor 15 Jahren verabreichten Tetanusspritze monatelang mit den gleichen Beschwerden gekämpft hatte, die ihn in der Folge stets bis zu einem gewissen Grad plagten. Durch Fortsetzung der Keppler-Kur verschwand die Rötung mitsamt den Schmerzen. Sie tauchten in der Folgezeit nicht wieder auf.
Als homöopathisches Medikament war Herrn D. während der Keppler-Kur Thuja, in der Stärke C 200, verabreicht worden.
Herr J. D. kann nun als geheilt betrachtet werden.

Fall 2:
Frau B., 37 Jahre alt, Geschäftsfrau. Die Beschwerden begannen mit der Schwangerschaft. Nach und nach entwickelten sich starke Krampfadern, sie litt häufig unter Schwächeanfällen und ihre Gesichtshaut zeigte einen stark juckenden Hautausschlag. Normalerweise verschwinden solche Beschwerden nach der Entbindung. Nicht so bei Frau B. Im Gegenteil – hatte sie vor der Schwangerschaft noch 54 kg gewogen, zeigte die Waage nach der Entbindung 91 kg! Frau B. war am ganzen Körper aufgeschwemmt, wie man es von Personen kennt, die lange Zeit mit Kortison behandelt worden sind.
Bevor Frau B. mit der Keppler-Kur begann, hatte sie viele Ärzte, Heilpraktiker und Psychotherapeuten aufgesucht. Eine Weile versuchte sie es außerdem mit ausschließlich vegetarischer Ernährungsweise – ohne Erfolg.
Die Kombination: Dauerbrause – Sauna – Massage, verbunden mit einer homöopathischen Behandlung, brachte die Krampfadern in kurzer Zeit zum Verschwinden. Ihre Gesichtshaut wurde zusehends glatt und rein; nach 2 Wochen wirkte die Patientin bereits jünger und schlanker.
Weitere 10 Tage Keppler-Kur brachten Frau B. ihr ursprüngliches Gewicht von 54 kg zurück. Schwangerschaftsstreifen und Orangenhaut konnten mit den Ölen nach Keppler beseitigt werden. Auch das Gewebe der Brust wurde fester. Nach genau 24 Tagen Keppler-Kur konnte Frau B. als gesund und geheilt betrachtet werden.

Zugegeben, das sind zwei spektakulär anmutende Fälle und wie bei vielen anderen Kuren kann man auch hier natürlich keine Garantie geben. Dennoch sind solche Erfolge möglich.

Der Kurablauf

Aber betrachten wir uns noch einmal die Details der Keppler-Kur: Vor Beginn der Kur ist eine gründliche Anamnese des Patienten notwendig. Wie in einem Puzzle werden aus Erbanlage, Kinderkrankheiten, Impfungen, Operationen, Bestrahlungen, Unfällen, verabreichten Medikamenten, bisheriger Ernährung und den momentanen Beschwerden die einzelnen Teile zusammengetragen und nach den Regeln der Homöopathie ausgewertet. In Verbindung mit der Augendiagnose und Untersuchungen von Blut und Urin wird der individuelle Behandlungsplan für den Patienten erstellt. Er setzt sich wie folgt zusammen:

- Naturheilkundliche Behandlung (homöopathische Medikamente, Akupunktur, Sauerstofftherapie usw.)
- Bewegungstherapie (Gymnastik, Joggen, Schwimmen)
- leichte Massagen
- Dauerbrause
- Sauna
- vollwertige, frischkostreiche Ernährung nach Dr. Bruker
- Abschlußuntersuchung und Erstellung eines individuellen Ernährungsplanes nach den Regeln der chinesischen Ernährungslehre

In der Regel werden Massagen, Dauerbrause und Sauna im täglichen Wechsel verabreicht. Vor jeder Anwendung wird der Kreislauf durch leichtes Bewegungstraining angeregt.
Einen wesentlichen Anteil an den Ausscheidungsvorgängen besitzt die von dem Amerikaner Dr. Lust entwickelte Dauerbrause. Der Patient ruht dabei entkleidet auf einer Liege und wird aus 2 m Höhe mit 39° C warmem Wasser circa 1 Stunde lang bebraust. Der Brausenkopf ist für den Patienten verschiebbar angebracht, so daß er sich zunächst auf der Vorderseite von unten nach oben und anschließend auf der Rückseite von oben nach unten berieseln lassen kann. Durch den sanften Strahl wird er am ganzen Körper massiert. Die Blutgefäße weiten sich und sind danach in der Lage, mehr Sauerstoff ins Gewebe zu transportieren. Gleichzeitig können verstärkt Gewebeschlacken abgeführt werden. Da ein Körperteil nach dem anderen bebraust wird, folgt auf die Überwärmung ein zarter Kältereiz. Mit anderen Worten: hierbei handelt es sich um ein mildes Kreislauftraining, das auch für Herzkranke gut verträglich ist. Eine der stärksten Wirkungen besteht darin, daß durch die Hautreizung alle inneren Organe angeregt und stärker durchblutet werden.
Zum Abschluß der Keppler-Kur erfolgt nochmals eine gründliche Untersuchung des Patienten. Nach den Regeln der chinesischen Ernährungslehre wird für den Klienten ein individueller Ernährungsplan zusammengestellt. Damit ist gewährleistet, daß die wiedergewonnene Gesundheit erhalten bleibt.
Die chinesische Ernährungslehre beruht auf der Annahme eines Kreislaufes der Energie durch die Organe. Man geht also von der Voraussetzung aus, daß sich die Organe gegenseitig beeinflussen. Wenn der Energiefluß gewährleistet sein soll, müssen spezielle Nahrungsmittel verstärkt verabreicht werden.
Eine richtige Ernährung kann sowohl zur Genesung beitragen als auch die Gesunderhaltung des Organismus gewährleisten.
Die Kur, die im Keppler-Institut in Mühlacker (bei Stuttgart) durchgeführt wird, besitzt nicht nur vielseitige Anwendungsmöglichkeiten, sondern zeichnet sich auch durch ihre ausgesprochene Verträglichkeit aus. Selbst herzkranke Patienten können die Keppler-Kur durchführen, wenn auf die Sauna verzichtet wird. Hervorragend geeignet ist die Keppler-Kur vornehmlich bei Schäden durch:

- Medikamente
- Impfungen
- Narkosen

- Strahlung
- falsche Ernährung
- Mißbrauch von Drogen, Alkohol und Zigaretten

Des weiteren bei:

- Erkältung und anderen Infektionen
- allergischen Prozessen und Hauterkrankungen
- Stoffwechselstörungen, Gicht, Fettsucht, Diabetes, Leber-, Magen-, Darm- und Nierenleiden, rheumatischen Formen von Arthrose, Arthritis, Ischias und Bandscheibenschäden
- Durchblutungsstörungen, hohem Blutdruck, Angina pectoris, Herzleiden
- Seh- und Hörstörungen, Schwindel, Migräne und Kopfschmerzen
- vegetativer Dystonie
- chirurgischer Nachbehandlung nach Operationen
- Unfallfolgen

Die zuletzt vorgestellte Fastenmethode zeigt Ihnen, wie verschiedene Therapiemaßnahmen zu einer Kur verknüpft werden. In den diversen Fastensanatorien hierzulande werden Sie solchen »kombinierten« Kuren öfters begegnen.
Im übrigen können alle bisher geschilderten Fastenkuren mit gutem Erfolg und ohne Risiko für den Patienten nur in einem Sanatorium oder einer Klinik durchgeführt werden. Dort ist jederzeit ein Therapeut zur Stelle, wenn sogenannte »Fastenkrisen« auftreten.

Wir haben alle diese Kuren deshalb so ausführlich beschrieben, damit Sie wissen, was Sie erwartet, wenn Sie sich für die eine oder andere Fastenmethode entscheiden. Vielleicht haben Sie sogar schon eine Vorliebe für die eine oder andere Kurart gefaßt.
Natürlich kann es trotzdem sein, daß Sie in der ein oder anderen Klinik eine andere Fastenmethode, die mit verschiedenen Naturheilverfahren kombiniert wird, kennenlernen.
Die Grundsätze der Fastenkuren und der vollständige oder teilweise freiwillige Verzicht auf Nahrung bleiben jedoch bei allen Fastenkuren dieselben.
In diesem Zusammenhang noch eine Bemerkung, um eventuelle Fragen vorwegzunehmen: leider verhält es sich bislang so, daß unsere Krankenkassen kaum bereit sind, Gelder zur Vorbeugung oder für Naturheilverfahren zur Verfügung zu stellen. Unverständlicherweise! Denn die meisten Medikamente aus der Apotheke sind weit kostspieliger als vorbeugende Gesundheitsmaßnahmen. Es könnten sicher hohe Summen eingespart werden, wenn die Krankheit an der Wurzel gepackt und sich die Medizin nicht darauf beschränken würde, Symptome zu kurieren. In dieser Hinsicht bedarf es sicher noch einer gewissen Entwicklung. Daß die Patienten erkannt haben, welche wichtige Hilfestellung die Natur bietet, dafür spricht das wachsende Interesse an altüberkommenen Heilmethoden.

SELBSTÄNDIG ZU HAUSE FASTEN

Ein Wort zuvor

Wenden wir uns also dem selbständigen Fasten zu, den einfachen Fastenformen, die in der gewohnten häuslichen Umgebung und auch von Berufstätigen durchgeführt werden können.
Diese »Minifastenkuren« kopieren die großen Fastenkuren zu einem gewissen Grad, denn sie übernehmen deren Muster, beschränken sich jedoch nur auf wenige Tage. Eine vergleichbar umfassende und tiefgreifende Wirkung wie bei einer zwei- bis dreiwöchigen Kur darf man daher nicht erwarten.
Wer aber ein mäßiges Übergewicht loswerden will, wer seinen »inneren Adam« reinigen oder einfach einmal das Abenteuer Fasten ergründen will, wie es auf ihn speziell wirkt, und wer gleichzeitig speziell körperliche und geistige Erfahrungen sammeln will, für den lohnt es sich durchaus, sich mit »kleinen Fastenkuren« zu beschäftigen. Diese kleinen Fastenkuren dienen der allgemeinen Gesundheitspflege und der Steigerung des körperlichen und geistigen Wohlbefindens. Die folgenden Ratschläge orientieren sich im übrigen an ärztlichen Forderungen, sie brauchen also keinerlei Bedenken zu hegen, daß sie schaden könnten.
Bevor Sie jedoch eine der folgenden Fastenkuren in eigener Regie durchführen, konsultieren Sie einen Arzt oder Heilpraktiker und fragen Sie ihn, ob Sie die Kur durchführen dürfen und können. Nur er kann dies wirklich beurteilen. Probieren Sie ruhig Fastenkollegen zu finden, so können Sie während der Kur Ihre Erfahrungen austauschen.
Man muß sich ständig vor Augen halten, daß Fasten sehr einfach ist. Jeder von uns, ob er es weiß oder nicht, kennt wie gesagt das »Nachtfasten«: Wir essen am Abend, legen uns zu Bett, und unser Körper bleibt 6–10 Stunden lang ohne Nahrungszufuhr. Wir haben diesen Umstand bereits erwähnt. Aber auf einen Aspekt sollten wir noch aufmerksam machen: Gehören auch Sie zu den Menschen, die morgens keinen rechten Hunger haben? Vielleicht ist dann für Sie das Morgenfasten genau das Richtige.

Das Morgenfasten

Der amerikanische Fastenarzt Edward Hooker Dewey (1840–1904) in Meadville, Pennsylvania, empfahl neben dem Vollfasten besonders das Morgenfasten. Durch das Morgenfasten bessert sich Aussehen, Stimmung und Arbeitskraft. Es ist vor allem zur Bekämpfung von leichtem Übergewicht geeignet.
Dehnen wir die Nahrungspause um drei oder vier Stunden aus, warten also mit der ersten Mahlzeit bis gegen 11.00 Uhr oder 12.00 Uhr, so verfügen wir bereits über eine wirkungsvolle Methode, die Kalorienzufuhr des Tages einzuschränken.
Dieses Morgenfasten ist allen zu empfehlen, die »gut im Futter« stehen oder die gerne am Abend warm essen, weil ihnen tagsüber das Kantinenessen nicht schmeckt. In solchen Fällen ist es ausgesprochen günstig.
Das Morgenfasten ist nicht angezeigt bei Kindern. Kinder sollten in jedem Fall, bevor sie in die Schule oder in den Kindergarten gehen, ein kleines, aber leckeres, vollwertiges Frühstück mit Milch und Vollkornbrot zu sich nehmen. Kinder, die jedoch morgens keinen großen Appetit haben, sollten nicht mit großen Portionen gequält werden. Ihr Kreislauf ist oft noch nicht richtig angekurbelt. Hier ist es besser, ein größeres, appetitliches Frühstücksbrot mitzugeben.
Weiterhin nicht angebracht, ja ausdrücklich verboten ist das Morgenfasten für Diabetiker. Ihr Blutzuckerspiegel

könnte gefährlich tief sinken und eventuell die Fahrtüchtigkeit oder Konzentration am Arbeitsplatz gefährden. Ebenso dürfen Menschen mit labilem Blutdruck nicht fasten und auch vor großen Anstrengungen sollte nicht gefastet werden. Am besten ist es, Sie sprechen vorher mit Ihrem Arzt oder probieren es an ein oder zwei Tagen aus, wie Ihnen der Versuch bekommt. Bei speziellen Problemen müssen Sie selbstredend immer den Therapeuten konsultieren.

Im übrigen unterscheidet man zwei Formen des Morgenfastens:

(1) Sie trinken morgens nur Tee oder Mineralwasser, verzichten also auf jegliche Kalorienzufuhr oder

(2) Sie trinken einen frischen Obst- oder Gemüsesaft, nehmen dabei Vitamine und Mineralstoffe zu sich und beschränken sich auf entsprechend wenige Kalorien.

Es ist erstaunlich, wie leicht der Magen oft schon mit einem Glas Saft oder Wasser zufriedenzustellen ist. Wenn der Magen »Hunger« oder »Appetit« meldet, bittet er nicht jedes Mal um ein dreigängiges Menü, wie manche meinen. Ein kleiner Happen würde oft schon ausreichen, dieser Anforderung nachzukommen. Aber, wie das Sprichwort richtig sagt: »Der Appetit kommt beim Essen«, das heißt reichlich oder scharf gewürzte Speisen reizen den Gaumen. Wie sagte Freud schon: »Der Mensch ist ein ewiger Lustsucher.« Und Lust im engeren Sinne läßt sich gerade durch Essen auf einfache Weise erzeugen. Die Übergewichtigen wissen ein Lied davon zu singen.

Haben Sie sich für das strenge Morgenfasten entschlossen, so trinken Sie unmittelbar nach dem Aufstehen ein Glas Mineralwasser, damit der Darm angeregt wird. Auf Glaubersalz (wie bei den großen Fastenkuren) wird in diesem Falle verzichtet, denn der Darm soll in seiner Eigenfunktion gestärkt werden. Nach der Morgentoilette können dann ein bis zwei Tassen Tee oder Kräutertee getrunken werden.

Die vielleicht sonst übliche Zwischenmahlzeit um 10.00 Uhr entfällt. Man kann Mineralwasser oder Kräutertee trinken. Dafür kann man das Mittagessen, wenn es am Arbeitsplatz möglich ist, etwas vorziehen, so daß gegen 11.00 oder 12.00 der erste Schmaus stattfindet. Er sollte aus Vollwertkost und Rohkost bestehen. Viele Menschen, die es gewohnt sind, morgens »ihren« Kaffee zu trinken, und darauf schwören, daß nur er sie in Gang bringt, vermissen vielleicht seine anregende Wirkung. In diesem Falle ist Rosmarintee zu empfehlen, der den Kreislauf ebenfalls ankurbelt. Kaffee sollte man im übrigen nicht nur wegen des Koffeins weglassen, sondern mehr noch wegen seiner stark säurelockenden Wirkung. Mit anderen Worten: wenn Kaffee in den Magen gelangt, wird sofort Magensäure mobilisiert.

Frühstückstees mit abführender Wirkung sollten nicht regelmäßig am Morgen getrunken werden. Sie sind Arznei und dürfen nur gezielt eingesetzt werden. Vom Gesunden im Übermaß getrunken, können sie sogar schädlich sein.

Hagebutten- oder Früchtetee hingegen eignet sich vorzüglich zum Dauergebrauch.

Haben Sie sich für die zweite Form des Morgenfastens, mit einem Glas Obst- oder Gemüsesaft, entschlossen, so sollten Sie darauf achten, möglichst frisch gepreßte, naturbelassene Orangen- oder Grapefruitsäfte zu verwenden. Oder Sie kaufen im Reformhaus gute, naturreine Obst-, Gemüse- und Kräutersäfte. Wie herrlich schmeckt ein Rote-Bete-Saft! Wie würzig Sauerkrautsaft! Ihre Geschmacksnerven werden nachher eventuell den vorher so geliebten schwarzen Tee als fad empfinden und nicht mehr mögen – solch ein Geschmackserlebnis sind diese frischen Obst- und Gemüsesäfte.

Gerade in der warmen Jahreszeit ist es köstlich, morgens kein heißes Getränk, sondern einen kühlen, geschmacksreichen Saft zu sich zu nehmen. Er paßt besser zu einem Sommertag als Tee.

Das Morgenfasten sollte man mindestens 1 Woche durchführen, es kann jedoch auf einige Monate ausgedehnt werden, man kann es aber auch als Gewohnheit beibehalten. Das persönliche Wohlempfinden ist hier der Maßstab. Man sollte allerdings nicht in den Fehler verfallen, die am Morgen eingesparten Kalorien dem Mittag- oder Abendessen zuzuschlagen, da in diesem Fall die »Kalorienbilanz« nicht stimmen und ein Gewichthalten oder Gewichtreduzieren kaum möglich sein würde.

Das Tagesfasten

Wenn wir das Morgenfasten noch einmal um weitere 6 Stunden verlängern, das Essenspensum pro Tag also auf Säfte und eine Mahlzeit verringern, haben wir es mit einer zweiten Form des leichten Fastens zu tun.
Hierbei gelten die gleichen Regeln wie für das Morgenfasten. Anstelle eines Mittagessens werden wiederum Säfte und je nach Bedarf – bei aufkommendem Hungergefühl – Kräutertees getrunken. Solches 12stündige Tagesfasten wirkt sehr entlastend, speziell wenn am Tag vorher ordentlich geschlemmt wurde oder eine Magen-Darm-Verstimmung vorliegt.
Am Abend kann wieder eine nicht zu schwere Mahlzeit, am besten aus frischen Salaten und Vollwertkost bestehend, eingenommen werden.
Auch hier kann man das Abendessen wiederum etwas vorverlegen, damit die Spanne sich nicht zu lange dehnt.
Diese Form des Fastens sollte jedoch nur hin und wieder und nur tageweise durchgeführt werden.

Das Festtagsfasten

Wer von uns feiert nicht gerne! Und büßt dafür mit einem Pfund Übergewicht am nächsten Tag...
Abhilfe schafft hier das Festtagsfasten. Eigentlich ist diese Bezeichnung nicht ganz korrekt. Gemeint ist natürlich nicht, daß wir Ihnen raten, ausgerechnet an Festtagen zu fasten, also auf die knusprige Gans an Weihnachten und den zarten Lammbraten an Ostern zu verzichten. Wirtschaftsmanager und Politiker, die oft zu sehr ausgiebigen Essen eingeladen werden, wenden dieses »Fasten nach Festen« schon lange als Geheimtip an. Sie brauchen in diesem Fall nicht die Einladung auszuschlagen und behalten dennoch ihre Figur. Der Fasttag läuft übrigens wie der Fastenschalttag ab. Diese Form des Fastens sollte jedoch wirklich nur nach großen Festtagen durchgeführt werden, denn es ist langfristig gesehen nicht optimal, den Körper abwechselnd auf Mast und dann auf Hungerkur zu setzen. Ziel einer Fastenkur ist es vielmehr, den Körper zu entschlacken und zu reinigen und anschließend durch eine Umstellung der Ernährungs- und Lebensgewohnheiten den Kurerfolg zu stabilisieren.
Stehen Sie einer größeren Fastenkur etwas skeptisch gegenüber, sollten Sie das Morgenfasten, das Tagesfasten und das »Fasten nach Festen« einmal ausprobieren. Sie werden die wohltuende Wirkung bestätigen. Wir sind sicher, daß Sie nach einem Test das Fasten fest in Ihren Jahresrhythmus einbauen wollen.

Der Fastenschalttag

Gemeint ist nicht der 366. Tag eines Jahres, an dem gefastet werden soll. Dann dürften Sie nur alle vier Jahre abnehmen. Dieser sogenannte »Fastenschalttag«, wie er hier verstanden wird, läßt sich in gleichbleibendem Rhythmus in den Wochen- und Monatsablauf ein-

bauen. Wichtig ist die Regelmäßigkeit, mit der man dieses Programm befolgt.
Empfehlenswert ist es beispielsweise, in jeder Woche oder in jeder zweiten Woche ein bis zwei Tage lang zu fasten. Auch Intervalle von zwei bis drei Wochen können noch akzeptiert werden, um eine gewisse Regelmäßigkeit zu erhalten. Ein mäßiges Übergewicht kann auf diese Weise leicht im Griff behalten werden. Es wird immer sofort korrigiert, was sich an falscher Stelle angesetzt hat.
Für Berufstätige ist besonders das Fasten am Wochenende günstig.
Versuchen Sie an solchen Tagen einmal etwas ganz Ungewöhnliches, Neues. Unser Leben ist üblicherweise so voll Routine, so vollgepfropft mit tausendfach geübten Handgriffen, die oft ganz mechanisch ablaufen. Am Fastentag können wir einmal alles umkrempeln. Fasten verlangt Phantasie und beflügelt die Phantasie! Sie haben beispielsweise noch nie gemalt? Sie meinen, Sie hätten kein Talent dazu? Sie haben es nur noch nicht versucht! Ein gewisses Grundtalent besitzt wohl jeder, auch im musischen oder schriftstellerischen Bereich. Erstaunlich ist, welche Fähigkeiten sich im Menschen entwickeln lassen, wenn er selbst nur den Mut dazu hat, es auszuprobieren. »Jeder Mensch ist ein Künstler«, hat Joseph Beuys einmal gesagt. Versuchen Sie sich also während eines solchen Fastenschalttages getrost einmal als »Kreativer«. Es hilft zudem, die Aufmerksamkeit auf etwas Positives, Konstruktives zu lenken.
Sie können den Fastenschalttag sowohl nur mit Tee und Mineralwasser oder auch als Saftfastenschalttag (Angabe in Klammer) durchführen.

<u>Ablauf eines Fastenschalttages:</u>

<u>nach dem Aufstehen:</u>
1 Glas Mineralwasser mit 5 g Glaubersalz
(oder 150 g Gemüsesaft und 1 Glas Mineralwasser mit 5 g Glaubersalz)

<u>nach der Morgentoilette:</u>
1 Tasse Rosmarintee oder schwarzer Tee
(oder 60 g Obstsaft)

<u>vormittags:</u>
1–2 Glas Mineralwasser oder 1–2 Tassen Kräutertee
(oder 60 g Obstsaft)

<u>mittags:</u>
1–2 Glas Mineralwasser
(oder 150 g Gemüsesaft)

<u>nachmittags:</u>
1 Tasse Kräutertee
(oder 60 g Obstsaft)

<u>abends:</u>
1–2 Glas Mineralwasser
(oder 100 g Gemüsesaft und 60 g Obstsaft)

<u>vor dem Schlafengehen:</u>
(50 g Kräutersaft und 50 g Mineralwasser)

Kurzfasten bei Krankheit

Diese Art des Fastens hat sich besonders bei akuten Krankheiten wie Erkältungen oder Magen-Darm-Verstimmungen bewährt. Meist kommt das Fasten dem Patienten sehr entgegen, da dieser meist sowieso keinen Hunger verspürt. Das Kurzfasten entlastet den Körper von der Verdauungsarbeit, der Organismus kann sich dann auf die Abwehr der Krankheit konzentrieren. Die Kurzfastenkuren sollten aber auf keinen Fall länger als 3 Tage durchgeführt werden. Sollte sich bis dahin keine Besserung gezeigt haben, ist der Arzt oder Heilpraktiker zu konsultieren.

Bei <u>fieberhaften Infektionskrankheiten</u> sollten Sie es einmal mit den guten alten Hausmitteln Holunder- oder Lindenblütentee versuchen. Trinken Sie während eines

Tages drei oder fünf Tassen dieses Tees. Sie wirken beide schweißtreibend, fiebersenkend und abwehrsteigernd. Auch Holundersaft ist sehr zu empfehlen: ca. 750 g in 5 Portionen.
Bei zusätzlichem Durstgefühl wird Mineralwasser empfohlen. Das gilt auch für alle anderen Kurzfastenkuren.
Neben Holunder- und Lindenblütentee hat sich auch folgender Hustentee sehr bewährt. Sie bereiten ihn zu aus:

- 2 Teilen Huflattich und Spitzwegerich
- 1 Teil Anis
- 1 Teil Pimpernell
- 1 Teil Isländisch Moos

Diese Mischung können Sie sich auch in der Apotheke zubereiten lassen. Zwei Teelöffel pro Tasse werden mit kochendem Wasser übergossen. Den Tee einige Minuten ziehen lassen und abseihen. Pro Tag können Sie 3 Tassen trinken. Das wirkt lindernd und beruhigend.
Inhalation ist ein altbewährtes Mittel, um die Atmungsorgane zu entlasten. Sie ergänzen die Kurzfastenkuren in idealer Weise. Stellen Sie eine Teemischung aus 4 Teilen Kamille, 2 Teilen Pfefferminz und 1 Teil Thymian her. Kochen Sie in einem Viertelliter Wasser 4 Eßlöffel dieser Teemischung. Einmal gut aufwallen lassen und dann diesen konzentrierten Aufguß in einen großen Topf mit breiter Öffnung geben, in dem sich 1 Liter kochendheißes Wasser befindet. Stellen Sie diesen »Dampftopf« auf ein Brettchen, damit die Hitze die Unterlage nicht beschädigt, atmen Sie kräftig durch die Nase und durch den Mund. Während der Prozedur verhindert ein Frotteetuch über dem Kopf das zu schnelle Abkühlen des Wassers und Abziehen des Dampfes. Die Anwendung sollte nicht länger als 5–10 Minuten dauern. Sie können die Inhalation pro Tag zweimal anwenden; danach ist jedesmal der Kopf gut abzufrottieren.

Bei Magen-Darm-Verstimmungen ist das natürlichste aller Heilmittel das Fasten. Es entlastet den Verdauungstrakt von weiterer Arbeit, bietet Krankheitserregern kein »neues Futter« und konzentriert das Hauptaugenmerk des Körpers auf die Vernichtung eingedrungener Bakterien oder Viren. Trinken Sie reichlich Tee (Kamillen-, Melissen-, Pfefferminz- oder Thymiantee), bei niedrigem Blutdruck auch schwarzen Tee, ungesüßt.
Ein ganz besonders gutes altes Hausmittel ist beispielsweise der Heidelbeersaft, den man am besten in seiner reinsten Form, als sogenannten Muttersaft, im Reformhaus kaufen sollte. Muttersäfte sind absolut naturbelassen, hochkonzentriert und ungesüßt. Man muß sie im Verhältnis 1 : 1 mit Mineralwasser mischen. Der Preis für Muttersäfte liegt erheblich über dem der normalen Fruchtsäfte, aber man kann sicher sein, beste Qualität zu kaufen.
Ist die Magen-Darm-Erkrankung mit Durchfall verbunden, hat sich ganz hervorragend die Apfeldiät bewährt. Angeblich soll ein alter Landarzt die hervorragende Wirkung des geriebenen Apfels entdeckt haben. Bestätigt wurden seine Beobachtungen durch moderne medizinische Erkenntnisse, wonach feststeht, daß die durchfallhemmende Wirkung auf dem hohen Pektingehalt des geriebenen Apfels beruht. Es können pro Tag bis zu 1,5 kg geriebene Äpfel verspeist werden – jede Portion wird auf einer Glasreibe frisch zubereitet und sofort verzehrt. Läßt man geriebenen Apfel länger stehen, leidet nicht nur der Vitamingehalt, sondern er bekommt auch ein unansehnliches braunes Aussehen.
In Abwandlung der Apfeldiät entwickelten Experten eine Apfel-Möhren-Diät, die ebenfalls bei Durchfall angezeigt ist. Hierbei reibt man Äpfel und Möhren, mischt sie im Verhältnis 1 : 1 und nimmt etwa 4–5 Portionen zu je 200 g, über den Tag verteilt. Das erfrischt und heilt zugleich. Dazu wird Kräutertee getrunken.
Sobald eine Besserung des Durchfalls eintritt, kann Kamillentee getrunken werden. In der Folge ist mit ganz leichter Aufbaukost der Übergang zur Vollwertnahrung zu schaffen.
Nochmals: Läßt sich Durchfall oder leichtes Fieber mit den soeben beschriebenen Maßnahmen nicht innerhalb von drei Tagen in den Griff bekommen, dann sollten Sie unbedingt Ihren Arzt oder Heilpraktiker zu Rate ziehen. Bei allen banalen Infekten aber sind Sie meist mit Naturheilmitteln besser bedient als mit Tropfen und Tabletten.

Die Saftfastenkur

Diese Kur eignet sich für jeden gesunden Menschen zur Krankheitsvorbeugung und zur Gewichtsabnahme. Sie wird in der Regel von allen Menschen, die keine Medikamente einnehmen müssen und sich im landläufigen Sinne »kerngesund« fühlen, sehr gut vertragen.
Es gehört ein klein wenig Strategie und Überlegung dazu, die Kur gut zu planen – so etwa, wie man früher in jungen Jahren ein Zeltlager geplant hat: es gilt, genau zu überlegen, was man mitnehmen will und wohin man marschieren möchte, denn auch 8-Tage-Saftfastenkuren können ein Abenteuer darstellen...
Alle die guten Aspekte des Fastens, die wir schon bei den sogenannten »großen« Fastenkuren beschrieben haben, gelten auch im kleinen Rahmen.
Chronische Krankheiten, die schon lange bestehen, lassen sich durch Minifastenkuren jedoch nicht allzusehr beeindrucken. Sie verlangen nach einer großen Fastenkur in der Klinik, doch zur Steigerung des allgemeinen Wohlbefindens, der geistigen und körperlichen Leistungsfähigkeit und der Abwehrkräfte ist die Kurzfastenkur auf alle Fälle zu empfehlen.
Für den, der zum ersten Mal fastet, stellt sich immer die Kardinalfrage: Wie steht es mit dem Hungergefühl? Werde ich mich nicht furchtbar elend und schlapp fühlen? Halte ich die Kur durch? Diese Fragen wurden bereits weiter vorn ausführlich besprochen. Hier nochmal ganz kurz: Die Umschaltung von Essen auf Fasten vollzieht sich automatisch. Spätestens nach 2 bis 3 Tagen hat sich der Körper darauf eingestellt, daß Sie ihm keine Energie mehr von außen zuführen. Er schaltet auf die Ernährung von innen um.
Nun verschwindet auch das Hungergefühl.

Wann und wo Fasten?

Beantworten wir zunächst die Frage nach dem Zeitpunkt: Generell bietet sich das späte Frühjahr an, weil im Winter normalerweise viel Speck (vom Weihnachtsbraten und den guten Plätzchen) angesammelt wurde. Insgesamt eignet sich die warme Jahreszeit besser als die kalte zum Fasten, weil der Mensch im Sommer ohnehin lieber Flüssiges als schwere und kompakte Nahrung zu sich nimmt. Auch kommt die äußere Wärme dem Fastenden entgegen, der schon einmal etwas zum Frösteln neigt – es wird ja von innen weniger »geheizt«.
Manchen Zeitgenossen fällt es außerordentlich schwer, zu Hause zu fasten: man sieht, wie es den anderen Familienmitgliedern schmeckt, der Kühlschrank ist in greifbarer Nähe und die Verlockung ist groß. Es gehört schon Standfestigkeit dazu, bei seinem Programm zu bleiben und sich um das Essen der anderen Familienmitglieder nicht zu kümmern.
Aber: soll man nun allein fasten oder mit einem Partner? Ohne Zweifel ist es leichter, wenn man zu zweit fastet. Man kämpft mit den gleichen Bedürfnissen, »verdaut« ähnliche Erlebnisse und kann sich gegenseitig helfen. Will man allein fasten und der Partner hingegen nicht, so ist es von Vorteil, sich vorher zu besprechen, damit klargestellt wird, daß eine eventuelle Gereiztheit, die aufkommen kann, nichts mit dem Partner zu tun hat, sondern eine Auswirkung des Fastens ist. Besonders der zweite Tag ist kritisch. Daß eine gewisse Interessenlosigkeit in Sachen Liebe nicht den Gefühlen, sondern dem Fasten zuzuschreiben ist, sollte ebenfalls vorausgesehen werden. Gleichzeitig ist eine solche Fastenwoche auch ein Prüfstein, wie weit man ein Unternehmen des Partners respektieren kann und ihm dabei hilft, auch wenn man selbst momentan nicht mitziehen kann oder will. Fasten ist in jedem Fall ein Charaktertest – ob für den einzelnen oder für zwei Partner.
Und nun zu der letzten Frage: sollte man im Urlaub fasten?
Obwohl nichts Grundsätzliches dagegen spricht, während einer Fastenkur seiner Arbeit nachzugehen, sollten Sie dennoch einige Tage Urlaub nehmen, um die Fastenkur in Ruhe durchzuführen, denn durch die Alltagshektik kann der Erfolg beeinträchtigt werden. Ob Sie jedoch dann zu Hause fasten oder sich einige Zeit in

eine fremde Umgebung zurückziehen, bleibt Ihnen überlassen.
Wer sich einmal so richtig in ein Schneckenhaus »verkriechen« will, um »der schnöden Welt adieu zu sagen«, mietet sich vielleicht ein Häuschen am Meer, bekocht sich selbst und fühlt sich dabei pudelwohl. Das sind natürlich ideale Voraussetzungen für eine Fastenkur. Nicht jeder kann sie erfüllen.
Aber zu Ihrer Beruhigung: es funktioniert auch zu Hause.

Vorbereitungen

Wenn Sie sich entschlossen haben, eine kleine Saftfastenkur durchzuführen, und den Zeitpunkt festgesetzt haben, sollten Sie sich langsam auf die eigentliche Fastenkur einstimmen. Das beginnt etwa 1 Woche vor der Fastenwoche.
Essen Sie während dieser Woche nur noch dann, wenn Sie wirklich Hunger verspüren. Hören Sie auf Ihren Körper. Auf keinen Fall sollten Sie die sonst üblichen, abendlichen Knabbereien naschen. Wenn Sie wirklich Hunger verspüren, greifen Sie zu einem Apfel. Essen Sie während der Mahlzeiten ganz bewußt und ganz langsam. Versuchen Sie es zu vermeiden, Ihre Mahlzeiten zwischen Tür und Angel zu verschlingen, achten Sie während der Mahlzeiten auf Ihr Sättigungsgefühl und essen Sie nie mehr, als notwendig ist. Genußmittel, wie Alkohol, Nikotin, Kaffee und Schokolade, sollten Sie schon in der Vorbereitungswoche weglassen. Lösen Sie sich gedanklich von ihren Alltagsproblemen und bereiten Sie sich auf die Fastenwoche vor. Besprechen Sie dies ruhig auch mit Ihrer Familie oder Ihrem Partner und überzeugen Sie ihn, daß Sie sich während der Fastenwoche dem gewohnten Tagesrhythmus entziehen und etwas mehr Zeit für sich selber brauchen. Auch Gymnastik- und Entspannungsübungen helfen dabei, sich langsam auf die Fastenwoche einzustimmen. Gehen Sie Ihren Hobbys nach, denn in der Fastenwoche können Sie all das machen, was Sie schon immer mal ausprobieren wollten.

Die Kur

Die folgende kleine Saftfastenkur für den Hausgebrauch geht auf den Heilpraktiker Gerhard Leibold zurück. Sie kann etwa 8 bis 10 Tage durchgeführt werden. Wer nicht so lange fasten will, kann die Kur auf 5 Tage verkürzen. Die Fastenkur beginnt mit einem Entlastungstag. Er sieht wie folgt aus:

Ablauf eines Entlastungstages:

nach dem Aufstehen:
2 Glas Mineralwasser

morgens:
Bircher-Müsli aus Haferflocken, Obst und Nüssen, dazu 150 g Obst- oder Gemüsesaft und 1 Tasse Kräutertee

vormittags:
150 g Obst- oder Gemüsesaft

mittags:
Rohkostplatte und Kartoffeln in Alufolie gegart, grüner Salat, 2 Glas Mineralwasser

nachmittags:
150 g Obstsaft oder 1 Apfel

abends:
Kräuterquark und 2 Scheiben Knäckebrot, 1 bis 2 Glas Mineralwasser

vor dem Schlafengehen:
1 Tasse beruhigenden und schlaffördernden Kräutertee

Um die folgenden 8 Saftfastentage zu überstehen, können Sie an diesem Tag bereits alle Zutaten für die Saftfastenkur besorgen. Sie können Säfte im Reformhaus kaufen, hier werden ungesüßte und ohne Konservierungsstoffe hergestellte Obst- und Gemüsesäfte angeboten. Sie können Ihren Saft natürlich auch selbst herstellen, doch in diesem Fall ist von einer Vorratshaltung abzuraten, denn bei längerer Lagerung büßen Obst,

Gemüse und Kräuter viel an Wert ein. Bei selbstzubereiteten Säften gilt: 100 g Obst, Gemüse oder Kräuter ergeben 40–70 g Saft.

Machen Sie sich eine Einkaufsliste und besorgen Sie:

170 g Glaubersalz aus der Apotheke oder 1 Dose F. X.-Passage-Salz.
8–12 Flaschen kochsalz- und kohlensäurearmes Mineralwasser
Kräutertee in Beuteln
schwarzen Tee
etwa 2½ l Obstsaft
etwa 2½ l Gemüsesaft
etwa 1,2 l Kräutersaft
Das Einkaufen für die Aufbautage verschieben Sie auf den Schluß der Fastentage, denn es erhöht die Vorfreude auf kommende Genüsse.

Nach dem Entlastungstag wird folgender Fastenplan an allen 5–8 Fastentagen befolgt:

nach dem Aufstehen:
5–10 Minuten Gymnastik bei offenem Fenster
1–2 Glas Mineralwasser
Mund-, Zahn- und Körperpflege

morgens:
60 g Obstsaft
60 g Gemüsesaft
30 g Kräutersaft
1–2 Tassen Kräuter- oder schwarzer Tee

vormittags:
60 g Obstsaft
60 g Gemüsesaft
1–2 Tassen Kräuter- oder schwarzer Tee

mittags:
60 g Obstsaft
60 g Gemüsesaft
30 g Kräutersaft
1–2 Stunden Bettruhe, Entspannungstraining

nachmittags:
60 g Obstsaft
60 g Gemüsesaft
30 g Kräutersaft

abends:
60 g Obstsaft
60 g Gemüsesaft
30 g Kräutersaft

vor dem Schlafengehen:
1 Tasse schlaffördernder Kräutertee
5–10 Minuten Gymnastik bei offenem Fenster
Dazu wird über den Tag verteilt etwa 5–10 Glas Mineralwasser getrunken.

Viele Säfte lassen sich gut miteinander mischen. Die Wahl des Saftes bleibt Ihrem persönlichen Geschmack überlassen. Trinken Sie die Säfte während einer Saftfastenkur nicht wie üblich, sondern nehmen Sie jeweils kleine Schlucke Saft in den Mund und kauen ihn gründlich durch. Da die Darmreinigung während einer Fastenkur entscheidend ist, werden jeden 2. Tag morgens auf nüchternen Magen ½–¾ l Mineralwasser mit 40 g Glaubersalz eingenommen. Die Lösung wird innerhalb von 10–20 Minuten getrunken. An den Tagen, an denen die Darmreinigung angesagt ist, wird die übliche Menge an Mineralwasser auf ½–¾ l verringert.
Da das Glaubersalz aber sehr unangenehm schmeckt, kann es durch das F. X.-Passage-Salz ersetzt werden. Bereiten Sie diese Lösung genau nach Gebrauchsanleitung zu.
Auch Einläufe oder Klistiere können während einer Fastenkur als Mittel zur Darmreinigung benützt werden. Dazu aber weiteres hinten.
Wenn Sie die 8 Saftfastentage gut überstanden haben, und sich über die tägliche Gewichtsabnahme gefreut hatten, beginnt die Phase des Aufbaus.
Hierbei kommt es häufig zu Fehlern. Es handelt sich um die schwierigste Zeitspanne, da Magen und Darm nicht mehr an die Verdauungsarbeit gewöhnt sind, sie müssen erst langsam wieder erweckt werden.

1. Aufbautag

morgens:
150 g Saft mit 1 TL Honig, 5 g Weizenkeime, 10 g Weizenkleie

vormittags:
150 g Saft mit 1 TL Honig, 1 geraspelter Apfel mit etwas Magerjoghurt und 1 Scheibe Knäckebrot

mittags:
150 g Saft mit 1 TL Honig, Rohkostsalat mit 5 g saurer Sahne und 5 g Keimöl, dazu 1 Scheibe Knäckebrot

nachmittags:
150 g Saft mit Sojamilch und ½ Eigelb verrührt, dazu eventuell 1 geraspelter Apfel

abends:
150 g Säfte mit Sojamalt, 10–15 g Weizenkleie oder Leinsamen, dazu 1 Scheibe Knäckebrot, Kräuterquark und grüner Salat mit Joghurtsoße

vor dem Schlafengehen:
1 Tasse schlaffördernder Tee

2. Aufbautag

nach dem Aufstehen:
2 Glas Mineralwasser mit 5–10 g Glaubersalz

morgens:
1–2 Scheiben Knäckebrot, 5 g Diätmargarine, Kräutertee, 1–2 Tassen schwarzer Tee

vormittags:
1–2 Tassen Kräutertee, evtl. 1 geraspelter Apfel

mittags:
Salat, Kartoffeln, gedünstetes Gemüse, 1–2 Glas Mineralwasser, danach 1–2 Stunden Bettruhe mit Leberauflage

nachmittags:
1 Tasse Kräutertee, 1 Glas Mineralwasser, evtl. 1 grob geraspelter Apfel

abends:
1–2 Scheiben Knäckebrot, 5 g Diätmargarine, Kräuterquark, 1 Tomate, 2 Tassen Kräutertee

vor dem Schlafengehen:
1 Tasse schlaffördernder Tee

Das Fastenprotokoll

Nun zum Schluß noch ein ganz »heißer Tip«, der Ihnen helfen kann, die psychischen Probleme zu meistern.
Wenn Sie Lust haben, können Sie während des Fastens ein Fastenprotokoll schreiben: wie Sie sich fühlen, welche Fortschritte Ihr Gewicht macht und was Ihnen im Laufe des Tages alles begegnet. Später lesen Sie mit Vergnügen darin. Es ist ein ausgezeichnetes Mittel, die körperliche und seelische Entwicklung während des Fastens zu kontrollieren – und es ist eine wertvolle Stütze.
Ein Beispiel: Einer Patientin mit mäßigem Übergewicht, Ende vierzig, verheiratet, mit erwachsenem Sohn, voll im Berufsleben stehend, hatten wir zum Fasten geraten. Sie schrieb ein Fastenprotokoll, in dem sie festhielt, was sie in den Fastentagen bewegte – auch ihre Träume. Anbei hier eine Kurzfassung dieses (wirklich interessanten) Fastenprotokolls:

Ich habe mich entschlossen zu fasten. Irgendwie bin ich reif dafür. Nicht nur, daß ich Übergewicht habe, mein Körper entwickelt mehr und mehr Widerwillen gegen üppiges Essen, fühlt sich belastet von großen Mahlzeiten, ist viel ruhiger und friedlicher, wenn ich wenig esse. Auch will ich unbedingt wissen, was ein Mensch tut, denkt und unternimmt, wenn er nicht mit dem ewigen Kreislauf »Einkaufen, Kochen, Essen, Verdauen« beschäftigt ist. Wieviel geistige Energie wird frei, wenn man das alles nicht tut? Kommt man zu anderen Gedanken, zu anderen Erkenntnissen? Ich will einmal fest eingefahrene Gewohnheiten abschütteln. Mit dem »Ständig-etwas-tun-müssen« vergeht der Tag, das Leben. Ich will mich auch gedanklich von meinen beiden Männern loslösen, will ein paar Tage ein Einzelwesen sein. Ohne Entschuldigung für mein Nichtstun.

Freitag, Entlastungstag.

Ist mir nicht sonderlich gut geglückt. Es war ein harter Arbeitstag für mich. Das Obst zum Einstieg ging noch ganz gut. Aber dann habe ich im Büro jämmerlich gefroren, trotz Hosenanzug. Ich mußte mir einen heißen Tee machen. Der Geist ist willig, aber das Fleisch friert. Am Abend: Mangoldquiche gebacken für die beiden, goldbraun und knusprig aus dem Ofen geholt – nichts davon gegessen. Stark! In der Nacht geträumt, in einem weitläufigen Kellergewölbe zu sein, in dem alle Fenster geschlossen waren. Ich riß sie alle auf, damit Licht und Luft hereinkommen. Die Nebenräume hatten überhaupt keine Fenster. Ich überlegte – wenn man das Ganze nicht belüften kann, muß man es eventuell abreißen und neu aufbauen. Eigentlich ganz beziehungsreich, dieser Traum.

1. Fastentag.

Die beiden Männer essen auswärts, betrachten mein Tun und Lassen mit Neugier. Mein Mann angesichts meiner guten Laune: »Du bist mir unheimlich!«
Erst einmal 5 Eßlöffel F. X.-Passage-Salz in lauwarmem Wasser getrunken zur inneren Läuterung. Dann zwei Tassen Tee.
Im Schloßpark gelaufen. Ohne Einkaufstasche durch den Schloßpark! Nur zu meinem Vergnügen! Die beiden Brunnen studiert, sonst hatte ich nie Zeit dazu.
Mit Luft vollgepumpt nach Hause gekommen. Sehen die Gardinen grau aus! Nach einer Stunde flattern sie weiß und luftig im Wind. Die beiden Männer kommen aus der Stadt zurück und bringen mir einen lang bestellten Gedichtband mit. Krolow »Schönen Dank und vorüber!« Schönen Dank! Krolows Gedichte in einem Zug gelesen, dabei in der Sonne gesessen, eingeölt und gebräunt. Ich kann mich der leisen Verzweiflung seiner Gedichte nicht hingeben. Bin zu fröhlich.
F. X.-Passage-Salz zeigt die erste Wirkung. Mein Mittagessen ist inzwischen in der Sonne auf der Mauer warm geworden: ein großes Glas Gemüsesaft, mit Mineralwasser verdünnt. Die Katze legt sich an meinen Fuß und schnurrt, freut sich, daß ich Zeit habe. Die beiden Männer kommen nach Hause. Bringen Narzissen und Unruhe mit. Ich wasche meine Haare, sitze in der Sonne und trockne. Es rumpelt ein wenig im

Bauch. Macht aber nichts. Vergeblich, Musik im Radio zu finden. Auf allen Kanälen tobt der Sport. Liege mit Kopfhörern im Freien, vor mir den Rhein und Bachs Musik in den Ohren. Das Leben ist unglaublich schön!
Klavier gespielt. Präludium Nr. 1 von Bach geht noch recht gut. Läuft und läuft. Es ist angenehm zu wissen, daß man noch existiert. Daß man (beinahe) noch alles kann wie früher. Wenn man nur einmal Zeit dazu hat!
Im Wohnzimmer habe ich mir die kleine Heizung angemacht, in der Küche den Backofen. Richtig kuschelig. Die Katze liegt vor Wohlbehagen auf dem Rücken, die Augen zu, die Pfötchen ganz lasch herunterhängend. Ab und zu blinzelt sie mir zu.
Blutdruck 130/80. Trinke Glas Obstsaft. Gehe um halb zehn ins Bett. Alles ist sehr friedlich.
Träume in der Nacht, ich stehe auf einem Gebirgsmassiv, das vorne in einem Dreieck ausläuft. Ich gehe bis zur äußersten Spitze, unter mir ein schwindelnder Abgrund. Es kostet mich sehr viel Mühe, nicht schwindlig zu werden. Dennoch werfe ich von dieser äußersten Spitze – ein Stück Kuchen hinunter in den Abgrund. Welch ein Fastentraum!

2. Fastentag.

Zeitig aufgewacht: 1 kg abgenommen! Ganzen Korpus mit Franzbranntwein eingerieben. Prickelt herrlich. Dann mit Hautöl. Tolles Körpergefühl! Wie ein Motor, bei dem Ölwechsel gemacht worden ist. Tee getrunken, dann im Schloßpark bei prächtigem Wetter, aber kaltem Wind gelaufen. Nach dem Laufen herrlich warm. Im Radio: »Sänger, woher kommst du?« – »Aus einer anderen Welt!« – »Wohin gehst du?« – »In eine andere Welt.« – »Und warum singst du?« – »Um den Weg nicht zu verlieren!«
Ohne Musik könnte ich auch nicht leben. Vielleicht auch, um den Weg nicht zu verlieren...
Mittagessen: ein Glas Gemüsesaft. Schmeckt mir. Fühle mich ganz leicht und frei. Das Gesicht entspannt sich, wirkt nicht mehr so kugelig.
So etwas Appetit hätte ich schon. Die Vorstellung, etwas Leckeres zu essen, kommt wie eine Versuchung. Aber schöner als die Vorstellung eines runden Brötchens ist die Vorstellung, einen flachen Bauch zu haben. Fühle mich weder übelriechend noch schlecht duftend (wie im Fastenbuch angekündigt), sondern im Gegenteil proper, leicht und wohlduftend. Und guter Laune. Mein Mann betrachtet mich mit zunehmendem Staunen.
Hole mir das Tonbandgerät und spreche Gedichte auf. Lange nicht mehr gemacht. Die Nachbarin kommt: Sie sieht gut aus! Und schon etwas braun! Schlürfe meinen Obstsaft und gehe zeitig schlafen.

3. Fastentag.

Hurra! Wieder ein Kilo weg! Das darf doch nicht wahr sein! Die Stirnfalte zwischen den Augenbrauen ist auch verschwunden. Mein »Mädchengesicht« kommt wieder zum Vorschein. Bin voller Tatendrang. Und fühle mich wohl. Dauerlauf im Park. Schade, daß heute der Himmel bewölkt ist. Schön, die Arme so locker zu schwingen. Stelle fest: Leib und Seele halten sich enger zusammen, wenn ich faste. Sonst begegnen sich die beiden oft gar nicht.

4. Fastentag.

1. Mai, Tag der Arbeit. Deswegen arbeitet auch keiner. Meine beiden Männer haben frei. Heute nichts abgenommen, Gewicht stagniert. Gestern zu viel Saft gegessen?
Die beiden Männer sitzen und frühstücken immer noch, als ich vom Laufen zurückkomme. Eine lahme Gesellschaft. Der Sohn tobt auf dem Synthesizer herum. Das hat mir noch gefehlt. Sohn besucht Freundin, mein Mann seine Mutter. Ist mir recht.
Habe mir für 12.00 Uhr die Sauna angeheizt. Wärme von außen, Wärme von innen. Reinigung aus allen Poren.
Stelle beim Massieren und Ölen des Gesichts fest, daß die kleinen Knubbel in den Muskeln verschwunden sind. Versuche, durch Massage weiter zu glätten und zu lockern. Das kommt davon, wenn man immer »die Zähne zusammenbeißen muß«. In der Sauna schnell und leicht geschwitzt. Besser als sonst.

5. Fastentag.

In der Nacht schlecht geschlafen. Kein Wunder. Muß heute wieder ins Büro. Das Nichtstun war so herrlich. Sie überschütten mich wieder mit Arbeit.
1 kg abgenommen. Meine Augen waren nicht so müde wie sonst und die Kopfschmerzen aus der Stirnhöhle (4 Wochen haben sie mich geplagt!) sind heute wie weggeblasen! Und ich wollte schon zum Arzt gehen.
Nachmittags: Sohn und Freundin verdrücken frisches Brot, Butter und Wurst. Habe ungerührt zugesehen. Mir geht es gut. Fühle mich wie rundumerneuert. Die Augen sehen mich im Spiegel größer an als sonst. Habe auch mehr Kraft.

6. Fastentag.

Eigentlich sollte ich heute aufhören zu fasten. Fühle mich aber prächtig und werde noch einen Tag dranhängen. Wieder 1 kg abgenommen! Lese englischen Gedichtband. Finde darin: »God shape her!«, was im Englischen heißt: »Lieber Gott, zeig es ihr!«, was aber auch heißt »Bring sie in Form!«. Finde ich toll. Das Gesicht hat schon wieder Kontur. Man sieht die Wangenknochen. Der Bauch ist kleiner, die Hüften flacher. Treppensteigen: etwas langsamer als sonst. Kein Wunder. 4. Stock Altbau.
Krolow zu Ende gelesen. Er schreibt: »Mein nächster Irrtum ist vielleicht eine Tugend.« Ich wandele ab: »Mein nächstes Laster ist vielleicht eine Tugend« (Das Fasten).
Könnte immer noch weiterfasten, ist aber sicher besser, jetzt aufzuhören, ohne Arzt soll man nicht zu lange.

7. Fastentag.

Heute ist Fastenbrechen. Ist mir nicht sonderlich wichtig. Verspeise gelassen den ersten Apfel. Die Zunge freut sich und genießt den Geschmack mehr als sonst. Und der oberste Knopf meiner Jeans läßt sich wieder schließen.
Fazit: das Fasten hat gebracht: echte 4 kg Gewichtsabnahme, die Einsicht, daß der Mensch mit ganz wenig Essen fabelhaft auskommen und eine Menge geistiger Energie freisetzen kann. Ein voller Erfolg! Im Herbst faste ich wieder, wenn ich ein paar freie Tage habe.

Einläufe, ein Thema für sich

Große Wichtigkeit kommt der Darmreinigung während des Fastens zu: jeden zweiten Tag ist der Darm zu entleeren. In der hier vorgestellten Fastenkur wird der Darm jeden 2. Morgen durch Glaubersalz oder durch F. X.-Passage-Salz gereinigt.
Eine ähnlich gründliche Darmreinigung bewirken Einläufe (Klistiere), z. B. in Form eines handwarmen Wasserklistiers, dessen Wirkung mit etwas Glycerin verbessert wird. In der Apotheke sind aber auch spezielle Klistierlösungen erhältlich. Diese Einläufe haben regelmäßig alle zwei Tage zu erfolgen, auch während der Aufbautage.
Aber, wie macht man Einläufe?
»Klistier« (griech. »Spülung«, »Reinigung«) bedeutet »Darmeinlauf«, der mit Hilfe eines Einlaufgerätes (Irrigator) oder einer Klistierspritze durchgeführt wird. Das Klistier kann sowohl zur Reinigung und Entleerung des Darmes als auch zur Einführung von in Flüssigkeit gelösten Nahrungs- oder Heilmitteln angewandt werden.
Man benötigt ein Einlaufgerät (Irrigator), das 1,5 bis 2 Liter fassen kann (möglichst mit einem langen Schlauch mit Mundstück) und einen Hahn zum Abstellen. Diese Einlaufgeräte können Sie in einer Apotheke oder einem medizinischen Fachgeschäft kaufen.
Gewöhnlich genügt ½ bis 1 l klares, handwarmes Wasser. Am leichtesten ist es, wenn man sich hinkniet und den Kopf am Boden hält. Das Einlaufgerät wird oberhalb des Anus an einem Haken aufgehängt oder gehalten und das gefettete Einführstück in den After gesteckt. Der Fluß des Wassers muß ab und zu reguliert werden, indem man den Schlauch abklemmt oder den Hahn schließt, damit sich das Wasser im Darm verteilen kann. Achten Sie darauf, daß sich im Schlauch keine Luft mehr befindet. Am besten ist es, wenn Sie jemanden zu Hilfe nehmen. Auf keinen Fall sollte man mit dem normalen Druck der Wasserleitung operieren. Auch wenn Sie lächeln, aber es gibt tatsächlich Zeitgenossen, die im Badezimmer etwa den Duschkopf abmontieren, um dergestalt den Wasserdruck samt Wasser in Richtung Dickdarm zu leiten. Solche Experimente bringen selten die gewünschten Resultate, da man die eindringende Wassermenge nicht regulieren kann.
Darmspülungen sollten im übrigen nicht auf die leichte Schulter genommen werden. Große Darmspülungen, die den ganzen Dickdarm reinigen, dürfen auf keinen Fall allein, sondern nur vom Therapeuten durchgeführt werden. Auf keinen Fall dürfen sie außerhalb einer Fastenkur regelmäßig durchgeführt werden. Den Grund dafür gibt der Schweizer Fachmann für Dickdarmspülungen, Dr. A. Keller: »Regelmäßig vorgenommene Einläufe lassen den Darm erschlaffen und spülen die Schleimhäute zu sehr aus. Der Schleim, der für einen normalen Stuhlgangrhythmus erforderlich ist, geht auf diese Weise verloren und kann sich nicht wieder neu bil-

den.« Ohne Gefahr sind dagegen Einläufe, die mit einer Klistierspritze gemacht werden, bei der nur ein Deziliter Wasser in den Mastdarm gelangt.
Während einer Fastenkur ist die Durchführung von Darmreinigungen unerläßlich, denn der Darm ist zu wenig gefüllt, um sich selbst entleeren zu können, und die ausgeschiedenen Schlackenstoffe würden sich anhäufen.
Ob Sie nun lieber mit Glauber-, F. X.-Passage-Salz oder mit Einläufen oder fertigen Klistieren Ihren Darm während einer Fastenkur reinigen, bleibt Ihnen überlassen. Im Zweifelsfall fragen Sie Ihren Arzt oder Heilpraktiker. Außerhalb einer Fastenkur dürfen Sie auf keinen Fall die Tätigkeit des Darmes durch Abführsalze oder Einläufe unterstützen. Denn eine regelmäßige Anwendung dieser Mittel schädigt nicht nur die Darmschleimhaut und die Darmflora, sondern führt auch zu ernsten Mineralstoffverlusten. Außerdem ist die Unterstützung der Darmtätigkeit nach einer Fastenkur in den meisten Fällen nicht mehr notwendig.
Soviel zu einigen spezifischen Einzelheiten.

Kleine Entschlackungskur nach Dr. Schroth

Auch bei der kleinen Entschlackungskur nach Dr. Schroth kommen die drei Heilprinzipien: Abwechslung von Trocken- und Trinktagen, das Heilfasten und der Dunstwickel zur Anwendung. Sie können von dieser kleinen Entschlackungskur natürlich nicht denselben Erfolg erwarten wie bei einer in der Klinik durchgeführten Schroth-Kur. Trotzdem tut eine zu Hause durchgeführte kleine Schroth-Kur gut bei allgemeinen Überlastungs- und Erschöpfungszuständen, nach einigen Tagen übermäßigen Essens und Trinkens und überhaupt zur allgemeinen Gesundheitsvorsorge.
Nehmen Sie sich auch für diese Kur etwa 5 Tage Urlaub, um sich wirklich auf sich und Ihren Körper besinnen zu können und Abstand vom Alltag zu gewinnen.

Die Kur

<u>1. Tag: Trockentag</u>

Einlauf mittels Irrigator, Gummiballon oder Fertigklistier (siehe dazu das Kapitel »Einläufe, ein Thema für sich«, S. 84)
Keinerlei Getränk (auch kein Wasser!) bis 18.00 Uhr, dann wird 1/4 Liter Wein schluckweise getrunken
<u>Kurspeise:</u>
<u>morgens und abends:</u>
Je eine trockene Semmel, die mindestens zwei Tage alt sein muß; sehr langsam und sorgfältig kauen
<u>mittags:</u>
Salzhaltige und fettarme Hafersuppe, mit Petersilie und Schnittlauch

<u>2. Tag: Großer Trinktag</u>

1 Liter Wein pro Tag: der erste halbe Liter wird schluckweise von morgens bis abends getrunken; der zweite halbe Liter von 18.00 bis 21.00 Uhr
<u>Kurspeise:</u>
Bis zu vier trockene Semmeln pro Tag
<u>mittags:</u>
1 Portion geschälten weißen Reis (keinen Vollreis!) mit etwas Schnittlauch und Petersilie und ein Kompott aus Dörrpflaumen

<u>3. Tag: Kleiner Trinktag</u>

1/2 Liter Wein zwischen mittags und abends
<u>Kurspeise:</u>
Drei trockene Semmeln pro Tag
<u>mittags:</u>
Grieß- oder Hafersuppe nach Wahl

4. Tag: Kleiner Trinktag

Wie 3. Tag

5. Tag: Fastenbrechen (Aufbautag)

morgens:
Kräutertee, zum Beispiel Pfefferminztee, und selbstgemachtes Müsli (bitte kein Fertigprodukt). Andernfalls zwei Scheiben Vollkornbrot mit Quark und/oder Honig
mittags:
»Schrothsches Gemüseschnitzel« ohne jegliches Getränk. Das Gemüseschnitzel wird aus 150 g weichgekochtem Gemüse, 1 Ei, Semmelbröseln und Petersilie und Schnittlauch hergestellt
abends:
Forelle blau, fettarm zubereitet
Getränk:
Kräutertee oder Wein, 3/8 Liter verteilt auf den ganzen Tag

6. bis 8. Tag:

Es empfiehlt sich, vegetarische Kost beizubehalten, dazu Kräutertee

Der Vorzug der Schroth-Kur besteht darin, daß sie konsequent eiweiß- und fettarm ist. Verabreicht werden nur kohlenhydratreiche Lebensmittel. Während der Kur darf nicht geschwommen, nicht geduscht und nicht gebadet werden – die Haut soll nur auf den Dunstwickel reagieren. Während der Kur ebenfalls verboten sind Wasser und Fruchtsäfte.
Täglich zweimal eine halbe Stunde spazierengehen gehört zum Kurprogramm.

Der Dunstwickel

Das Besondere an der Schroth-Kur ist neben der Kombination von Wein und Brötchen der Dunstwickel. Er wird an allen vier Fastentagen angewandt. Sie brauchen dazu eine Hilfsperson, die den Wickel dicht am Körper anlegt. Der Dunstwickel dient der Unterstützung der Haut bei der Ausscheidung von Schlackenstoffen. Bei der Anwendung gibt es einiges zu beachten:
Bei einem kalten oder frierenden Körper darf keine kalte Anwendung vorgenommen werden; der Kältereiz wirkt nur am warmen Körper. Lassen Sie also den Körper vorher durchwärmen, auch das Zimmer sollte im Winter gut geheizt sein. Durch ein heißes Getränk kann von innen Wärme zugeführt werden.
Und so wird ein Wickel aufgebaut:
Als Unterlage dient eine Daunendecke oder ein Federbett.
Legen Sie darauf zwei große Wolldecken.
Darüber kommt ein nasses, aber sehr gut ausgewrungenes Leintuch, das bis unter die Achseln langt.
Zuerst wird ein nasser und darüber ein trockener Halswickel angelegt, dann legt sich der Fastende auf das Leintuch. Das nasse Leintuch wird so um den Körper gewickelt, daß die Arme freibleiben. Dann werden die Wolldecken herumgeschlagen und darüber ein leichtes Federbett gelegt. Der Wickel sollte möglichst lange am Körper bleiben.
Die Mindestzeit beträgt drei bis vier Stunden, ideal sind sechs bis acht Stunden. Im allgemeinen wird der Dunstwickel als angenehm empfunden. Die beste Zeit für die Prozedur ist abends. Man kann auch mit dem Wickel einschlafen. Desgleichen haben sich Wickel am Morgen als günstig erwiesen.
Achtung! Sollte die Erwärmung unter dem Wickel nicht innerhalb von zehn Minuten eintreten, der Fastende also frösteln, muß der Wickel unbedingt abgebrochen werden! Er schadet sonst!
Durch den Wickel wird der Körper gezwungen, Wärme zu produzieren. Durch die feuchte Wärme wird der Körper angeregt, Schlackenstoffe auszuscheiden. Die Leintücher saugen die giftigen Ausscheidungen auf, sie sind nach der Anwendung sorgfältig zu waschen.
Damit besitzen Sie einen Überblick über die Schroth-Kur, wie Sie sie zu Hause durchführen können.

Die Nulldiät

Die Nulldiät ist die reinste und strengste Form des Fastens. Sie wird deshalb auch »Vollfasten« oder »totales Fasten« genannt. Im Gegensatz zu den beschriebenen Fastenprogrammen, bei denen immerhin über Gemüse und Obstsäfte, über Milch und Brötchen noch eine gewisse Kalorienmenge aufgenommen wird, wird hier keine Energie von außen zugeführt. Bei dieser Fastenkur wird für 5–7 Tage nur Mineralwasser, eventuell durch Vitamingaben ergänzt, aufgenommen. Im Sanatorium kann diese Kur auch länger durchgeführt werden. Viele Fastenärzte und Patienten bevorzugen heute die modifizierte Art des Fastens, weil sie den Körper ebenso nachhaltig entlastet, es aber niemals zu einer Unterversorgung mit lebenswichtigen Vitaminen und Mineralstoffen kommen kann.

Wer sich dennoch zu einem totalen Fasten entschlossen hat, muß dieselben Vorbereitungen treffen wie bei einer Saftfastenkur. Auch der Entlastungstag, der die Fastenkur einleitet, entspricht dem der Saftfastenkur.

Während einer Nulldiät werden täglich etwa 2½ l Flüssigkeit getrunken, die gleichmäßig über den Tag verteilt werden. Die Mindestdauer der Kur ist 5 Tage. Mittags ist eine Bettruhe von 1–2 Stunden zu empfehlen. Eine Leberauflage unterstützt dabei die Tätigkeit dieses stark beanspruchten Entgiftungsorgans.

Das Mineralwasser sollte immer in kleinen Schlucken getrunken werden. Bei Kreislaufschwäche empfiehlt sich die Einnahme von Rosmarintee.

Auch bei dieser Nulldiät ist jeden 2. Fastentag eine Darmreinigung angesagt. Lösen Sie 40 g Glaubersalz in ¾ l handwarmem Wasser und trinken Sie diese Lösung innerhalb 10–20 Minuten. Sollte die Abneigung gegen Glaubersalz zu groß sein, können Sie auch bei dieser Fastenkur auf das F. X.-Passage-Salz oder einen Einlauf zurückgreifen.

Wie bei allen anderen Kuren auch ist das Fastenbrechen für den anhaltenden Erfolg einer Fastenkur entscheidend.

Der 1. Tag des Fastenbrechens sieht wie folgt aus:

morgens:
1–2 Glas Mineralwasser
1–2 Tassen Kräutertee mit etwas Honig

vormittags:
Apfelkompott
1 Tasse Kräutertee

mittags:
1–2 Tassen leichte Gemüsebrühe
2 Glas Mineralwasser
1–2 Stunden Bettruhe mit Leberwickel

nachmittags:
Apfelkompott
1–2 Tassen Kräutertee mit etwas Honig

abends:
1 Tasse Gemüsebrühe
1 Magermilchjoghurt mit Kräutern, 1 Scheibe Knäckebrot
1 Tasse Kräutertee mit etwas Honig
1–2 Glas Mineralwasser

vor dem Schlafengehen:
1 Tasse schlaffördernder Kräutertee

Der 2. Tag des Fastenbrechens entspricht dem gleichen Ablauf des 2. Aufbautages nach der Saftfastenkur. Auch hier sollten Sie darauf achten, daß Sie sich auch während einer Nulldiät ausreichend bewegen, denn die Aktivität fördert den Abbau der Schlackenstoffe aus dem Körper.

Das Teefasten

Das gleiche wie für das totale Fasten gilt auch für das Teefasten: Es werden nur kalorienfreie Kräutertees getrunken. Die längere Kur von ein, zwei oder drei Wochen gehört unbedingt in die Hand des Arztes und sollte am besten in einer Klinik oder einem Sanatorium absolviert werden. Die Kurzform mit drei oder fünf Tagen kann man auch zu Hause durchführen. Nach einer Säuberung des Darmes mit Glaubersalz oder dem wohlschmeckenden F. X.-Passage-Salz werden nur dünngebrühte Kräutertees getrunken, eventuell mit etwas Honig oder Zitronensaft versetzt. Auch die zusätzliche Aufnahme von Wasser, Mineralwasser oder klarer Gemüsebrühe ist zulässig. Nicht empfehlenswert sind Obstsäfte wie bei der Buchinger-Kur.
Nehmen wir an, Sie wollen es im Alleingang, also zu Hause versuchen. Dazu einige Tips:
Es empfiehlt sich, den Tee in einem Reformhaus oder in einer speziellen Kräuterhandlung zu kaufen, nicht unbedingt in der Apotheke, wo er vielleicht zu lange gelagert worden ist. Man kann abwechseln zwischen Lindenblütentee, Fenchel, Melisse, Salbei oder Schafgarbe. Eine Prise voll Tee (eine Menge, die man mit drei Fingern greifen kann) wird mit siedendem Wasser überbrüht. Man läßt ihn ein bis zwei Minuten ziehen und seiht den Tee ab. Erlaubt ist nur ein einziger Teelöffel Honig pro Tasse – wegen seines Gehaltes an Spurenelementen. Zitronen- und Orangensaft, teelöffelweise, sind ebenfalls gestattet.
Trinken Sie den Tee in ganz kleinen Schlucken – oder besser noch: nehmen Sie ihn löffelweise ein.
Auch hier gilt: Trinken Sie etwa 2–2½ l Flüssigkeit über den Tag verteilt und reinigen Sie jeden 2. Morgen den Darm mit Glaubersalz, F. X.-Passage-Salz oder einem Einlauf.
Für die Vor- und Nachfastentage des Teefastens gilt im übrigen das gleiche wie bei der Saftfastenkur. Halten Sie unbedingt die Vorschriften ein und befolgen Sie sie sorgsam. Nur so ist der Kurerfolg gewährleistet.

Das Teefasten hat seine Bedeutung in der Krankentherapie zur Ausheilung banaler Infekte, wo es hervorragend eingesetzt werden kann. Solange das Fieber anhält (3–5 Tage), sollte nichts anderes als Tee mit ein wenig Honig gesüßt gegeben werden.
Bei Rückgang des Fiebers wird der Kranke selbst den Wunsch nach Obst oder anderer leicht bekömmlicher Kost äußern, was dem Ausleiten des Saftfastens entspricht.

Das kombinierte 5-Tage-Fasten

Wer sich nicht an die reine Nulldiät heranwagt, und wem die anderen Fastenformen, sei es mit Säften oder Brötchen-Kauen, nicht streng genug sind, der versuche einmal eine Kombination aus Null-Diät und Teefasten: Wichtig ist auch hier wieder der Entlastungstag, der im wesentlichen dem Entlastungstag der Saftfastenkur entspricht. Essen Sie nur Obst und Gemüse, eventuell noch Reisspeisen. Es darf an diesem Tag weder Wurst noch Fleisch gegessen werden, wegen der Rückstände an tierischem Eiweiß im Darm.

1. Fastentag:

Dieser Tag der Kombinationskur beginnt mit einem Glaubersalztrunk oder, wer dies vorzieht, mit einem Glas kaltem Wasser, in dem 5 gestrichene Teelöffel F. X.-Passage-Salz langsam gelöst werden. Achtung: Vorsichtig einstreuen, das Pulver schäumt sehr.
An diesem Tag sollte nur Tee getrunken werden. Den Tee muß man sehr langsam und in kleinen Schlückchen trinken. Die Teemenge ist nicht begrenzt, auch nicht die Teesorte. Vorzuziehen sind aber Kräutertees, wie Fruchttee, Lindenblütentee, Melissentee oder auch Kamillentee. Wechseln Sie die Sorten ab, das erfreut den Gaumen und verursacht keine einseitige Reaktion im Magen.

2. Fastentag:

Verfahren Sie nach der Nulldiät: Getrunken wird nur reines Mineralwasser, bis zu 2 Liter pro Tag. Vitamingaben hierzu (ein Multivitaminpräparat) sind zu empfehlen, damit keine Mangelerscheinungen auftreten.

3. Fastentag:

Er ist wieder dem Teetrinken gewidmet (wie oben beschrieben).

4. Fastentag:

Nulldiät

5. Fastentag:

Teefasten. Damit ist das Flüssigfasten beendet.
Vergessen Sie nicht, an jedem 2. Tag für eine gründliche Entleerung des Darms zu sorgen. Wenn Sie sich für den Einlauf entscheiden, nehmen Sie diesen Rat ernst: ½ Liter körperwarmes Wasser (36° C) wird mit Hilfe der Klistierspritze vorsichtig in den Darm eingeführt und das Klistier etwa 2 Minuten gehalten. Daraufhin entleert sich der Darminhalt spontan.

6. Tag (Aufbautag)

Wie schon erwähnt ist dies der wichtigste Teil der Fastenkur. Beginnen Sie mit einem rohen oder einem gedünsteten Apfel und nehmen Sie auf keinen Fall Fleisch in den ersten beiden Nachfastentagen zu sich, sondern nur sehr leichte Gemüsespeisen, Knäckebrot mit wenig Butter, Joghurt oder Frischkäse. Vollkorn darf erst später wieder auf dem Speiseplan auftauchen.

Die Darmentleerung wird etwas auf sich warten lassen, aber das darf Sie nicht irritieren.
Vermeiden Sie während des kombinierten 5-Tage-Fastens übermäßige Anstrengungen. Pflegen Sie Ihren Körper und Ihren Geist – gönnen Sie sich Ruhe. Nach Möglichkeit sollte dieses Fasten während einiger Urlaubstage durchgeführt werden.
Prinzipiell gilt auch hier wieder, wie für alle Fastenkuren zu Hause: Fragen Sie vorher Ihren Arzt, ob bei Ihrem Gesundheitszustand oder wegen der Einnahme lebenswichtiger Medikamente etwas gegen diese strenge Form des Fastens spricht.
Bekömmlicher sind erfahrungsgemäß Saftfastenkuren, bei denen Obst- oder Gemüsesäfte getrunken werden.

Die Molke-Kur

Die Molke-Kur ist in ihrer »kleinen Form« auch für Berufstätige zu empfehlen. Sie wirkt zwar nicht so umstimmend wie eine große Molke-Kur, für die Gesundheitsvorsorge und die allgemeine Entschlackung leistet sie jedoch gute Dienste.
Und so wird eine Molke-Kur durchgeführt:
Am 1. Tag glaubern Sie mit ¼ l warmem Wasser und 20 g Glaubersalz.

Der Tagesablauf einer Molke-Kur sieht wie folgt aus:

morgens:
dünner schwarzer Tee, der mit etwas Honig gesüßt wird

tagsüber:
etwa 1 l Kurmolke, die in 5–7 Portionen getrunken wird. Zwischen diesen Molkeportionen frische Obstsäfte

abends:
mehrere Tassen grünen Hafertee. Dieser Tee muß etwa 10 Minuten in Wasser sieden und ist in Reformhäusern erhältlich.
Von Bedeutung ist, daß nichts gezuckert oder gesalzen werden darf – was eine enorme Schulung der Geschmacksnerven für den natürlichen Wohlgeschmack unverdorbener Lebensmittel darstellt. Der

Speiseplan, sofern Sie die reine Molke-Kur ergänzen wollen, sieht lediglich Vollkornprodukte, Quark, rohes Obst und Salate vor.
Zu beachten ist ferner, daß die Kurmolke gut gekühlt genossen werden sollte, bewahren Sie sie also zu Hause oder am Arbeitsplatz stets im Kühlschrank auf und trinken Sie nur in kleinen, langsamen Schlucken.
Reine Molke-Kuren, bei denen nichts Zusätzliches gegessen wird, sollten mit Erlaubnis des Arztes auf drei Tage begrenzt werden. Die kombinierte Kur mit Reduktionsdiät kann, insbesondere bei Übergewicht oder Stoffwechselstörungen, problemlos über ein oder zwei Wochen durchgeführt werden.

Was noch zu beachten ist

So, hoffentlich konnten wir Ihnen damit einen kleinen Einblick verschaffen.
Nochmals das Wichtigste:
Am Entlastungstag darf auf keinen Fall Fleisch gegessen werden. Die letzten Essensreste, die im Darm verbleiben, müssen pflanzlichen Ursprungs sein – Fleischrückstände fördern Fäulnisvorgänge.
Beachten Sie bitte auch folgendes: Jede Flüssigkeit sollten Sie sehr langsam trinken, besser gesagt, kauen. Sie sollte nicht ohne Vermengung mit Speichel in den Magen gelangen.
Auch der Kreislauf muß während des Fastens gut gepflegt werden, nehmen Sie Rücksicht auf ihn, treiben Sie Ihren Körper nicht zu plötzlichen Höchstleistungen. Alle plötzlichen und ruckartigen Bewegungen, wie zum Beispiel sehr schnelles Aufstehen, bekommt Ihnen jetzt nicht allzugut. Duschen Sie sich, so oft Sie Verlangen danach verspüren. Reiben Sie sich anschließend mit einem guten Hautöl ein und machen Sie eine Trockenbürstenmassage – das belebt!
Wichtig ist, daß Sie – so möglich – nach den Mahlzeiten ruhen. Das ist deshalb wichtig, weil die Leber in Ruhestellung doppelt so gut entgiftet als beim Gehen. Unterstützt wird diese Maßnahme noch durch einen feuchtwarmen Umschlag auf der Lebergegend (unter dem rechten Rippenbogen). Legen Sie einen feuchten Lappen, dann ein trockenes Tuch darauf – und bald breitet sich wohlige Wärme in der Bauchgegend aus. Blut wird zur Leber geführt – die ihre Aufgabe als »Entgiftungsorgan« jetzt optimal erfüllen kann.
Haben Sie Ihr Fastenpensum gut absolviert, so kommt das Fastenbrechen – der wichtigste Teil der Kur. Bitte gehen Sie es sehr sorgfältig an. Kauen Sie langsam und gründlich und verändern Sie nichts. Die Magensäfte müssen gelockt und der Darm wieder angeregt werden. Sie werden staunen, wie wunderbar Ihnen der erste Apfel schmeckt und wie Sie die ersten Bissen genießen werden. Überhaupt reagieren die Geschmacksnerven nach dem Fasten viel feiner als vorher. Sie werden vielleicht erkennen, wie »leer« beispielsweise Weißbrot, wie aufdringlich süß Schokolade und Pralinen schmecken.
Führen Sie ein Fastenprotokoll und notieren Sie Ihr Gewicht. Je nachdem, ob Sie ein guter oder ein schlechter Futterverwerter sind, können Sie während 5 Tage Fasten 5 kg oder 3–4 kg »abschreiben«. Nach Abschluß des Fastens haben Sie allen Grund, sich selbst auf die Schulter zu klopfen. Sie haben sich innerlich und äußerlich entschlackt – ihr Spiegelbild wird es bestätigen.
Durch eine mehrmalige Kurzfastenkur, wie eben beschrieben, können Sie nach und nach Ihr persönliches Idealgewicht erreichen. Fasten Sie jedoch nicht öfter als 2- bis 4mal im Jahr. Mit vier solcher Kurzfastenkuren kann auch ein größeres Übergewicht, beispielsweise 20 kg, recht gut abgebaut werden. Meßbar sind die Erfolge am Taillen-, Brust- und Schenkelumfang. Falls jetzt die Kleider oder Anzüge nicht mehr passen sollten, so ist das das kleinere Übel. Besser, Ihr Körper ist »maßgeschneidert« als Ihr Anzug!
Verzichten Sie während einer Fastenkur, egal welche Sie durchführen, strikt auf alle Genußmittel, wie Alkohol und Nikotin. Aber auch Kaffee oder Zucker sollten soweit wie möglich gemieden werden.

Treiben Sie während einer Fastenkur regelmäßig Sport. Entspannungsübungen und ein wenig Gymnastik unterstützen die Stoffwechselvorgänge während der Fastenkur. Sorgen Sie für ausreichend Schlaf und legen Sie sich auch mittags 1–2 Stunden ins Bett. Eine Leberauflage unterstützt zusätzlich die Arbeit dieses Organs.
Tun Sie während einer Fastenkur all das, was Sie schon lange erledigen wollen, gehen Sie Ihren Hobbys nach und konzentrieren sich ganz bewußt auf sich.
Versuchen Sie den Alltag hinter sich zu lassen und halten Sie Streß fern.
Wer gefastet hat und sein verjüngtes Ich, rank und schlank, im Spiegel betrachtet, darf diesen Triumph der Willenskraft getrost auskosten. Nur – will man einen bleibenden Erfolg verbuchen und sollte die Verjüngung von Dauer sein, dann stecken Sie sich folgendes hinter den Spiegel: Fastenkuren besitzen dauernden Wert, wenn sie den goldenen Mittelweg der Mäßigkeit einleitet. Man kann nicht immer fasten, wohl aber immer mäßig essen. Soviel zu einer Lehre des alten Fastenarztes Riedlin.
Auf das Thema »Aufbau neuer Eßgewohnheiten« werden wir im übrigen im letzten Kapitel dieses Buches noch einmal ausführlich zu sprechen kommen – es gibt darüber nicht eben wenig zu wissen.
Die vorgestellten Kuren geben Ihnen einen guten Überblick über das bestehende Angebot an Fastenkuren.
Im Zweifelsfall, man kann es nicht genug betonen, sollte immer ein Arzt oder Heilpraktiker zu Rate gezogen werden, speziell wenn Sie ein spezifisches Problem kurieren wollen.
Nach der Kur privatim oder privatissime beginnt die Phase der Nachfastenzeit, die in ihrer Bedeutung kaum überschätzt werden kann.

DIE NACHFASTENZEIT

Die Ernährung nach dem Fasten

Wir hoffen, daß Sie schlank, schön, mit strahlenden Augen und straffer Haut wie der sprichwörtliche Phönix aus der Asche auferstanden sind. Wir gratulieren! Sie haben Charakterstärke bewiesen und sich Ihre neue Figur mühsam erkämpft. Vielleicht haben Sie sich endlich das Kostüm in der kleinen Größe oder die Hose gekauft. Es ist schon eine Freude und ein heimlicher Triumph, sich den großen Luxus der kleinen Konfektionsgröße zu gönnen! Nun aber heißt die Devise – Gewicht halten und den Erfolg einer Fastenkur stabilisieren. Neben ausreichend Sport, maßvollem Umgang mit Genußmitteln ist die richtige Ernährung ein wesentlicher Faktor. Hat sich Ihr Gewicht nun stabilisiert, so sollten Sie jetzt auf vollwertige, naturbelassene Kost achten. Sie bietet die Grundlage für einen gesunden Körper.

Umsichtig umstellen

Bei der Flut der Bücher zum Thema »Ernährung« könnte man annehmen, das Wissen um gute, naturbelassene Kost sei inzwischen Allgemeingut geworden. Weit gefehlt! Betrachten wir die Ernährungsgewohnheiten hierzulande, so kann man feststellen, daß viel Geld für überfeinerte, denaturierte Nahrungsmittel, sogenannte »Delikatessen« ausgegeben wird. Eine ganze Industrie hat sich darauf spezialisiert, aus guten natürlichen Zutaten verfeinerte Produkte herzustellen, die ihrer wichtigsten Substanzen beraubt sind. Zum Glück wächst die Zahl der Ernährungsbewußten stetig. Noch vor einigen Jahrzehnten handelte es sich nur um einen ganz bestimmten, kleinen Kreis, der auf biologisch angebaute und hochwertige Produkte zurückgriff. Diesen Personen haftete das Image der Außenseiter und Fanatiker, der Kostverächter und Asketen an. Der Trend hat sich umgekehrt. Wenn sich diese positive Entwicklung in Richtung gesunde Ernährung weiter fortsetzt, wird es sehr bald »in« sein, genau über Lebensmittel Bescheid zu wissen.

Und diese Tendenz ist abzusehen, weil nur so Gesundheit und Leistung erhalten werden können. An diesem Punkt nämlich horcht unsere Gesellschaft auf – Leistung soll in jedem Fall erbracht werden! Vielleicht gelingt es auf dieser Schiene, eine vernünftige Lebensweise publik zu machen.

Wie heißt es in den Sprüchen Salomons: »Der Weise lernt von den Erfahrungen anderer – der Tor muß alle Erfahrungen selbst machen.« Dr. Bruker, bundesdeutscher »Ernährungspapst« in Sachen Vollwertkost, führt in seinem Buch »Unsere Nahrung – unser Schicksal« aus, daß bei uns die meisten schon etwa 25 Jahre vor dem Tod an einer ernährungsbedingten Zivilisationskrankheit leiden, die später zur Todesursache wird. Waren es früher die großen Seuchen, wie Pest und Cholera, welche die Menschen dahinrafften, so ist es heute in den westlichen Ländern der Wohlstand und in den Ländern der dritten Welt die Hungersnot, die das Leben der Menschen frühzeitig beenden. Eine höhere Lebenserwartung bei uns täuscht nur Gesundheit vor, sie gibt keinerlei Auskunft über den wirklichen Gesundheitszustand des einzelnen. Zugegebenermaßen erfreut »man« sich heute statistisch gesehen eines längeren Lebens, aber damit verlängert sich gleichzeitig auch die Spanne der chronischen Krankheiten und Altersbeschwerden. Selten erreicht jemand in voller körperlicher und geistiger Frische ein hohes Alter. Die steigenden Kosten für medizinische Behandlungen zeigen das deutlich.

Krankheiten überfallen uns aber nicht aus heiterem Himmel. Wir »verdienen« sie uns im wahrsten Sinne des Wortes. Der Körper erträgt unbekömmliche Kost, Bewegungsmangel, Alkohol, Nikotin, Industriegifte, Rück-

stände in den Lebensmitteln und andere schädliche Zivilisationseinflüsse eine Weile und versucht, sie zu verkraften. Ist das Maß aber überschritten, erkrankt er. Selten wird die Frage beantwortet, woher eine Krankheit kommt. Der Arzt erkennt das Symptom, verschreibt ein Medikament, womit der Fall in den meisten Fällen ausgestanden zu sein scheint. Weder vom Arzt noch im Krankenhaus wird gewöhnlich ein Wort zum Thema Ernährung und gesunde Lebensweise gesagt. Diese Ignoranz wichtiger Zusammenhänge ist unverantwortlich, darf man doch annehmen, daß viele Ärzte über Ernährungsfragen Bescheid wissen.
Gehen wir einmal zurück zu den Ernährungsgewohnheiten unserer Vorfahren. Sie aßen, was die Natur bot: Früchte, Nüsse, Samen, Wurzeln, Blätter. Sie jagten größere und kleinere Tiere und angelten Fische. Sie trafen ihre Auswahl zwischen Genießbarem und Ungenießbarem. Aber: kein technisches Verfahren entwertete die Nahrung. Die Wege zu einer gesunden Ernährung müssen also wieder zu den Uranfängen zurückführen: zu den Gaben der Natur, unverfälscht, so wie sie uns gegeben werden.
Um es einmal sehr deutlich zu formulieren: Selbst wenn Sie tapfer gefastet haben, selbst wenn Sie eine Weile heroisch auf Ihren Kuchen und Braten verzichtet haben, so nutzt dies nichts, wenn Sie nicht bereit sind, nach der Fastenkur Ihre Ernährung wenigstens bis zu einem gewissen Grad umzustellen. Aber einen entsprechenden Entschluß, der doch weitreichende Konsequenzen mit sich bringt, faßt man nur, wenn man »wirklich« überzeugt ist. Echte Überzeugungsarbeit kann man jedoch nur leisten, wenn man versteht, wenn man einen Einblick in die wirklichen Zusammenhänge erhält. Deshalb haben wir im folgenden noch einmal so leichtverständlich wie möglich den Verdauungsapparat unter dem Vergrößerungsglas betrachtet. Wir haben diesen theoretischen Teil mit Absicht nach den Fastenkuren aufgeführt, um Sie nicht schon zu Beginn des Buches mit »Schwerverdaulichem« zu belasten. Also: wie arbeitet unser Verdauungssystem?

Der Verdauungsapparat

Unter Verdauung versteht man vereinfacht ausgedrückt den Abbau der Nährstoffe, die wir mit der Nahrung zuführen. Das sind Kohlenhydrate, Eiweiß, Fett, Vitamine und Mineralstoffe.

<u>Kohlenhydrate</u>
Das sind die wichtigsten Brennstoffe des Körpers. Zucker und Stärke in Obst und Gemüse, das Mehl im Getreide sind Kohlenhydrate. Der Körper speichert Kohlenhydrate in ganz geringen Mengen. Beim Abbau spaltet er sie in Kohlendioxid und Wasser auf und setzt dabei Energie frei.

<u>Fett</u>
Tierische und pflanzliche Fette und Öle gehören zu dieser Gruppe. Sie werden in Zellen eingebaut und sind die wichtigsten Energiespeicher des Körpers.

<u>Eiweiß (Protein)</u>
Dies ist die wichtigste Bausubstanz des Körpers. Fleisch, Fisch, Milchprodukte, Eier, Sojaerzeugnisse, Erbsen etc. sind Eiweißlieferanten. Als Energielieferant sind sie nur von untergeordneter Bedeutung. Haut, Knochen und Muskeln benötigen jeden Tag Eiweiß, um zu funktionieren. Das Eiweiß setzt sich aus einzelnen Aminosäuren zusammen, die während der Verdauung freigesetzt werden.

Vitamine und Mineralstoffe

Hiervon benötigt der Körper zwar nur relativ kleine Mengen, sie sind aber dennoch von großer Wichtigkeit, um die Stoffwechselabläufe in Gang zu halten. So gibt z.B. Kalzium den Knochen und Zähnen die nötige Festigkeit und Vitamin B_1 ist wichtig zum Abbau der Kohlenhydrate.

Ballaststoffe

Hierunter versteht man pflanzliche Substanzen, die vom Körper nicht verdaut werden, die aber für die Gesundheit unerläßlich sind.

Die wichtigste und erste Verdauungsarbeit leisten die Zähne durch sorgfältiges Kauen. Der Speichel enthält Enzyme, die die Kohlenhydrate spalten können. Die Eiweißverdauung hingegen beginnt erst im Magen. Im Zwölffingerdarm und Dünndarm werden die Nahrungsbestandteile mit Hilfe des Saftes der Bauchspeicheldrüse und durch die Galle verdaut und dann aufgenommen.
Die Mechanik der Verdauung besteht in der
(1) Nahrungsaufnahme
(2) Zerkleinerung
(3) Mischung der Nahrung mit den Verdauungssäften
(4) Fortbewegung des Verdauungsbreis
(5) Entleerung der Exkremente

An der Verdauung sind zunächst einmal der Mund und der Magen-Darm-Trakt beteiligt. Schauen wir uns die einzelnen Stationen genauer an und verfolgen wir einmal den Weg, den die Nahrung nimmt.

Der Mund

Der Mund ist unter anderem der Eingang zum Verdauungskanal. In der Mundhöhle findet die Zerkleinerung der Nahrung statt sowie ihre Durchmischung mit Speichel und die Weiterbeförderung in die Speiseröhre.
Der Speichel verflüssigt den Nahrungsbrei und vermischt ihn mit Enzymen, die bereits hier die Kohlenhydratverdauung beginnen. Kaut man sehr lange an einem Stückchen Brot, schmeckt es süßlich, die Stärke wird in Zucker abgebaut. Auch wenn Mutters Ratschlag, langsam und gründlich zu kauen, unsere Nerven strapazierte, so war er doch sinnvoll und angebracht, auch wenn sie selbst den Grund dafür nicht gewußt haben mag. Auch während einiger Fastenkuren wird der Patient zu einer neuen Eßkultur erzogen, die das gründliche Kauen in den Mittelpunkt stellt. Außerdem dient der Speichel der Selbstreinigung der Mundhöhle. Gestatten wir uns einen kleinen Ausflug in die Geschichte, um die »wissenschaftlichen« Informationen etwas würziger und »bekömmlicher« zu gestalten:
In der Religionsgeschichte galt der Speichel (wie andere Ausscheidungen des menschlichen Körpers) als Machtträger, der unter anderem heilkräftige Wirkungen hervorrufen (3. Mos. 15,8) sowie einen Fluch bekräftigen konnte (5. Mos. 25,9). Deshalb bemächtigte sich der Magier des Speichels seines Feindes, um diesen zu vernichten. Der Speichel diente auch als Mittel des Bundesschlusses. Nach der germanischen Mythologie entstand beim Friedensschluß der Asen und Wanen (zwei mächtigen Göttergeschlechtern) aus deren Speichel der weise »Kvasir« – ein ausnehmend kluges Wesen! Soviel nur am Rande – zur Erbauung.
Aber zurück zu unserem (ernsten) Studium des Verdauungsapparates.

Durchgangsstation Magen

Der Magen ist eine sackartige Erweiterung des Verdauungskanals, die sich an die Speiseröhre anschließt. Er stellt gewissermaßen eine »Vorratskammer« dar und besitzt die Aufgabe, die im Verlauf einer Mahlzeit aufgenommenen Speisen zunächst einmal zurückzuhalten und sie nach entsprechender »Zubereitung« durch den Magensaft schubweise dem Dünndarm zuzuleiten; auf diese Art und Weise wird der Dünndarm vor plötzlichen Überlastungen geschützt.
Die größte »Aufmerksamkeit« wird im Magen der Verdauung von Eiweiß gewidmet. Die durch das Gebiß

mechanisch zerkleinerte Nahrung wird vom Magensaft übergossen und durch Enzyme aufbereitet, so daß mit Unterstützung der Magenwand-Muskulatur ein Speisebrei entsteht. Die Magensäure ist für die Tätigkeit der Enzyme unerläßlich. Außerdem tötet sie die mit der Nahrung eingedrungenen Bakterien ab. Für die Kohlenhydratverdauung werden im Magen keine Enzyme gebildet. Auch Fette durchwandern den Magen im allgemeinen unverdaut. Wasser, Alkohol, Koffein sowie giftige Substanzen können bereits hier von der Magenschleimhaut resorbiert und der Leber zur Entgiftung zugeleitet werden.

Der Dünndarm

Über den Magenpförtner gelangt der Speisebrei in den Dünndarm, der in drei Abschnitte aufgeteilt ist: Zwölffingerdarm, Leerdarm und Krummdarm.
Der Dünndarm ist das wichtigste Verdauungsorgan, in dem die Hauptverdauungsarbeit erfolgt. Hier werden Fette, Kohlenhydrate und Eiweiße bis in die kleinsten Bestandteile gespalten.
Die Nährstoffe werden über die Zotten in die Blutbahn aufgenommen und gelangen in die Leber.
Dünndarmerkrankungen bedeuten daher eine Störung dieser wichtigen Verdauungs- und Resorptionsvorgänge und haben wesentliche, tiefgreifende Folgen für den Allgemeinzustand als Magenstörungen. Viele chronische Erkrankungen haben ihren Sitz im Dünndarm. Die meisten dieser Erkrankungen sind ernährungsbedingt.
Über den gesamten Dünndarm werden die Nährstoffe aufgebaut und aufgenommen. Nach getaner Arbeit erfolgt die schubweise Entleerung des Dünndarminhalts in den Dickdarm.

Die Bauchspeicheldrüse

Während im Magen noch ein saures Milieu herrscht, wird dies im Dünndarm bereits durch den Saft der Bauchspeicheldrüse neutralisiert.
Die Bauchspeicheldrüse liegt im oberen Bauchraum quer hinter dem Magen und mündet zusammen mit dem Gallengang in den Zwölffingerdarm.
Die Bauchspeicheldrüse liefert neben wichtigen Enzymen für die Fett-, Eiweiß- und Kohlenhydratverdauung auch noch die Hormone Insulin und Glucagon, die den Blutzuckerspiegel regulieren.

Die Leber

Die Leber ist die größte Drüse des menschlichen Körpers und eine Schaltstelle für den Stoffwechsel der einzelnen Nährstoffe, Vitamine und Hormone. Als Entgiftungszentrale kommen ihr gerade in der heutigen Zeit mannigfache Aufgaben zu.
Da die heutige Ernährung nicht nur vitalstoffarm, sondern auch reich an zusätzlichen schädlichen Fremdstoffen ist, ist es nicht weiter verwunderlich, daß so viele Bundesbürger »es mit der Leber« zu tun haben. So manche Leberkrankheit rührt von langandauernder Fehlernährung her. Hören wir dazu einen Kommentar eines der renommiertesten Ernährungswissenschaftler, Dr. Bruker, auf diesem Gebiet:
»Würde jede durch Fehlernährung erzeugte Leberbelastung und jede Schädigung der Leber durch Fremdstoffe, die dort entgiftet werden, schmerzhafte Empfindungen in der Leber hervorrufen, dann gäbe es keinen Trinker, keine ernährungsbedingten Zivilisationskrankheiten und kein Problem der toxischen Gesamtsituation: Gerade in der Unfähigkeit der Leber, mit Schmerzen zu reagieren, das heißt in dem Fehlen von Warnsignalen, liegen die Gründe, weshalb der Mensch jahrzehntelang scheinbar ungestraft sich Schadstoffen aussetzen kann.«

Die Galle und die Gallenblase

Die Galle ist eine dünne, hellgelbe Flüssigkeit, die in der Leber von den Leberzellen abgesondert wird. Die Galle fließt durch den Gallengang in den Zwölffingerdarm (Dünndarm). Müssen keine Speisen verdaut werden,

fließt sie zur Gallenblase, wo sie gespeichert und eingedickt wird.
Eine Hauptaufgabe der Galle ist die Fettverdauung und die Ausscheidung körperfremder und giftiger Substanzen.
Selbst die Galle kann jedoch nur erkranken, wenn eine falsche Ernährung vorausgeht. Hören wir noch einmal Dr. Bruker:
»Zur Steinbildung in der Gallenblase kommt es bei dem Eindickungsvorgang nur dann, wenn die Galle falsch zusammengesetzt ist. Eine krankhaft zusammengesetzte Galle setzt aber voraus, daß die Leber sie so falsch absondert. Die Leber wiederum produziert nur dann eine fehlerhaft zusammengesetzte Galle, wenn ihr infolge Mangelernährung die nötigen Rohstoffe nicht zur Verfügung stehen.«
Nach Dr. Bruker sind Gallensteine hundertprozentig ernährungsbedingt. Zur Entstehung der Steine braucht es, je nach Grad der Minderwertigkeit der Kost, 15 bis 30 Jahre. Auf einer ähnlichen Theorie operierte der Nobelpreisträger Dam, der Goldhamster mit isolierten Kohlenhydraten (Stärke und Zucker) fütterte und dadurch Gallensteine erzeugte! Die englischen Forscher Cleave und Campbell berichteten im Rahmen einer wissenschaftlichen Studie, daß in Eingeborenengebieten, in denen keine Auszugsmehle und Fabrikzucker verzehrt werden, Gallensteine unbekannt sind.

Der Dickdarm

Der Dickdarm ist durch einen aufsteigenden, einen querverlaufenden und einen absteigenden Teil gekennzeichnet.
Den Anfangsteil des Dickdarms bildet der Blinddarm, der am unteren Ende geschlossen, das heißt »blind«, ist. Er liegt direkt unterhalb der Einmündungsstelle des Dünndarms in den Dickdarm. An ihm hängt ein bleistiftdicker Wurmfortsatz, dessen Entzündung irrtümlich als Blinddarmentzündung bezeichnet wird.
Nach vollendetem Verdauungsprozeß im Dünndarm wird der Darminhalt durch Muskelbewegungen in den aufwärtssteigenden Dickdarm gehoben. Hier werden aus dem Darminhalt unter ständigen hin- und zurückgehenden, zusammenziehenden, ausdehnenden und knetenden Bewegungen noch die restlichen Mineralstoffe und Vitamine herausgezogen. Normalerweise ist der Darminhalt in diesem Teil des Dickdarms flüssig. Die nicht brauchbaren Teile des Inhalts werden zum Mittelpunkt des quergehenden Dickdarms weiterbefördert, wo der Darminhalt dickflüssiger wird. Der Dickdarm resorbiert das Wasser und die Mineralstoffe.
Dieser Brei gelangt nun in den dritten Teil des Dickdarms, der eine S-Form bildet. In der untersten Krümmung sammeln sich Verdauungsreste, bevor sie in den Mastdarm gestoßen werden. Durch unregelmäßige Darmentleerungen häufen sich hier die Schlacken der Mahlzeiten an. Die Darmmuskeln werden schwach und können sich nicht mehr zusammenziehen, um den Inhalt kräftig weiterzubefördern. Es sammeln sich damit zunehmend Abfallstoffe an, die den Darm nicht mehr verlassen und ihn verkrusten.
Das Ende des Dickdarmes bildet, wie gesagt, der Mastdarm. Tritt Kot in den Mastdarm ein, so sammelt er sich in dessen oberem, stark erweiterungsfähigen Teil. Der Mastdarm mündet in eine mit zwei Schließmuskeln versehene Öffnung, den After.

So, wir möchten Ihnen gratulieren, daß Sie »durchgehalten« und mit uns den Weg der Nahrung systematisch verfolgt haben. Aber zunächst noch ein Wort zum Dickdarm:
Wenn er der Bösewicht ist, der uns die meisten Kopfschmerzen verursacht, brauchen wir ihn dann überhaupt? So könnte man naiv fragen. Der Dickdarm ist selbstredend von großer Bedeutung, da in ihm wichtige Arbeiten verrichtet werden. Seine Aufgabe besteht darin, die übriggebliebenen verwertbaren Stoffe auszunutzen. Die Wände des Dickdarms leiten die Ausbeute an die Blutgefäße. Von dort gelangen die Stoffe zur Leber, wo sie weiterverarbeitet werden.
Normalerweise findet sich nur im Dickdarm eine Darmflora, d. h. Darmbakterien, da unter anderem die

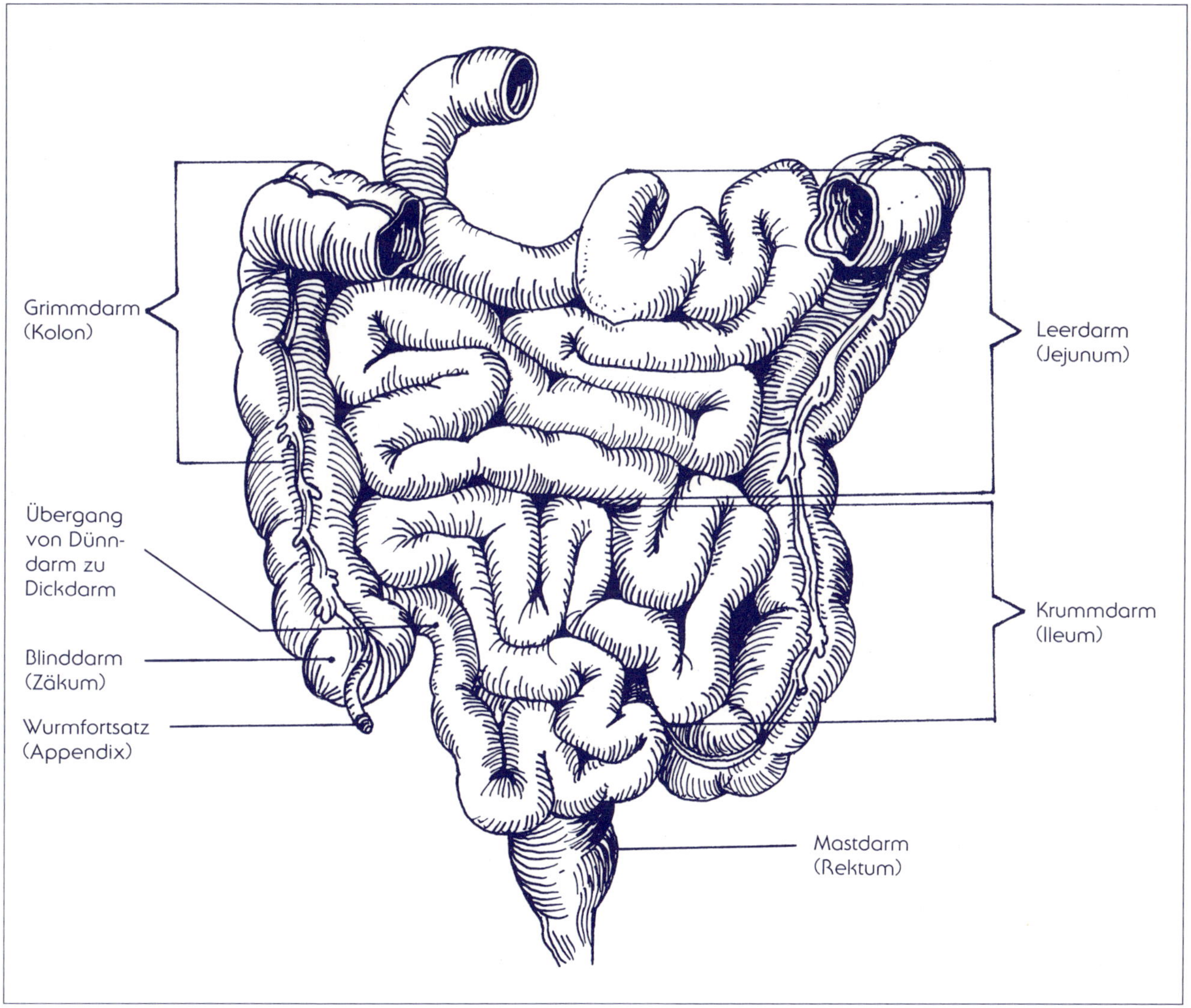

Der Dünndarm und der Dickdarm (schematische Darstellung)

Magensalzsäure die oberen Darmabschnitte von Bakterien freihält. Die Darmflora besteht aus verschiedenen Bakterien, deren Verhältnis sich mit der Nahrung ändern kann. Einige vergären, andere zersetzen Eiweiß und produzieren dabei Giftstoffe. Damit aber sind wir beim springenden Punkt. Denn:
Metschnikoff und Bienstock haben gezeigt, daß der rechtmäßige Dickdarmbazillus (Coli) nur dann säurebildend ist, wenn er mit Kohlenhydraten versorgt wird, das heißt mit den Nahrungsresten von Getreide, Früchten und Gemüse, vor allem der Kartoffel. Werden ihm aber fäulniserzeugende Nahrungsreste zugeführt, wie die Eiweißstoffe der Eier und des Fleisches, verwandelt er sich in einen wirksamen Gifterzeuger.
Mit anderen Worten: ernährt sich der Mensch überwiegend von naturgemäßer Pflanzenkost, besteht seine Darmflora aus überwiegend gärungserzeugenden Bakterien! Wird gemischte Kost (Kohlenhydrate plus Eiweiß) eingenommen, entwickeln sich Fäulnisbakterien, wobei die Zahl der säurebildenden Bakterien abnimmt. Wird nur Eiweiß oder in überwiegendem Maße Eiweiß (Eier, Fleisch, Milchprodukte, Käse usw.) verzehrt, kreiert der Mensch sich selbst eine Fäulnisfabrik!
Ballaststoffe, die für den Menschen nicht verwertbaren Pflanzenteile, werden von den Darmbakterien abgebaut und beeinflussen die Darmflora günstig. Bei unserer heutigen »Zivilisationskost«, die arm an Ballaststoffen, aber reich an Eiweiß ist, ist der Dickdarm längst zum Fäulnisapparat geworden.
Durch die zahlreichen Verstopfungen kann der Darm die Giftstoffe nur ungenügend ausscheiden. So verbleiben sie zu lange im Darm und belasten das Blut aufs neue. Schließlich werden sie durch die Pfortader wieder zur Leber geführt und dort entgiftet. Verstopfung wird hauptsächlich durch die mangelnde Ballaststoffzufuhr im Darm verursacht. Menschen, die sich hauptsächlich von roher Kost ernähren, leiden selten an Verstopfung. Ihr Stuhl ist fast geruchlos. Wie eng Krankheiten mit dem Dickdarm zusammenhängen, wurde deutlich, als Sir Arbuthnot Lane als erster Chirurg den Dickdarm beim Menschen herausoperierte. Mit großem Erstaunen stellte er fest, daß mit dem Dickdarm auch die Krankheitssymptome verschwanden.
Dementsprechend verwundern Stimmen nicht, die sagen, der Dickdarm sei nicht nur unnütz, sondern eine gefährliche Belastung und müsse bei der ersten besten Gelegenheit entfernt werden. Trotz der Erfolge, die Lane mit seinen Operationen hatte, ließ er sich nicht zu solchen Fehlschlüssen hinreißen.
Selbstverständlich hat die Natur ein so großes Organ nicht ohne bestimmte Absichten geschaffen. Desgleichen ist der Gedanke, die Speckringe um die Hüften durch eine Operation loszuwerden, vom gesundheitlichen Standpunkt hanebüchen. Prinzipiell kann man solchen »Lösungen« nicht ernsthaft zustimmen.
So weit, so gut! Damit haben Sie, so hoffen wir, einen wirklich guten Einblick in die verschiedenen Verdauungsorgane und ihre Funktionsweise gewonnen.
Nun, wie setzt man dieses theoretische Wissen in die Praxis um? Was wären also die praktischen Schlußfolgerungen für die Ernährung?

Grundsätze einer gesunden Ernährung

1. Grundsatz:
Essen Sie soviel wie möglich frisch.
Alles, was man roh (besser gesagt: ungekocht) genießen kann, sollte roh verzehrt werden; zum Beispiel Obst, Salate und Wurzelgemüse, denn der Nährwert ist hier am größten. Gleichzeitig werden wichtige Ballaststoffe geliefert, die für die Funktion des Darmes unerläßlich sind. Sie quellen im Darm auf, machen den Nahrungsbrei gleitfähiger und sorgen dafür, daß die Abfallstoffe nicht zu lange im Darm liegen bleiben. Gleichzeitig sind sie Nahrungsmittel für die Darmbakterien und haben einen günstigen Effekt auf den Cholesterinspiegel.

2. Grundsatz:
Essen Sie täglich Vollkornprodukte.

Nehmen Sie keine verfeinerten oder denaturierten Produkte zu sich, denn in den Randschichten des Getreidekorns und im Keimling sitzen Vitamine und Mineralstoffe. Bei niedrig ausgemahlenen, hellen Mehlen werden diese wertvollen Nährstoffe entzogen. Essen Sie deshalb Frischkornbreie und Speisen aus Vollkornmehl, Vollkornbrot, Vollkornnudeln usw. Heutzutage haben sich schon viele Lebensmittelgeschäfte auf die gesteigerte Nachfrage nach diesen Produkten eingestellt.

3. Grundsatz:
Verzichten Sie auf Zucker und Süßigkeiten.

Sie bieten nur »leere« Kalorien, das heißt, sie liefern außer Kalorien nichts Wertvolles. Zur Verarbeitung im Körper benötigen Sie jedoch Vitamine, die den Speichern entzogen werden. Da es sich vor allem um Vitamine der B-Gruppe handelt, wird der Zucker als Vitamin-B-Räuber bezeichnet. Manche glauben, daß brauner Zucker besser sei. Doch auch bei ihm handelt es sich um raffinierten Zucker. Der Vollständigkeit wegen sei noch angemerkt, daß Zucker auch den Zähnen schadet. Dies ist mittlerweile aber fast überall bekannt. Benutzen Sie Zucker allenfalls wie ein Gewürz. Noch besser: Geben Sie Honig in geringen Maßen den Vorzug oder süßen Sie mit Trockenobst und Früchten.

4. Grundsatz:
Essen Sie nur 1- bis 2mal wöchentlich Fleisch.

Pflanzliche Nahrungsmittel wirken auf den Körper basisch.
Säurebildend dagegen ist alles, was vom Tier stammt, also Fleisch, Eier, Milchprodukte, Käse. Ein ausgeglichener Säure-Basen-Haushalt ist für die Gesundheit unerläßlich.

5. Grundsatz:
Essen Sie öfters vegetarisch.

Mit tierischen Lebensmitteln führen Sie sich in großen Mengen Eiweiß zu, das im Dickdarm sehr leicht zu Fäulnisvorgängen mit schweren gesundheitlichen Folgen führt. Pflanzliches Eiweiß hingegen steht dem tierischen kaum nach. Durch Kombination verschiedener Eiweiße, wie Kartoffeln und Ei, Milch und Getreide ist es sogar noch wertvoller. Hochwertiges pflanzliches Eiweiß enthalten auch die Sojabohne und alle ihre Produkte, ebenso Erbsen, Bohnen und Hülsenfrüchte.

6. Grundsatz:
Verwenden Sie keine tierischen Fette, sondern pflanzliche, kaltgepreßte Fette.

Für Salate empfiehlt sich hochwertiges Pflanzenöl wie Sonnenblumen-, Leinsamen-, Distelöl. Diese Fette sind reich an den so wichtigen mehrfach ungesättigten Fettsäuren. Der Streit, ob nun die Butter oder die Margarine vorzuziehen ist, klingt jedem noch im Ohr. Egal für welches Fett Sie sich entscheiden, nehmen Sie es in geringen Mengen.
Aber nicht nur diese »sichtbaren« Fette sind von Bedeutung. Auch in Käse, Wurst, Eiern, Mayonnaise, Joghurt etc. finden Sie Fett, das ebenfalls Ihr Übergewicht fördern kann.

7. Grundsatz:
Essen Sie möglichst natürliche Lebensmittel.

Nahrungsmittel können mechanisch, enzymatisch, durch Hitze, Konservierung oder durch Zusatz von bestimmten Stoffen verändert werden. Je natürlicher das Lebensmittel ist, desto wertvoller ist es. Beachten Sie jedoch dabei, daß manches nur behandelt verdaut werden kann, wie z. B. Hülsenfrüchte und Kartoffeln.

8. Grundsatz:
Essen Sie abwechslungsreich.

So können Sie sicher sein, daß Sie sich viele Nährstoffe zuführen und sich nicht einseitig ernähren.

9. Grundsatz:
Schränken Sie Genußmittel ein.

Alkohol und Süßigkeiten schaden nicht nur der Figur, sondern auch den Zähnen oder der Leber.

Sie sehen, beliebige Nahrungsmittel allein reichen zur Erhaltung der Gesundheit also nicht aus. Sie führen unweigerlich zu einer »Halbernährung«, die sich zwar nicht sofort als Krankheit äußert, die aber einen chronischen Mangel an Nährstoffen im Körper herbeiführt. So entstehen Stoffwechselentgleisungen, die Krankheiten nach sich ziehen, greifen Bakterien und Viren viel leichter um sich als bei einem Menschen, dessen Abwehrkräfte intakt sind.
Man muß kein Chemiker sein, um zu verstehen, daß eine »falsch angesetzte Lösung« auf die Dauer unbekömmlich sein muß.

Was Ernährungswissenschaftler empfehlen

Vielfach gleiche Forderungen stellt der Schweizer Arzt Maximilian Bircher-Benner (1867–1939), der als Vorkämpfer einer naturgemäßen Heil- und Lebensweise und Bahnbrecher für die Rohkost und moderne Lebensreformernährung bezeichnet werden kann. Er wies vor allem auf die Bedeutung der lebenden Nahrung für die Gesundheit und Krankheitsheilung hin. Seiner Arbeit ist die Reform der Ernährungswissenschaft zu verdanken. Desgleichen müßten in diesen Zusammenhang Koryphäen wie Dr. Bruker, Dr. Schnitzer und Dr. Kollath immer wieder genannt werden.
Interessant sind nicht die Gegensätze, die man genau herausarbeiten könnte, sondern die Gemeinsamkeiten dieser Forscher.
Auch Adelle Davis, Amerikas vielleicht berühmteste Ernährungswissenschaftlerin, die mit ihren Diätplänen schon mehr als 20 000 Menschen geholfen hat, betont immer wieder den »Unwert« der üblichen schwerverdaulichen Hausmannskost und den Wert einer richtigen Ernährung.
Fragen wir uns, wie eine solche optimale Kost zusammengestellt sein muß, die uns Vitalität und Leistungsfähigkeit gibt oder erhält, so gibt es darauf nur eine Antwort: Vollwertkost. Grundlage jeder vollwertigen Ernährung ist die Aufnahme möglichst unbearbeiteter natürlicher Lebensmittel. Nur so wird gewährleistet, daß der Körper wirklich das Optimale an Nährstoffen und Vitalstoffen erhält. Das volle Getreidekorn steht dabei im Mittelpunkt. Leider herrscht in diesem Bereich eine katastrophale Unwissenheit: viele glauben, wenn sie Weißbrot meiden und Graubrot kaufen, hätten sie bereits etwas für ihre Gesundheit getan. Weit gefehlt!

Dr. Max Bircher-Benner (1867–1939), Schweizer Arzt und Förderer einer naturgemäßen Ernährung

Nicht die Farbe zeigt an, ob das volle Korn verarbeitet wurde. Weizenvollkornbrot kann zum Beispiel feinstrukturiert und hell sein, ein Graubrot aus Roggen dagegen dunkler in der Farbe, derber in der Struktur und dennoch ohne den lebenswichtigen Keim. Verlangen Sie also bei Ihrem Bäcker ausdrücklich nur Brot aus dem vollen Korn, »Vollkornbrot«!

Bestimmte Ernährungswissenschaftler gehen sogar noch weiter und weisen darauf hin, daß auch das Brot durch Backen bereits in gewisser Weise beeinträchtigt ist. Nur naturbelassen und unerhitzt entfalte das Korn seine volle Nährkraft. Sie raten daher, die tägliche Nahrung noch um einen Frischkornbrei zu ergänzen.

Die Forderung nach mehr Vollkornbrot oder Vollkorn, Salate und Obst taucht also bei praktisch allen Ernährungswissenschaftlern immer wieder auf.

Im folgenden wollen wir deshalb mit einigen Nachfastenrezepten helfen, gesunde Essensfahrpläne zusammenzustellen. In aller Ausführlichkeit also anbei für die verschiedensten Gelegenheiten einige Vorschläge.

Frühstück

Frühstücken Sie wie ein König. Ein kerniges Müsli, Brot und Brötchen aus Vollkornmehl und ein Brotaufstrich aus Quark liefern viele Vitamine und sind die beste Grundlage für einen Tag.

SECHSKORNMÜSLI

(Für 1 Person)

Zutaten:

- 2 EL Sechskorngetreide
- 1 Apfel
- 2 EL frische Himbeeren (oder andere Beeren)
- 1 TL Honig
- 150 g Joghurt
- 3 Walnußkerne

Zubereitung:
1. Das Sechskorngetreide am Abend vorher in kaltem Wasser einweichen, das Wasser am nächsten Morgen abgießen.
2. Den Apfel halbieren, Kerngehäuse entfernen und grob raspeln. Die Himbeeren waschen und das Obst zum Getreide geben.
3. Den Joghurt mit dem Honig verrühren und alles mischen. Die grobgehackten Walnüsse darüberstreuen.

MÜSLI AUS KEIMLINGEN

(Für 1 Person)

Zutaten:

- 3 EL Getreide (Weizen, Roggen, Gerste, Hafer, aber keine Mischung!)
- etwas ungekochtes kaltes Wasser
- 100 g Obst oder Gemüse
- 150 g Joghurt oder Quark

Zubereitung:
1. Die Körner in einem Einmachglas 12 Stunden bei Zimmertemperatur einweichen, dann das Wasser abgießen und danach das Getreide 2 x täglich gründlich durchwaschen. Diesen Vorgang 2–3 Tage lang wiederholen, bis die Körner keimen und der Keimling ca. 2–3 cm lang ist.
2. Die Keimlinge mit dem gewaschenen und kleingeschnittenen Obst oder Gemüse und dem Joghurt vermischen.

FRÜHSTÜCKSMÜSLI

(Für 1 Person)

Zutaten:

- 1 EL Vollsoja
- 150 g Joghurt
- 15 g geschroteter Weizen
- 1 kleiner Apfel
- 1 EL Sanddorn
- evtl. 15 g Nüsse

Zubereitung:
1. Abends das Vollsoja mit dem Joghurt verrühren und den geschroteten Weizen dazugeben.
2. Morgens den Apfel kleinschneiden und mit dem Sanddorn untermischen. Nach Wunsch geriebene Nüsse darüberstreuen.

HIRSEFLOCKENMÜSLI MIT APFEL UND ROSINEN

(Für 1 Person)

Zutaten:

- 150 g Joghurt (3,5% Fett)
- 10 g Leinsamen
- 3 EL Hirseflocken
- 1 kleiner Apfel
- 1 EL Rosinen
- 1 TL Ahornsirup
- etwas Zitronensaft

Zubereitung:
1. Den Joghurt mit dem Leinsamen und den Hirseflocken verrühren.
2. Den Apfel mit der Schale hineinreiben, die Rosinen dazugeben und mit Ahornsirup und Zitronensaft verfeinern.

FRÜHLINGSQUARK

(Für 4 Personen)

Zutaten:

- 500 g Quark
- Saft von ½ Zitrone
- 1 Prise Salz
- 1 kleine Zwiebel
- Bärlauch oder Knoblauch
- 2 Zweige Petersilie
- Gomasio oder gerösteter Sesam

Zubereitung:
1. Den Quark mit dem Zitronensaft und dem Salz gut verrühren. Die Zwiebel fein schneiden und mit dem Quark vermengen.
2. Den Bärlauch und die Petersilie waschen, abtropfen lassen, kleinschneiden und alles mischen, mit Gomasio bestreuen.

QUARK-KÄSE-MISCHUNG

(Für 1 Person)

Zutaten:

- 100 g Magerquark
- 60 g Milch
- 30 g Roquefort
- Kräutersalz
- 35 g Vollkornbrot (1 Scheibe)
- 1 Glas Gemüsesaft

Zubereitung:
1. Den Magerquark mit der Milch glattrühren, mit der Gabel den zerdrückten Käse dazugeben.
2. Den Quark mit etwas Kräutersalz abschmecken. Dazu Vollkornbrot und Gemüsesaft reichen.

VIERKORNMUFFINS

(Für 4–6 Personen)

Zutaten:

- ¾ Tasse Maismehl
- ¾ Tasse Weizenvollkornmehl
- ½ Tasse Roggenvollkornmehl
- 2 TL Backpulver
- ½ TL Vollmeersalz
- ½ Tasse Haferflocken
- 1½ Tassen Vollmilch
- 1 frisches Ei
- ¼ Tasse Pflanzenöl
- ¼ Tasse Honig

Zubereitung:
1. Das gesiebte Mais- und Vollkornmehl mit Backpulver und Salz vermischen. Die Haferflocken dazurühren. In einer Schüssel die Milch, das Ei, das Öl und den Honig vermischen.
2. Beide Massen kurz verrühren und in gefettete, kleine Förmchen füllen. Im vorgeheizten Backofen bei 200–210° C 20 Minuten backen und warm servieren.

PAPRIKAQUARK MIT HEFEEXTRAKT

(Für 1 Person)

Zutaten:

- 60–80 g Magerquark
- 2–3 EL Vollmilch
- 1 TL Hefeextrakt
- etwas brauner Zucker
- Kräutersalz
- ½ TL Paprikapulver, rosenscharf
- 1 Scheibe Vollkornknäckebrot

Zubereitung:
1. Den Quark mit der Milch und dem Hefeextrakt glattrühren.
2. Mit Zucker, Salz und Paprikapulver abschmecken, dazu ein Vollkornknäckebrot reichen.

ERDBEER-QUARK-SPEISE

(Für 1 Person)

Zutaten:

- 100 g frische Erdbeeren
- 100 g Magerquark
- 1 EL Ahornsirup oder Honig
- ½ TL Zitronensaft
- gehackte Haselnüsse

Zubereitung:
1. Die Erdbeeren waschen, säubern und in kleine Stücke schneiden. Den Quark und den Ahornsirup verrühren.
2. Die Erdbeeren zugeben und den Fruchtquark mit gehackten Haselnüssen bestreuen.

Salate und Rohkost

Frisch aus dem Garten der Natur sind Salate und Rohkost Garanten für eine ausreichende Ballaststoff- und Vitaminzufuhr.
Als kleine Mahlzeit zwischendurch geben sie viel Schwung oder nehmen vor dem Essen den großen Hunger.

FRÜHLINGSSALAT

(Für 1 Person)

Zutaten:

- Zitronensaft
- kaltgepreßtes Pflanzenkeimöl
- Salz
- 1 kleine Zwiebel
- 1 kleine Knoblauchzehe
- ½ TL Honig
- 30 g Löwenzahnblätter
- 30 g Sauerklee
- 30 g Schafgarbe
- 30 g Gänseblümchen

Zubereitung:
1. Den Zitronensaft, das Öl, das Salz, die feingeschnittene Zwiebel, den zerpreßten Knoblauch und den Honig gut miteinander verrühren und die Sauce abschmecken.
2. Die Salatblätter waschen, gut abtropfen lassen, wenn nötig kleinschneiden und mit der Sauce übergießen, den Salat mischen und mit den Gänseblümchen bestreuen.

Variation:
Der Salat kann auch mit einer Sahnesauce aus ½ Becher süße Sahne, 3 EL Zitronensaft, etwas schwarzem Pfeffer und eventuell etwas Honig zubereitet werden.

KAROTTEN-APFEL-ROHKOST

(Für 1 Person)

Zutaten:

- 2 Karotten (etwa 200 g)
- 1 großer Apfel
- 1 TL kaltgepreßtes Pflanzenöl
- 1 TL Weizenkeime
- 1 EL Sesam
- einige Zitronenscheiben

Zubereitung:
1. Die Karotten waschen, schälen und grob raspeln. Den Apfel schälen, vierteln, entkernen und raspeln, mit dem Öl vermischen.
2. Die Weizenkeime und den Sesam daraufstreuen und die Rohkost mit Zitronenscheiben servieren.

SOJASALAT

(Für 4 Personen)

Zutaten:

- 200 g getrocknete, rote Bohnen
- 1 Tasse gekochte Maiskörner
- 1 grüne Paprikaschote
- ½ Tasse Sojabohnenkeimlinge
- 3 EL Obstessig
- 4 EL kaltgepreßtes Olivenöl
- Hefestreuwürze
- 1 TL Honig
- 1 Bund Dill

Zubereitung:

1. Die Bohnen über Nacht in kaltem Wasser einweichen. Danach in Salzwasser etwa 50 Minuten kochen, bis die Bohnen weich sind. Abtropfen und auskühlen lassen.
2. Die Bohnen mit dem Mais in eine Schüssel geben. Die Paprikaschote putzen, waschen und kleinschneiden, mit den Sojabohnenkeimlingen zu den übrigen Zutaten geben.
3. Den Essig, das Öl, die Hefestreuwürze und den Honig zu einer Sauce vermischen, den gehackten Dill zufügen.
4. Die Sauce über die Salatzutaten gießen und alles gut vermengen.

CHAMPIGNONSALAT

(Für 4 Personen)

Zutaten:

- 250 g frische Champignons
- 1 EL Sonnenblumenöl
- ½ TL Kräutersalz
- 1 TL Zitronensaft
- 200 ml Sahne
- etwas Safran

Zubereitung:

1. Die Champignons in feine Scheiben schneiden. Das Sonnenblumenöl, das Kräutersalz, den Zitronensaft mit der Sahne verquirlen.
2. Den Safran in etwas warmem Wasser auflösen und zu der Sahne geben. Die Sauce mit den Champignons gut vermischen.

TOPINAMBURSALAT

(Für 4 Personen)

Zutaten:

- 500 g Topinamburknollen
- 1 große Gemüsezwiebel
- 1 Bund Schnittlauch

Für die Remoulade:

- 2 hartgekochte Eigelb
- 2 EL Zitronensaft
- 1 EL Distelöl
- ¼ Tasse Joghurt
- ¼ Tasse saure Sahne
- 1 TL geriebener Meerrettich
- Kräutersalz

Zubereitung:

1. Die Knollen 10 bis 15 Minuten kochen, schälen, in kleine Würfel schneiden. Die Zwiebel und den Schnittlauch feinschneiden.
2. Die Eigelbe für die Remoulade fein zerdrücken und mit allen anderen Zutaten vermischen.
3. Den Topinambur, die Zwiebel und den Schnittlauch mit der Sauce mischen und den Salat warm oder kalt servieren.

BROKKOLI-BLUMENKOHL-SALAT

(Für 4 Personen)

Zutaten:

- 400–500 g Blumenkohl
- 300 g Brokkoli
- 4 EL Zitronensaft
- 2 EL Joghurt
- 4 EL Distelöl
- Kräutersalz
- 1 TL brauner Zucker
- 1 Bund Schnittlauch
- 1 Bund Petersilie
- 30 g Haselnüsse

Zubereitung:

1. Den Blumenkohl und die Brokkoli putzen, in Röschen zerteilen und waschen. Danach den Blumenkohl 10–15 Minuten, die Brokkoli 7–10 Minuten in Salzwasser garen. Das Wasser abgießen und das Gemüse abtropfen lassen.
2. Für die Sauce den Zitronensaft, den Joghurt, das Öl, das Salz und den Zucker verrühren.
3. Die gewaschenen und gehackten Kräuter in die Sauce geben und diese über den Salat gießen. Alles miteinander vermengen und zum Schluß mit grobgehackten Haselnüssen bestreuen.

SAUERKRAUTSALAT MIT ÄPFELN

(Für 4 Personen)

Zutaten:

- ⅛ l Joghurt
- 1 EL Honig
- 1 EL Distelöl
- etwas Zitronensaft
- Pfeffer
- Kräutersalz
- 300 g rohes Sauerkraut
- 2 Äpfel

Zubereitung:

1. Den Joghurt, den Honig und das Öl gut verrühren. Mit dem Zitronensaft und den Gewürzen abschmekken.
2. Das Sauerkraut etwas zerschneiden. Die Äpfel schälen und grob raspeln. Beides mit den übrigen Zutaten gut vermischen.

Variation:
Statt der Äpfel können auch kleine Ananasstücke und Rosinen zum Sauerkraut zugegeben werden.

EXOTISCHER SAUERKRAUTSALAT

(Für 4 Personen)

Zutaten:

- 300 g frisches Sauerkraut
- 200 g getrocknete, ungeschwefelte Feigen
- ½ frische Ananas
- 50 g gehackte Mandeln
- ¼ l Sahne
- 2–3 EL Honig
- 1 Messerspitze Zimt
- 1 Messerspitze Nelkenpulver

Zubereitung:

1. Das Sauerkraut mit der Gabel etwas auflockern und in eine Schale geben. Die Feigen in grobe Würfel schneiden. Die Ananas schälen, in Scheiben schneiden, den holzigen Innenteil entfernen und das Fruchtfleisch in Stücke zerkleinern.
2. Die Feigen, die Ananas und die Mandeln zum Sauerkraut geben und vermengen.
3. Für die Sauce Sahne, Honig und Gewürze miteinander verrühren, über den Salat gießen und gründlich mischen.

CHINAKOHL IN KURKUMA-MARINADE

(Für 4 Personen)

Zutaten:

- 300 g Chinakohl
- 4 Tomaten
- 2 Nektarinen
- 1–2 EL Obstessig
- 2 EL Sojasauce
- 1 Zwiebel
- Kurkuma
- Knoblauchpulver
- 1 Prise Pfeffer
- Kräutersalz
- ½ Bund Petersilie
- ½ Bund Dill
- 30 g Sonnenblumenkerne

Zubereitung:

1. Den gewaschenen Chinakohl in Streifen schneiden. Die Tomaten mit heißem Wasser überbrühen, danach enthäuten und in Scheiben schneiden. Die Nektarinen schälen, in Spalten teilen und halbieren. Chinakohl, Tomaten und Nektarinen in einer Schüssel gut vermischen.
2. Den Essig und die Sojasauce mit der kleingehackten Zwiebel vermischen, nach Belieben mit Kurkuma würzen, Knoblauchpulver, Pfeffer und Kräutersalz zufügen, abschmecken.
3. Zum Schluß die feingehackte Petersilie und Dill und die Sonnenblumenkerne in die Marinade geben. Alles über die Salatzutaten gießen und gut vermischen. Kurz durchziehen lassen.

SALAT »TRIO«

(Für 4 Personen)

Zutaten:

- 200 g Sauerampfer
- 200 g Eisbergsalat
- 100 g Radicchio
- 3 EL Obstessig
- 3 EL Walnußöl
- Kräutersalz
- etwas Honig
- 1 Knoblauchzehe
- 1 kleine Zwiebel

Zubereitung:

1. Alle drei Salatsorten gründlich waschen. Den Sauerampfer grob schneiden, die Eisberg- und Radicchiosalatblätter zerpflücken.
2. Essig, Öl, Salz und Honig mit dem Schneebesen gut verrühren. Die geschälte, zerpreßte Knoblauchzehe und die kleingewürfelte Zwiebel hinzufügen.
3. Die Salatsauce über den Salat gießen und alles vorsichtig miteinander vermengen.

ROTE-BETE-SALAT

(Für 4 Personen)

Zutaten:

- 750 g rote Bete
- Öl
- Essig oder Zitronensaft
- 1 TL Honig
- Salz
- Kümmel
- 2 Zwiebeln
- 1–2 Zehen Knoblauch
- evtl. Bohnenkraut
- Petersilie

Zubereitung:

1. Die roten Bete waschen, in 30–40 Minuten weichkochen, schälen und in Scheiben schneiden.
2. Das Öl mit dem Essig oder dem Zitronensaft, dem Honig, dem Salz und dem Kümmel verrühren.
3. Die Zwiebel in Ringe schneiden, mit dem feingehackten Knoblauch und dem Bohnenkraut vermischen, abschmecken und etwas durchziehen lassen.
4. Die roten Bete mit der Sauce übergießen, alles gut vermengen, nach Möglichkeit einen Tag durchziehen lassen und kurz vor dem Servieren die feingeschnittene Petersilie dazugeben.

FELDSALAT MIT SONNENBLUMENKERNEN

(Für 4 Personen)

Zutaten:

150 g Feldsalat
1 Orange
1 Apfel
3 EL Sonnenblumenkerne
¼ l Sahne
Saft von ½ Limone
2 EL Ahornsirup

Zubereitung:

1. Den Feldsalat gründlich waschen, putzen und abtropfen lassen. Die Orange schälen, in Stücke zerteilen, nochmals längs durchschneiden. Den Apfel entkernen und in Würfel schneiden.
2. Den Feldsalat mit Orangen-, Apfelstückchen und Sonnenblumenkernen in eine Schüssel geben.
3. Aus Sahne, Limonensaft und Ahornsirup eine Sauce rühren, über den Salat gießen und alles vorsichtig vermengen.

GRIECHISCHER SALAT

(Für 4 Personen)

Zutaten:

1 mittelgroße Salatgurke
4 große, feste Fleischtomaten
200 g Schafskäse
1 große Zwiebel
150 g schwarze Oliven
3 EL Zitronensaft
3 EL kaltgepreßtes Olivenöl
1 Knoblauchzehe
Kräutersalz

Zubereitung:

1. Die Gurke schälen, würfeln, die Tomaten waschen, in Achtel schneiden.
2. Den Schafskäse in Würfel, die Zwiebel in Ringe schneiden. Alles mit den Oliven vorsichtig vermischen.
3. Den Zitronensaft und das Olivenöl mischen, die Knoblauchzehe feinhacken, hinzufügen und alles salzen. Die Sauce über den Salat geben und vorsichtig mischen.

LINSENSPROSSENSALAT

(Für 4 Personen)

Zutaten:

3 Stangen Chicorée
1 Tasse Linsensprossen
Saft von 1 Zitrone
3 EL Olivenöl
1 Knoblauchzehe
Pfeffer
6 Anchovisfilets

Zubereitung:

1. Den Chicorée putzen, in feine Streifen schneiden und mit den Sprossen vermischen.
2. Den Zitronensaft, das Öl, die zerpreßte Knoblauchzehe, Pfeffer und kleingehackte Anchovisfilets mischen und mit dem Chicorée und den Linsensprossen vermengen.

Tip:
Die Linsensprossen können Sie selbst keimen lassen. Verwenden Sie dazu ein Keimgerät oder lassen Sie die Linsen genauso wie das Getreide keimen. Die Methode wird bei dem Rezept »Müsli aus Keimlingen« (S. 102) beschrieben.

GRÜNKERNSALAT »FINOCCHIO«

(Für 4 Personen)

Zutaten:

- 175 g Grünkern
- ½ l Gemüsebrühe
- 400 g Fenchel
- 200 g blaue Weintrauben
- 50 g Emmentaler
- 150 g Joghurt
- 1 EL Zitronensaft
- Kräutersalz
- etwas Honig

Zubereitung:

1. Den Grünkern über Nacht einweichen. Am nächsten Tag mit der Gemüsebrühe aufkochen, dann etwa 30 Minuten ausquellen lassen.
2. Den Fenchel putzen, das heißt das Fenchelgrün hacken, die Knollen halbieren und in Streifen schneiden. Den Fenchel waschen und abtropfen lassen. Die Weintrauben waschen, halbieren und die Kerne entfernen.
3. Den Fenchel, den grob geraspelten Käse, die Weintrauben und den abgekühlten Grünkern in eine Schüssel geben und miteinander vermengen.
4. Aus Joghurt, Zitronensaft, Salz und Honig eine Sauce rühren und mit dem Salat vermischen.

KARTOFFELSALAT »MILCHSAUER«

(Für 4–6 Personen)

Zutaten:

- 1½ kg kleine Kartoffeln
- 1 kleines Glas milchsaures Allerlei
- 2–3 EL saure Sahne
- 1 EL feingeschnittener oder getrockneter Dill
- 1 TL Kräutersenf
- Kräutersalz
- Schnittlauch
- frisch gemahlener Pfeffer
- Knoblauch nach Belieben
- 2 – 4 EL kaltgepreßtes Öl

Zubereitung:

1. Die Kartoffeln in wenig Wasser gar kochen und etwas auskühlen lassen. Das milchsaure Allerlei und die Kartoffeln kleinschneiden und in eine Salatschüssel geben.
2. Die milchsaure Brühe mit der Sahne, dem Dill, dem Kräutersenf, dem Kräutersalz, dem feingeschnittenen Schnittlauch, eventuell Pfeffer und Knoblauch und dem Öl vermengen.
3. Die Sauce mit den Zutaten gut vermischen.

Tip:
Um einen besonders saftigen Salat zu erhalten, zusätzlich eine aus ⅛ l Wasser und 1 TL gekörnter Brühe erstellte Gemüsebrühe über den Salat geben und gut mischen.

Suppen

Suppen wärmen Leib und Seele. Eine selbst zubereitete Gemüsebrühe ist eine gute Grundlage für die folgenden Rezepte, wenn's schnell gehn muß, können Sie jedoch auch auf das Angebot an gekörnten Brühen in Reformhäusern zurückgreifen.

ITALIENISCHE GEMÜSESUPPE

(Für 4 Personen)

Zutaten:

- 300 g feste Tomaten
- 300 g Zucchini
- 250 g Möhren
- 300 g Kartoffeln
- 125 g Spinat
- 1 Knoblauchzehe
- 1 l Gemüse-Hefe-Brühe
- 2 EL frisches Basilikum
- 1 EL frischer Salbei

Zubereitung:

1. Die Tomaten mit heißem Wasser überbrühen, enthäuten und vierteln. Die Möhren waschen und in Scheiben schneiden. Die Kartoffeln schälen, waschen und würfeln. Den Spinat verlesen und waschen. Die Knoblauchzehe schälen und durch die Knoblauchpresse drücken.
2. Das Gemüse in die heiße Brühe geben, langsam köchelnd garen, bis die Kartoffeln und die Möhren weich sind.
3. Die Kräuter fein hacken, die Suppe damit bestreuen und servieren.

SAUERAMPFERSUPPE

(Für 4–6 Personen)

Zutaten:

- 1 große Gemüsezwiebel
- 3 EL Butter
- 3 EL Vollkornmehl
- 1 l heiße Gemüsebrühe
- 2 Eigelb
- 2 EL Crème fraîche
- 200 g Sauerampfer
- Kräutersalz

Zubereitung:

1. Die Zwiebel fein hacken und in der Butter andünsten. Das Mehl dazugeben, verrühren, unter kräftigem Rühren mit heißer Gemüsebrühe aufgießen und kurz aufkochen lassen.
2. Die Eigelbe mit der Crème fraîche vermischen, in die Suppe geben.
3. Den feingehackten Sauerampfer zugeben, nochmals schwach erhitzen, die Suppe aber nicht mehr kochen lassen. Danach mit etwas Kräutersalz abschmecken.

FEINE KARTOFFELSUPPE

(Für 4 Personen)

Zutaten:

- 750 g Kartoffeln
- 1 Bund Suppengrün
- Meersalz
- 1 EL gerebelter Majoran
- etwas getrocknetes Basilikum
- 1½ l Wasser
- 2 TL gekörnte Gemüsebrühe
- 2 Eigelb
- ⅛ l Crème fraîche

Zubereitung:

1. Die Kartoffeln schälen und würfeln. Das Suppengrün putzen und kleinschneiden.
2. Die Kartoffeln, das Suppengrün, die Gewürze, das Wasser und die Brühe zum Kochen bringen und 30 Minuten garen.
3. Die Suppe durch ein Sieb oder mit dem Mixer pürieren, nochmals erhitzen.
4. Die Eigelbe mit der Crème fraîche verquirlen und die Suppe mit dem Eigelbrahm legieren, mit feingeschnittenem Schnittlauch bestreuen.

MANDELCREMESUPPE

(Für 2 Personen)

Zutaten:

- ½ Tasse Mandeln
- ½ Tasse Sahne
- ½ l Gemüsebrühe
- Kräutersalz
- weißer Pfeffer
- frische Zitronenmelisse

Zubereitung:

1. Die Mandeln mit der Sahne im Mixer pürieren und in die kochende Gemüsebrühe rühren.
2. Die Suppe mit Salz und Pfeffer abschmecken und mit etwas kleingehackter Zitronenmelisse bestreuen.

HOLUNDERKALTSCHALE

(Für 2 Personen)

Zutaten:

- 2 EL Vollsoja
- 100 g Wasser
- 330 g Holundernektar
- Saft von 1 Zitrone
- etwas abgeriebene, ungespritzte Zitronenschale
- 100 g Banane
- gehackte Haselnüsse

Zubereitung:

1. Das Vollsoja 3 Minuten in Wasser aufkochen lassen, mit dem Holundernektar mischen und kaltstellen.
2. Die Kaltschale mit Zitronensaft und Zitronenschale abschmecken und mit Bananenscheiben belegen, mit Nüssen bestreuen.

Gemüse-gerichte

Verzichten Sie auf Tomaten im Winter und greifen Sie zu den Angeboten der Saison. Die alten Mehlschwitzen und dicken Buttersaucen können Sie bei den folgenden Rezepten getrost vergessen, denn hier wird leicht und nährstoffreich aufgetischt.

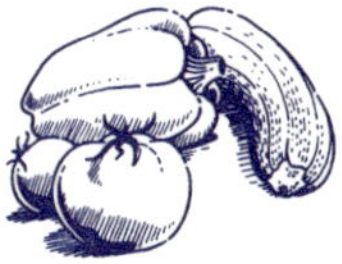

RATATOUILLE

(Für 2 Personen)

Zutaten:

- 1 kleine Aubergine
- 2 EL Olivenöl
- 1 grüne Paprikaschote
- 1 große Zwiebel
- 1 Zucchini
- 2 Fleischtomaten
- 2 Knoblauchzehen
- Basilikum
- Rosmarin
- Thymian
- Kräutersalz

Zubereitung:

1. Die Aubergine in Würfel schneiden und im heißen Öl anbraten. Die Paprika in Streifen schneiden, mit der gehackten Zwiebel zu der Aubergine geben. Die gewaschene und in dünne Scheiben geschnittene Zucchini hinzufügen und alles schmoren.
2. Die Tomaten mit kochendem Wasser übergießen, häuten, würfeln, zu dem übrigen Gemüse geben. Den kleingehackten Knoblauch und die Gewürze zufügen und mit Kräutersalz abschmecken.
3. Das Gemüse im fest geschlossenen Topf auf kleinster Flamme etwa 30 Minuten garen, bis die Gemüse weich sind.

GEFÜLLTE ZUCCHINI

(Für 4 Personen)

Zutaten:

- 250 g frische Pilze
- 2 EL kaltgepreßtes Olivenöl
- 2 Zwiebeln
- 2 Möhren oder 2 Tomaten
- Salz
- Pfeffer
- Sonnenblumenkerne
- 2 mittelgroße Zucchini
- 200 g Hartkäse

Zubereitung:

1. Die Pilze putzen, in einer Pfanne in erhitztem Öl nacheinander die gewürfelten Zwiebeln, feingewürfelten Möhren oder Tomaten und Pilze mit Salz, Pfeffer und Sonnenblumenkernen dünsten.
2. Den Backofen auf 180° C vorheizen, die Zucchini der Länge nach aufschneiden, mit einem großen Löffel die Kerne entfernen und die Hälften mit der gedünsteten Masse füllen, auf das Backblech setzen und bei mittlerer Hitze mindestens 1 Stunde backen.
3. Kurz vor dem Garende mit Käse bestreuen und nochmals ca. 10 Minuten überbacken.

MÖHREN-LAUCH-GEMÜSE

(Für 4 Personen)

Zutaten:

- 500 g Möhren
- 200 g Lauch
- ½ TL Meersalz
- Dill
- Petersilie

Zubereitung:
1. Die Möhren eventuell schälen oder gründlich abbürsten, in Würfel schneiden und in etwas Wasser dünsten.
2. Nach 10–15 Minuten den geputzten und in Scheiben geschnittenen Lauch dazugeben, salzen, nach 5–7 Minuten mit Dill und Petersilie abschmecken.

BROKKOLI ÜBERBACKEN

(Für 4 Personen)

Zutaten:

- 750 g Brokkoli
- 4 Eier
- ⅛ l Sahne
- Muskatnuß
- Pfeffer
- Kräutersalz
- 2 EL geriebener Emmentaler

Zubereitung:
1. Die Brokkoli putzen, waschen, in Röschen teilen, in wenig kochendem Wasser 15 Minuten garen, dann herausnehmen und in eine gebutterte Auflaufform füllen.
2. Die Eier, die Sahne und die Gewürze verrühren, über den Brokkoli verteilen und mit dem geriebenen Emmentaler bestreuen.
3. Im vorgeheizten Backofen bei 200° C etwa 20 Minuten backen.

FENCHEL GEDÜNSTET

(Für 4 Personen)

Zutaten:

- 4 mittelgroße Fenchelknollen
- 1 EL Butter
- Meersalz
- Pfeffer
- Saft von ½ Zitrone
- 2 EL Parmesankäse

Zubereitung:
1. Den gewaschenen, halbierten Fenchel mit der Schnittseite nach unten in der Butter andünsten. Den Zitronensaft dazugeben, salzen und pfeffern, Topf schließen.
2. Bei kleiner Hitze in etwa 20 Minuten weich schmoren. Anschließend mit dem Parmesan bestreuen und im Backofen oder Grill überbacken.

SÜSS-SAURE ZWIEBELN

(Für 4 Personen)

Zutaten:

- 750 g kleine Zwiebeln
- 100 g Schinkenspeck
- 50 g Butter
- 2 EL brauner Zucker
- ½ Tasse Obstessig
- Meersalz
- Pfeffer

Zubereitung:
1. Die Zwiebeln schälen, den Schinkenspeck würfeln und in der Butter ausbraten, dann herausnehmen.
2. Die Zwiebeln in Fett goldgelb rösten, den Zucker zugeben, mit Essig aufgießen. Durch häufiges Schütteln karamelisieren die Zwiebeln gleichmäßig und sind in etwa 45 Minuten gar.
3. Das Gericht mit Salz und Pfeffer abschmecken und kalt oder warm servieren.

TOMATEN »NAPOLI«

(Für 4 Personen)

Zutaten:

- 4 große, feste Tomaten
- 1 Knoblauchzehe
- 1 Bund Petersilie
- Oregano
- 4 EL Vollkornsemmelbrösel
- Kräutersalz
- 4 EL Olivenöl

Zubereitung:

1. Die Tomaten halbieren. Den Knoblauch und die Petersilie hakken, in eine Schüssel geben, Oregano, Semmelbrösel und Salz dazugeben.
2. Die Tomatenhälften auf eine geölte feuerfeste Platte setzen und mit der Semmelbröselmischung bestreuen. Die Tomaten mit Olivenöl beträufeln, bis alle Semmelbrösel mit Öl getränkt sind.
3. Im vorgeheizten Backofen bei 220° C 25 Minuten backen, bis die Kruste goldbraun ist.

SELLERIEKOMPOSITION

(Für 4 Personen)

Zutaten:

- 3 Knollen Sellerie
- Meersalz
- Kurkuma
- 2 kleine Bananen

Zubereitung:

1. Den Sellerie schälen, in Würfel schneiden und mit etwas Wasser andünsten. Etwa 1 gehäuften Teelöffel Meersalz und ½ Teelöffel Kurkuma dazugeben und das Ganze zugedeckt 15–20 Minuten garen.
2. Danach nochmals abschmekken, die in ½ cm dicke Scheiben geschnittenen Bananen dazugeben, umrühren, nochmals 2 Minuten kochen lassen und servieren.

Variation:

Anstatt der Bananen kann dasselbe Gericht auch mit Ananas zubereitet werden, sollte dann aber nach der Fruchtzugabe noch mindestens 5 Minuten aufgekocht werden.

SELLERIESCHEIBEN PANIERT

(Für 2 Personen)

Zutaten:

- 1 große Sellerieknolle
- etwas Pfeffer
- Meersalz
- 1 Ei
- 40 g Vollkornsemmelbrösel
- 20–30 g Sonnenblumenöl

Zubereitung:

1. Den Sellerie waschen, in Salzwasser etwa 40 Minuten gar kochen. Die Knolle herausnehmen, schälen und in daumendicke Scheiben schneiden.
2. Von beiden Seiten würzen, in verschlagenem Ei und anschließend in Semmelbröseln wenden.
3. Die Scheiben in heißem Öl von beiden Seiten braten.

SPINATQUICHE

(Für 4 Personen)

Zutaten:

Teig:

- 75 g Quark
- 2 EL kaltgepreßtes Sonnenblumenöl
- 1 Ei
- ½ TL Meersalz
- 175 g Weizenvollkornmehl
- ½ Päckchen Weinsteinbackpulver

Belag:

- 750 g Blattspinat
- 1 EL Butter
- 1 enthäutete Tomate
- 2 Eier
- 150 g saure Sahne
- 50 g geriebener Käse
- Muskatnuß (gemahlen)
- Meersalz
- schwarzer Pfeffer
- 1 zerdrückte Knoblauchzehe
- 2 EL Sonnenblumen- oder Pinienkerne

Zubereitung:

1. Den Quark mit dem Öl, dem Ei und dem Salz vermengen. Das Mehl und das Backpulver zugeben, den Teig gut schlagen.
2. Den Teig ausrollen, auf ein Backblech legen und einen Rand hochdrücken.
3. Den Spinat putzen, gut waschen und in etwas Butter dünsten, abkühlen lassen, auf dem Teig verteilen, darauf die in Scheiben geschnittene Tomate geben.
4. Die Eier und die Sahne miteinander verrühren, den Käse zugeben und mit den Gewürzen abschmekken. Die Masse über den Spinat gießen und die Quiche mit den Kernen bestreuen.
5. Im vorgeheizten Backofen bei 180–200° C etwa 30 Minuten bakken.

Dazu Salate der Jahreszeit.

KASTANIENPÜREE PIKANT

(Für 4 Personen)

Zutaten:

- 500 g Eßkastanien
- etwas Milch
- Kräutersalz
- 2 EL Distelöl
- Saft von ½ Zitrone
- 3 EL Joghurt
- 1 EL frisch geriebener Meerrettich
- 2 Eier
- Paprikapulver
- Dill

Zubereitung:

1. Die Kastanien waschen, mit kochendem Wasser überbrühen und häuten. Dann in Salzwasser etwa 20 Minuten lang weich kochen. Im Mixer pürieren, etwas Milch zugeben, mit Kräutersalz abschmecken und nach Geschmack etwas Öl hinzufügen.
2. Mit Zitronensaft, Joghurt, Meerrettich und verquirlten Eiern mischen, mit Kräutersalz und Dill würzen.

PIKANTES STUDENTENFUTTER

(Für 4 Personen)

Zutaten:

500 g gekochte Kartoffeln
Sonnenblumenöl
2 Zwiebeln
1 Gurke
2 Paprikaschoten
4–5 Tomaten
Thymian
Estragon
2–3 Eier
⅛ l Milch
Salz
Pfeffer

Zubereitung:
1. Die Kartoffeln in Scheiben schneiden und in heißem Öl anbraten. Die Zwiebeln in Ringe schneiden und zugeben, mit Salz und Pfeffer würzen.
2. Die Gurke in Scheiben, die Paprika in Streifen schneiden, dazugeben und mitbraten. Dann die in Scheiben geschnittenen Tomaten zugeben, kurz wenden, mit den Kräutern würzen.
3. Abschließend die Mischung aus den Eiern, der Milch, Salz und Pfeffer über die Bratmasse gießen und unter häufigem Wenden stocken lassen.

LINSENPÜREE

(Für 2 Personen)

Zutaten:

1 kleine Zwiebel
½ EL Distelöl
2 Tassen gekochte Linsen
Meersalz
1 Prise Thymian
1 Prise Kurkuma
1 Prise schwarzer Pfeffer
½ TL frischer, geriebener Ingwer
1 EL frische, feingehackte Minze
1 EL Sesam

Zubereitung:
1. Die Zwiebeln kleinwürfeln und im heißen Öl andünsten, dann mit den Linsen mischen und im Mixer pürieren. Die Linsenmasse würzen.
2. Den Sesam in einer Pfanne ohne Fett rösten und dazugeben. Das Püree kalt stellen.

Tip:
Das Linsenpüree schmeckt hervorragend zu Pfannkuchen, als Brotaufstrich oder auf Toast als Vorspeise.

PELLKARTOFFELN IN DER FOLIE

(Für 2 Personen)

Zutaten:

4 große Kartoffeln
2 EL Distelöl
Kräutersalz
150 g Sahne oder Crème fraîche

Zubereitung:
1. Die gründlich gewaschenen Kartoffeln gut abtrocknen und an der Oberseite mehrmals einschneiden. Mit Öl einpinseln und nicht zu fest in Alufolie wickeln.
2. Im gut vorgeheizten Backofen (220° C) 1 Stunde garen. Die Folie öffnen, die Kartoffeln salzen, in die Einschnitte Sahne oder Crème fraîche geben.

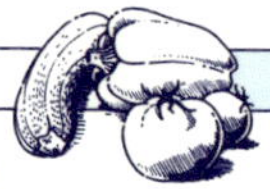

SCHMORKARTOFFELN INDISCH

(Für 4 Personen)

Zutaten:

- 500 g Kartoffeln
- ¼ Tasse Joghurt
- 1 TL Kurkuma
- 1 TL Kräutersalz
- ½ TL gemahlener Kreuzkümmel
- ½ TL schwarzer Pfeffer
- 2 EL Butter
- 1 TL brauner Zucker

Zubereitung:

1. Die geschälten, gewürfelten Kartoffeln 8–10 Minuten in Salzwasser kochen.
2. Den Joghurt mit den Gewürzen mischen, die Kartoffeln dazugeben. In einem flachen Topf die Butter zerlassen, den Zucker darin karamelisieren, die Kartoffelmasse darin wenden.
3. Anschließend alles im Ofen bei 175° C etwa 30 Minuten backen.

KARTOFFELN GUTSHERRENART

(Für 4 Personen)

Zutaten:

- 1 kg gekochte Kartoffeln
- ⅛ l Sahne
- ⅛ l Milch
- Pfeffer
- Meersalz
- 1 Messerspitze Muskatnuß (gemahlen)
- 1 EL Butter
- 1 Bund Petersilie

Zubereitung:

1. Die Kartoffeln schälen, in Scheiben schneiden und in eine verschließbare Pfanne geben. Die Sahne, die Milch und die Gewürze miteinander verrühren und über die Kartoffeln gießen, mit Butterflöckchen belegen.
2. Die geschlossene Pfanne 20 Minuten bei 220° C in den Backofen geben. Die Petersilie hacken und vor dem Servieren über die Kartoffeln streuen.

KARTOFFELTÖRTCHEN »ITALIA«

(Für 4 Personen)

Zutaten:

- 800 g Kartoffeln
- 6 EL Butter
- 3 Eigelb
- Kräutersalz
- Thymian
- einige Salbeiblätter

Zubereitung:

1. Die Kartoffeln schälen, in Salzwasser garen und durch die Kartoffelpresse drücken oder zerstampfen. Das Püree mit 3 Eßlöffeln Butter, den Eigelben und Gewürzen vermischen. Aus der Masse kleine Plätzchen formen.
2. Die restliche Butter in einer Bratpfanne erhitzen und die Salbeiblätter kurz darin dünsten, herausnehmen und in der aromatischen Butter die Kartoffeltörtchen goldgelb backen.

Getreide-gerichte

Getreide kommt bei vielen nur als Reis, Nudeln oder in Form einer Mehlspeise auf den Tisch. Daß man jedoch auch mit Hirse, Mais, Buchweizen und vielen anderen Getreidearten ganze Hauptgerichte zaubern kann, beweisen die folgenden Rezepte.

GEFÜLLTE ZWIEBELN MIT NATURREIS

(Für 4 Personen)

Zutaten:

- 4 Gemüsezwiebeln
- 1 Ei
- ½ EL Vollkornsemmelbrösel
- Pfeffer
- Meersalz
- 3 Sardellenfilets
- 30 g geriebener Parmesankäse
- 100 g Rinderhack
- etwas Butter
- 300 g Naturreis

Zubereitung:

1. Die geschälten Zwiebeln 10 Minuten in Salzwasser kochen. Halbieren, aus der Mitte etwas Zwiebelfleisch herausnehmen und feinhakken.
2. Das gehackte Zwiebelfleisch mit Ei, Semmelbrösel, Pfeffer, Salz, feingehackten Sardellen, Käse und Hackfleisch mischen. Die Zwiebelhälften mit der Masse füllen und in eine gefettete Form setzen, mit Butterflöckchen belegen.
3. Bei 200° C im Backofen etwa 40 Minuten backen und mit dem gekochten Naturreis servieren.

REISEINTOPF

(Für 4 Personen)

Zutaten:

- 1–2 Zwiebeln
- 4 EL Sonnenblumenöl
- 2 Tassen Naturreis
- 5–6 Tassen Wasser
- 1–2 Teelöffel Meersalz
- 4 Möhren
- ½ Tasse Haselnüsse
- 2 EL Sonnenblumenkerne
- Dill

Zubereitung:

1. Die feingehackten Zwiebeln im heißen Öl andünsten, den Reis zugeben und unter Rühren rösten, nach einigen Minuten mit Wasser auffüllen, salzen und zugedeckt leicht kochen lassen.
2. Nach etwa 10 Minuten die gewürfelten Möhren zugeben, 7–10 Minuten später die Haselnüsse und 5 Minuten danach die Sonnenblumenkerne zugeben.
3. Kurz vor Ende der Kochzeit mit Dill abschmecken. Wenn der Reis alles Wasser aufgenommen hat, servieren.

GEBRATENES HÜHNERFLEISCH MIT SESAM UND NATURREIS

(Für 4 Personen)

Zutaten:

1 EL geschälter Sesam
2 mittelgroße Hühnerbrüste
1 TL Meersalz
1 TL Sojasauce
1 EL Sesamöl
4 frische Salatblätter
300 g Naturreis

Zubereitung:
1. Den Sesam in einer trockenen Pfanne goldgelb rösten, auskühlen lassen. Die Hühnerbruststücke entbeinen, jede Brust der Länge nach halbieren. Salz und Sojasauce verrühren und darin das Fleisch 30 Minuten lang einlegen.
2. In einer Pfanne das Öl erhitzen, das Fleisch von beiden Seiten braun braten. Dann bei niederer Hitze das Fleisch weitere 5 Minuten garen.
3. Mit Sesamkernen bestreuen und auf Salatblättern anrichten. Dazu reichen Sie gekochten Naturreis.

REIS »ORIENTALISCH«

(Für 4 Personen)

Zutaten:

2 EL Butter
1 ½ Tassen Naturreis
4 Tassen Wasser
½ EL Safran
3 EL in Wasser eingeweichte Rosinen
4 EL Sonnenblumenkerne
2 EL Sesam
1 TL Honig
1 Prise Zimt

Zubereitung:
1. Die Butter im Topf erhitzen, alle Zutaten zugeben und zum Kochen bringen.
2. Den Reis bei niedriger Hitze 45 Minuten quellen lassen.

REISBEILAGE

(Für 4 Personen)

Zutaten:

2 Tassen Reis
4 Tassen Wasser
1 TL Meersalz
1 gehäufter EL Leinsamen

Zubereitung:
Den Reis mit dem Wasser zum Kochen bringen, Salz und Leinsamen zugeben und zugedeckt so lange kochen lassen, bis das Wasser vollständig aufgenommen ist – etwa 25 Minuten.

Tip:
Von dem Leinsamen erhalten die einzelnen Reiskörner einen feinen Überzug, so daß der Reis nicht verklebt, außerdem wird der Geschmack verfeinert.

Variation:
Sie können den Reis mit einer feingehackten Zwiebel in etwas Pflanzenöl andünsten und erst dann das Wasser dazugeben.

WEISSKOHLEINTOPF MIT SESAMKLÖSSCHEN

(Für 4 Personen)

Zutaten:

1 kleiner Weißkohl (750 g)
60 g Butter
Kräutersalz
brauner Zucker
Muskatnuß (gemahlen)
3 EL geschälter Sesam
60 ml Wasser
60 ml Milch
1 EL Butter
Meersalz
65 g Vollweizengrieß
1 Ei
1 Bund Petersilie
1¼ l Gemüsebrühe

Zubereitung:

1. Den Weißkohl putzen, halbieren, in Streifen schneiden und 5 Minuten in der Butter andünsten und würzen.
2. Den Sesam in einer trockenen Pfanne goldbraun rösten. Das Wasser und die Milch mit der Butter und Gewürzen zum Kochen bringen. Den Sesam und den Grieß einrühren und so lange weiterrühren, bis sich die Masse vom Topfboden löst.
3. Die Masse etwas abkühlen lassen, das Ei und die gewaschene, gehackte Petersilie darunterrühren.
4. Von der Masse mit einem Teelöffel Klößchen abstechen und in die kochende Gemüsebrühe geben, 10 Minuten ziehen lassen. Abschließend den Kohl in die Suppe geben.

REISROLLEN »PIETRA LIGURE«

(Für 4 Personen)

Zutaten:

1 mittelgroßer Blumenkohl
2–3 Zwiebeln
Pflanzenöl
2 Eier
300 g Naturreis
Kräutersalz
Curry
getrockneter Dill
Koriander (gemahlen)

Zubereitung:

1. Den Blumenkohl waschen, mit den gewürfelten Zwiebeln in etwas Wasser mit etwas Öl sehr weich dämpfen. Abtropfen lassen, sehr fein zerdrücken.
2. Die Blumenkohlmasse zum gekochten Reis geben, die Eier beifügen und die Masse würzen. Aus dem Teig kleine Rollen formen und in heißem Fett ausbacken.

GEMÜSEAUFLAUF MIT WEIZENSCHROT

(Für 4 Personen)

Zutaten:

150 g Karotten
150 g Staudensellerie
1 Stange Lauch
30 g Sonnenblumenöl
150 g Gemüsebrühe
120 g Weizenschrot
½ l Vollmilch
Kräutersalz
schwarzer, gemahlener Pfeffer
3 Eier
20 g Sojamehl
20 g Würzhefeflocken
50 g geriebener Hartkäse

Zubereitung:

1. Das gewaschene, kleingeschnittene Gemüse in Öl kurz andünsten, mit Gemüsebrühe aufgießen und zum Kochen bringen.
2. Das Weizenschrot mit der Milch verrühren, dazugeben, aufkochen und 20 Minuten ausquellen lassen.
3. Kräutersalz, Pfeffer, Eigelbe, Sojamehl und Hefeflocken unter die Masse mischen. Die Eiweiße steif schlagen und unterheben.
4. Eine Auflaufform fetten, die Masse einfüllen, mit dem Käse bestreuen und bei 220° C 40 Minuten backen.

BUCHWEIZENPFANN-KUCHEN

(Für 4 Personen)

Zutaten:

250 g Buchweizenmehl
½ l Mineralwasser
2 EL Sonnenblumenöl
1 EL Sesamöl
Meersalz
Pflanzenöl zum Ausbacken

Zubereitung:
1. Alle Zutaten in eine Schüssel geben und gut verquirlen, 45 Minuten quellen lassen.
2. Von dem Teig kleine Pfannkuchen in Öl ausbacken.

Tip:
Als Füllung eignet sich Sauerrahm, Kräuterquark, Ahornsirup oder Honig.

GEFÜLLTES BROT

(Für 4 Personen)

Zutaten:

Teig:

30 g Hefe
100 ml lauwarmes Wasser
375 g Vollkornweizenmehl
3 EL Sonnenblumenöl
1 Prise Kräutersalz
½ TL Thymian

Füllung:

250 g Putenschnitzel
125 g Pilze
1 Zwiebel
200 g grüne Paprikaschoten
1 EL Butter
2 hartgekochte Eier
50 g Frischkäse
Knoblauch
Meersalz
Pfeffer
1 Ei

Zubereitung:
1. Die Hefe mit etwas lauwarmen Wasser verrühren und 20 Minuten gehen lassen.
2. Anschließend das Mehl, das zimmerwarme Öl, die Gewürze und die Hefe verrühren, kräftig kneten und 30 Minuten gehen lassen.
3. Für die Füllung Putenschnitzel, Pilze, Zwiebel und Paprika würfeln und in der Butter anbraten.
4. Die Eier hacken, Käse, Gewürze und Fleisch-Gemüse-Gemisch vermengen.
5. Den Teig ausrollen, die Füllung in der Mitte auflegen, den Teig einschlagen. Das Brot mit der Öffnung nach unten auf ein gefettetes Blech legen. Mit verquirltem Eigelb bestreichen.
6. Das Brot 20 Minuten gehen lassen und 35–45 Minuten bei 200° C backen.

Mit frischem Salat servieren.

GETREIDEPASTETE

(Für 4 Personen)

Zutaten:

Pastete:

¾ l Hefebrühe
300 g Roggenschrot
1 Gemüsezwiebel
100 g Pilze
30 g ungehärtete Pflanzenmargarine
2 Eier
150 g Haferflocken
Kräutersalz
3 hartgekochte Eier

Sauce:

500 g feste Tomaten
100 g Zwiebeln
3 EL Olivenöl
2 EL Tomatenmark
½ l Gemüse-Hefe-Brühe
Basilikum
weißer Pfeffer
brauner Zucker

Zubereitung:
1. Die Hefebrühe aufkochen, das Roggenschrot einstreuen, 10 Minuten quellen, dann abkühlen lassen.
2. Die Gemüsezwiebel würfeln, die Pilze putzen, beides im heißen Fett andünsten.
3. Die Schrotmasse mit Eiern, Haferflocken und Kräutersalz mischen, dann Zwiebeln und Pilze unterheben. Die Hälfte der Masse in eine gefettete Kastenform geben, darauf die gepellten, ganzen Eier verteilen, mit der restlichen Schrotmasse bedecken.
4. Den Getreidebraten im auf 225° C vorgeheizten Backofen etwa 1 Stunde garen.
5. Die Tomaten würfeln, die Zwiebeln schälen und hacken, im heißen Öl andünsten. Das Tomatenmark und die Gemüse-Hefe-Brühe zufügen, einkochen lassen und durch ein Sieb passieren. Mit den Gewürzen abschmecken.
6. Den Braten aus der Form stürzen und in Scheiben schneiden, mit der Sauce servieren.

VO

(Für 4 Personen)

Zutaten:

500 g Vollkornmakkaroni
120–150 g Hartkäse
2 geschlagene Eier
etwas Knoblauch
Curry
Paprika
Glutamat
1 kleines Päckchen Agar-Agar
reichlich gehackte Petersilie

Zubereitung:
1. Die Makkaroni in Salzwasser kochen, abtropfen lassen und durch den Fleischwolf drehen.
2. Die Masse mit Käse vermischen, die Eier dazugeben, mit Knoblauch, Curry, Paprika, Glutamat und Agar-Agar sowie der Petersilie vermengen.
3. Alles in eine Auflaufform füllen und 15 Minuten bei 200° C überbacken.
Eine passende Beilage ist Salat.

SOJA-TOMATEN-PFANNE MIT HIRSE

(Für 4 Personen)

Zutaten:

100 g Sojawürfel
200 ml Gemüsebrühe
20–30 g Sonnenblumenöl
1 mittelgroße Zwiebel
2 große Tomaten
1 Prise Zucker
Meersalz
Rosmarin
Thymian
300 g Hirse

Zubereitung:
1. Die Sojawürfel in der Gemüsebrühe 10 Minuten einweichen, herausnehmen und in heißem Öl mit der gewürfelten Zwiebel andünsten.
2. Die geschälten Tomaten zugeben und etwa 15–20 Minuten garen, mit Zucker, Salz, Rosmarin und Thymian abschmecken.
3. Dazu die in Gemüsebrühe gegarte Hirse servieren.

Nachspeisen

Auch Süßschnäbel wollen gesund ernährt sein. Daß dies nicht unbedingt ein Widerspruch sein muß, beweist dieses kleine Kapitel, denn Früchte und Honig in Milchprodukten und Gebäck sorgen für die notwendige Süße.

GEBACKENE BANANE

(Für 2 Personen)

Zutaten:

- 2 EL Butter
- 2 Bananen
- Saft von 1 Zitrone
- 1 TL Honig

Zubereitung:
1. Die Butter in der Pfanne erhitzen, die Bananen schälen, mit Zitronensaft beträufeln und in der Butter bei kleiner Hitze beidseitig in etwa 10 Minuten gar braten.
2. Kurz vor Ende der Garzeit den Honig über die Bananen geben.

APRIKOSENSALAT

(Für 2 Personen)

Zutaten:

- 8 entsteinte Aprikosen
- 1 Apfel
- 1 EL kaltgepreßtes Walnußöl
- 2 TL Zitronensaft
- 1 TL Honig
- 1 Tasse geröstete Weizenkeime zum Bestreuen

Zubereitung:
1. Die Aprikosen in feine Scheiben schneiden, den Apfel halbieren, entkernen und in Stifte schneiden.
2. Alle Zutaten gut vermengen und im Kühlschrank durchziehen lassen. Bei Tisch die gerösteten Weizenkeime darüberstreuen.

FRUCHTSPEISE

(Für 4 Personen)

Zutaten:

- 250 g Johannisbeeren (rot oder schwarz)
- Honig
- 250 g Erdbeeren
- 1 EL Zitronensaft
- 50 g Sahne
- 150 g Dickmilch
- 1 EL Ahornsirup
- Vollkornknusperflocken

Zubereitung:
1. Die gewaschenen Johannisbeeren durch ein Sieb passieren, mit Honig süßen. Die Erdbeeren waschen, würfeln, unter das Püree heben und mit Zitronensaft abschmecken.
2. Das Dessert in vier Portionen teilen, die geschlagene Sahne und die Dickmilch mischen, mit dem Ahornsirup aromatisieren, das Obst damit übergießen.
3. Das Dessert mit den Vollkornknusperflocken servieren.

ORANGENPUDDING

(Für 2 Personen)

Zutaten:

- ½ l frisch gepreßter Orangensaft
- 1 TL Agar-Agar
- etwas Wasser

Zubereitung:
1. Den ausgepreßten Orangensaft erwärmen, das Agar-Agar mit etwas Wasser glattrühren und zum Orangensaft geben.
2. Unter Rühren ausquellen lassen, in Portionsschälchen füllen und erkalten lassen.

ERDBEEREN MIT VANILLE

(Für 4 Personen)

Zutaten:

- 150 g Speisequark
- 250 g Vollmilch
- 4 EL Sahne
- 1 Eigelb
- 2 EL Honig
- 1 TL Vanille (gemahlen)
- 500 g frische Erdbeeren

Zubereitung:
1. Den Quark mit der Milch und der Sahne verrühren und mit dem Eigelb, dem Honig und der Vanille mischen, kühl stellen.
2. Die Erdbeeren putzen, waschen, in Schälchen füllen und die Creme darübergießen.

KNACKIGES VOLLWEIZENGEBÄCK

(Für 4 Personen)

Zutaten:

- 2 Tassen Vollkornweizenmehl
- ¼ Tasse Sonnenblumenöl
- 1 Tasse Haferflocken (gemahlen)
- 1 Tasse Vollmilch
- 1 TL Honig
- ½ TL Anis (gemahlen)

Zubereitung:
1. Alle Zutaten zusammen zu einem trockenen Teig verkneten und auf einer bemehlten Fläche 2 cm dick ausrollen.
2. Aus dem Teig Plätzchen schneiden und im auf 200° C vorgeheizten Ofen 20 Minuten auf einem gefetteten Backblech backen.

MANDELPLÄTZCHEN

(Für 4 Personen)

Zutaten:

- 3 Tassen Vollkornweizenmehl
- 4 EL Sojaöl
- ½ Tasse Honig
- ½ Tasse Mandeln (gemahlen)
- 2 TL Anis (gemahlen)
- 1 Messerspitze Meersalz

Zubereitung:
1. Alle Zutaten zu einem weichen Teig rühren. Mit einem Teelöffel auf ein gefettetes Blech kleine Häufchen setzen.
2. Den Ofen auf 180° C vorheizen und die Plätzchen in 10–15 Minuten knusprig braun backen.

Gebäck

Vollkornmehl kennen die meisten nur in Verbindung mit Vollkornbrot. Daß mit diesem gehaltvollen Mehl jedoch auch Feines gebakken werden kann und es mit vielen Backzutaten harmoniert, werden Sie bei den folgenden Rezepten feststellen.

DINKELWINDBEUTEL MIT FRÜCHTEN

(Für 8 Stück)

Zutaten:

150 ml Wasser
40 g Pflanzenmargarine
90 g Dinkelvollkornmehl
2 mittelgroße Eier
200 g Sahne
500 g Früchte nach Wahl
1–2 EL Ahornsirup
etwas Vanillepulver

Zubereitung:
1. Das Wasser mit der Margarine erhitzen, bis das Fett geschmolzen ist. Vom Feuer nehmen und das Mehl einrühren. Kräftig rühren, bis der Teig einen festen Kloß bildet und sich vom Topfboden löst.
2. Die Eier nach und nach einzeln einrühren und zu einem glatten Teig schlagen. Mit einem Eßlöffel 8 Portionen auf ein Backblech verteilen und die Windbeutel 20 Minuten bei etwa 200° C backen.
3. Nach dem Backen die Windbeutel durchschneiden.
4. Die Sahne steif schlagen, mit Früchten, Ahornsirup und Vanille vorsichtig mischen und in die Windbeutel füllen.

VOLLKORN-KOKOS-MAKRONEN

(Für 40 Stück)

Zutaten:

250 g Weizenvollkornschrot
¼ l Milch
250 g Kokosflocken
300 g brauner Zucker
2 Päckchen Vanillezucker
100 g Butter
4 Eiweiß
40 Backoblaten

Zubereitung:
1. Das Weizenschrot mit der Milch verrühren und 30 Minuten quellen lassen. Die Kokosflocken, den Zucker und den Vanillezucker sowie die flüssige Butter dazugeben.
2. Die Eiweiße steif schlagen und unter den Teig ziehen.
3. Die Backoblaten auf ein gefettetes Backblech legen. Die Teigmasse mit Teelöffeln auf die Oblaten geben.
4. Die Makronen im auf 180° C vorgeheizten Backofen 20 Minuten backen.

SAVARIN MIT BEEREN

(Für 1 Savarin)

Zutaten:

Teig:

- 1 EL Sojamehl
- ½ Würfel Hefe
- 8 EL warme Vollmilch
- 4 Eier
- 100 g Honig
- etwas Salz
- 125 g Butter
- 450 g Dinkelvollkornmehl
- Fruchtsaft nach Geschmack zum Tränken

Füllung:

- ¼ l Sahne
- 300 g frische Beeren
- 1 EL Ahornsirup

Zubereitung:

1. Das Sojamehl, die Hefe und die warme Milch verrühren, etwa 15 Minuten gehen lassen.
2. Die Eier mit dem Honig schaumig schlagen, das Salz und die geschmolzene Butter unterrühren. Den Hefevorteig, das Dinkelmehl und das Eier-Butter-Gemisch zusammenrühren. Den Teig zugedeckt etwa 30–40 Minuten gehen lassen.
3. Eine Savarinform ausfetten und mit Mehl bestäuben. Den Hefeteig in die Form füllen und zugedeckt so lange gehen lassen, bis er die Form fast füllt. Den Backofen auf 200° C vorheizen.
4. Den Kuchen auf der untersten Schiebeleiste in 40–45 Minuten goldgelb backen. Den Savarin in der Form 10 Minuten auskühlen lassen, dann auf ein Kuchengitter stürzen.
5. Den Savarin so lange mit Fruchtsaft bestreichen, bis er sich gut vollgesogen hat. Danach auf eine Platte setzen.
6. Die Sahne steif schlagen und die gesäuberten Beeren unterheben, mit einem Eßlöffel Ahornsirup süßen und den Savarin damit füllen.

KORNWAFFELN

(Für etwa 10 Stück)

Zutaten:

- 150 g Vollkornweizenmehl
- 75 g Weizenschrot
- 75 g Haferflocken
- 75 g Sesam
- ½ Würfel Hefe
- 325 ml lauwarme Vollmilch
- 100 g ungehärtete Pflanzenmargarine
- 3 Eier
- 4 EL Honig
- ½ Tasse Sonnenblumenöl

Zubereitung:

1. Das Mehl, das Schrot, die Flocken und den Sesam in eine Schüssel geben. In die Mitte eine Mulde drükken. Die Hefe hineinbröckeln, mit 1–2 EL Milch anrühren. Die Schüssel mit einem Tuch abdecken und den Vorteig 10 Minuten gehen lassen.
2. Nun alle anderen Zutaten außer dem Öl zugeben und den Teig kräftig verrühren.
3. Das Waffeleisen erhitzen, einölen, etwas Teig hineingeben und die Waffeln ausbacken.

GRAHAMBRÖTCHEN

(Für etwa 8 Brötchen)

Zutaten:

- 200 g Grahamschrot
- 50 g Vollsoja
- 20 g Hefe
- ½ Teelöffel brauner Zucker
- 150 ccm Wasser
- ½ Teelöffel Meersalz

Zubereitung:
1. Das Grahamschrot mit Soja vermischen und in eine Schüssel geben. In die Mitte eine Mulde drücken. Die Hefe, den Zucker und ein wenig lauwarmes Wasser verrühren, in die Mulde geben. Mit etwas Mehl zum Vorteig rühren, 20 Minuten gehen lassen.
2. Salz und restliches Wasser zugeben und alles zu einem glatten Teig verkneten, 20–30 Minuten gehen lassen.
3. Den Teig zu einer Rolle formen, in 8 Teile schneiden und daraus Brötchen formen, kreuzweise einschneiden und nochmals 10 Minuten gehen lassen.

Bei 225° C die Brötchen in etwa 30 Minuten goldbraun backen.

QUARKBLÄTTERTEIG

(Grundrezept)

Zutaten:

- 200 g Mehl
- 200 g ungehärtete Pflanzenmargarine
- 250 g Magerquark
- 50 g Vollsoja
- Salz

Zubereitung:
Das Mehl mit dem Soja vermischen, mit den restlichen Zutaten zu einem glatten Teig verarbeiten. Im Kühlschrank etwa 1 Stunde ruhen lassen.

APFEL IM SCHLAFROCK

(Für 8 Stück)

Zutaten:

- Quarkblätterteig (siehe links)
- 8 mittelgroße Äpfel
- 50 g Rosinen
- 50 g Walnüsse
- 1 Eiweiß
- 1 Eigelb

Zubereitung:
1. Den gekühlten Teig ca. 4 mm dick ausrollen, in 8 gleichmäßige Quadrate schneiden. Etwas Teig zur Verzierung zurückbehalten.
2. Die Äpfel schälen, das Kerngehäuse ausstechen und in die Aushöhlung Rosinen und Nüsse füllen.
3. Jeweils einen Apfel auf ein Teigquadrat setzen. Die Teigränder mit etwas Eiweiß bestreichen, über den Apfel schlagen und gut zusammendrücken.
4. Zur Verzierung ein rundes Teigplättchen obenauf legen und mit etwas Eigelb bestreichen. Bei 200° C 20–25 Minuten backen und noch warm servieren.

Tip:
Der Quarkblätterteig kann sowohl mit süßen als auch mit herzhaften Zutaten gefüllt werden.

Getränke

Ausreichende Flüssigkeitszufuhr ist nicht nur während einer Fastenkur wichtig. Jedoch können die Getränke jetzt auch etwas reichhaltiger sein. Berücksichtigen Sie diese dann aber auch in Ihrer Kalorienberechnung.

NUSSGETRÄNK

(Für 1 Person)

Zutaten:

- 1 TL Haselnußmus
- 1 Messerspitze Agar-Agar
- 1 EL Honig
- 1 Tasse Vollmilch

Zubereitung:
Das Haselnußmus mit Honig und Agar-Agar gut verrühren und mit der Milch verquirlen.

APRIKOSENBUTTERMILCH

(Für 1 Person)

Zutaten:

- ⅛ l Buttermilch
- ⅛ l Aprikosennektar
- etwas Zitronensaft
- 1 Eigelb

Zubereitung:
Zutaten mit dem Mixer stark verquirlen und sofort servieren.

TOMATENTRANK

(Für 1 Person)

Zutaten:

- 150 g Tomatensaft
- 1 EL Vollsoja
- 1 TL Obstessig
- 1 Prise brauner Zucker
- Pfeffer
- Dill
- Worchestersauce

Zubereitung:
Alle Zutaten mixen und mit den Gewürzen abschmecken.

KEFIRMILCHGETRÄNK

(Für 1 Person)

Zutaten:

- 125 g Kefir
- 50 g Banane
- 1 EL Sanddorn
- 1 EL Vollsoja

Zubereitung:
Alle Zutaten gut miteinander vermischen.

Wie halte ich mein Gewicht?

Soviel zu den verschiedenen Rezepten, die Ihnen den Einstieg zu einem »richtigen«, vollwertigen Essen erleichtern können; denn wie gesagt: ohne eine grundsätzliche Umstellung der Kost ist das Abenteuer Fasten vergebliche Liebesmüh.
Dennoch stellt sich die Gretchenfrage, wie man sein Gewicht hält, sowohl im Alltag als auch ganz besonders nach dem Fasten. Die Antwort ist an sich dermaßen einfach – wie alle Wahrheiten – daß man sie in einem einzigen Satz zusammenfassen kann. Sie lautet: »Weniger essen, das ›Zuviel‹, ›Zufett‹ und ›Zusüß‹ meiden!«
Selbst wenn man also darin erfolgreich ist, zu fasten und die Ernährung in wichtigen Grundzügen umzustellen, so sieht man sich nach der Erfahrung der Autoren doch immer wieder Situationen ausgesetzt, da man ein Schlemmen kaum vermeiden kann oder will. Falsch wäre es nun, sich wieder 1000 Rechtfertigungen und Gründe zu überlegen, warum eine vernünftige Ernährungsweise »nicht durchführbar« ist. Richtig dagegen ist es, eine gesunde Diät (nicht immer also sogleich Fastentage) einzuschalten.
Im Grunde ist das vielen bewußt. Aber an der Praxis scheitert es oft.
Eine genaue Anleitung, sprich gute Diät, hilft mitunter jedoch schon weiter. Aber allein an der Anzahl der Diäten, die auf dem Schlankheitsmarkt kursieren, könnte man verzweifeln. Wir haben uns deshalb in dem Markt der unbegrenzten Möglichkeiten sorgfältig für Sie umgeschaut und zumindest zwei herausgepickt. Zunächst eine aus berufenem Munde, ärztlich geprüft und erprobt. Dr. Buchinger jun. hat sie für uns zusammengestellt:

Die 1000-Kalorien-Diät nach Dr. Buchinger

Das Bemerkenswerte und Besondere an dieser Schlankheitsdiät ist, daß hier – im Gegensatz zu anderen Diäten – keinerlei Fleisch gegessen wird. Ideal also für diejenigen Zeitgenossen, die in bezug auf tierisches Eiweiß lange und reichlich gesündigt haben und vielleicht schon mit den ersten Folgen zu kämpfen haben. Sie können bei dieser Diät nicht nur abnehmen, sondern gleichzeitig eine schlackenarme Kost zuführen.
Hier eine kurze Charakteristik der Kur, die man bis zu 21 Tagen durchführen kann und die im wesentlichen so aufgebaut ist:

1. Tag – Entlastungstag

morgens:
Kräutertee mit 1 TL Honig pro Tasse Tee

vormittags:
¼ l Fruchtsaft

mittags:
frisch gepreßter Gemüsesaft oder Gemüsesaft aus dem Reformhaus

nachmittags:
1–2 Tassen schwarzer Tee mit 1 TL Honig

abends:
¼ l Fruchtsaft

vor dem Schlafengehen:
1–2 Tassen Kräutertee mit 1 TL Honig

2. Tag – Rohkosttag

morgens:
150 ml Sauerkrautsaft
Kräutertee mit Honig
1 Joghurt mit 1 EL Leinsamen

vormittags:
Rohkostsalat aus 100 g Blumenkohl, 1 EL saurer Sahne, Zitronensaft und Salatkräutern

mittags:
Rohkostsalat aus 100 g Kohlrabi, 1 EL saurer Sahne, Zitronensaft und Salatkräutern
¼ l Gemüsesaft mit etwas Petersilie

nachmittags:
1–2 Tassen Tee
2 Kleiekekse

abends:
Rohkostsalat aus 100 g Karotten, 100 g Apfel, Zitronensaft und etwas Sonnenblumenöl

vor dem Schlafengehen:
2 Kleiekekse
¼ l Gemüsesaft

3. Tag – Reduktionskosttag

morgens:
1 Müsli

vormittags:
1 Knäckebrot mit etwas Butter
1 Tomate

mittags:
Gericht mit Kartoffeln und Gemüse

nachmittags:
Kräutertee

abends:
Schwarzbrot mit 50 g Hartkäse
1 kleine Portion Salat mit Buttermilch und Salatkräutern

vor dem Schlafengehen:
1 Glas ungesüßter Fruchtsaft
Nach dem Prinzip des 3. Tages können Sie sich selbst eine leichte, fleischlose Diät zusammenstellen.

Seien Sie nicht zaghaft, das Kombinieren ist kein so großes Geheimnis, wenn man erst einmal das Grundprinzip entschlüsselt hat. Sie brauchen keine Befürchtungen zu hegen, daß Sie mit Eiweiß unterernährt werden könnten. Quark, Joghurt und auch das Vollkornbrot versorgen Sie ausreichend mit gut verdaulichem Eiweiß.
Wenn Sie sich entschließen, diese Diät für eine kürzere oder längere Zeitspanne durchzuführen, hier noch ein wichtiger Hinweis: Trinken Sie reichlich bei dieser Kur, wobei Milch und Kaffee nicht als Getränke verstanden werden (Milch ist ein Nahrungsmittel und muß »gekaut« werden, Kaffee ist ein Genuß- und Anregungsmittel). Um Ihren Flüssigkeitsbedarf richtig zu stillen, empfehlen wir, reichlich Kräutertee und gutes, nicht zu salzhaltiges Mineralwasser zu trinken. Achten Sie auf die NaCl-Angaben auf dem Etikett der Flasche!
Sie sollten täglich bis zu 2 Liter Flüssigkeit zu sich nehmen, damit die Nieren genügend ausscheiden können.

Die Hollywood-Star-Diät

Diätkuren gibt es wie gesagt zuhauf. Eine zweite wollen wir dennoch besonders erwähnen und empfehlen. Gewisse Parallelen zur Hayschen Trennkost hat die Hollywood-Star-Diät von Judy Mazel, die damit zur Zeit in Amerika und in der Bundesrepublik Furore macht. Sie baut auf der Trennung von Eiweiß und Kohlenhydraten und der Wirkung der Enzyme auf. Dabei spielen tropische Früchte, wie Ananas, Kiwi, Wassermelone und Papaya, richtige »Enzymbomben« also, eine wichtige Rolle. Sowohl in der ersten Woche, in der nur mit Früchten entschlackt wird – eine überaus leckere Kur, die viele Vitamine in den Körper bringt –, als auch nachher beim »bewußten Kombinieren« und dem Korrigieren der Diätsünden werden sie zielbewußt eingesetzt.
Früchte stellen also ein Gegenmittel für Diätsünden dar. Konkret rät Judy Mazel die oben genannten Früchte nach den Gerichten zu essen.
Die Wirksamkeit dieser Diät liegt an dem gezielten Einsatz von Enzymen.

Bei gesunder Ernährung und Verdauung denken die wenigsten Menschen an Enzyme. Enzyme gehören jedoch genau wie Vitamine, Mineralsalze und Spurenelemente zu den lebensnotwendigen Stoffen.
Enzyme, auch Fermente genannt, sind Eiweißverbindungen, die als Biokatalysatoren die biochemischen Vorgänge beschleunigen oder erst ermöglichen und im allgemeinen nur von lebenden Zellen gebildet werden. Tatsächlich sind sämtliche ablaufenden Stoffwechselvorgänge nur durch das Wirken von Enzymen möglich. Jedes Enzym beeinflußt aber nur einen bestimmten Vorgang und bewirkt die Reaktion eines spezifischen Stoffes. Im Organismus sind Enzyme praktisch überall zu finden. In den Zellen lenken die Enzyme den Fluß der organischen Substanz. Dazu arbeiten zahlreiche Enzyme Hand in Hand, sie bilden sogenannte Enzymstraßen, wobei jedes Enzym das Produkt eines anderen weiter umsetzt. Wenn nur ein einziges Enzym innerhalb einer solchen Enzymkette nicht richtig funktioniert, zum Beispiel als Folge von Vitamin- oder Mineralstoffmangel, dann können auch alle anderen an der Kette beteiligten Enzyme nicht mehr weiter arbeiten. Aufgrund ihrer hohen Spezifität sind für das störungsfreie Funktionieren aller Lebewesen vermutlich Tausende von Enzymen erforderlich, von denen man bis heute etwa 1 000 kennt.
Auch in Lebensmitteln finden sich Enzyme. So werden aus Ananasarten und Papayas Enzyme gewonnen, die bei Verdauungsstörungen verabreicht werden. Das Enzym Papain etwa tötet Darmwürmer ab und lindert Entzündungen.
Generell ist Rohkost sehr enzymreich. Gekochte Speisen enthalten keine Enzyme mehr, da sie durch die Hitze zerstört wurden. Das ist unter anderem auch der Grund, warum gekochte Nahrung als »tot« bezeichnet wird. Ausreichende Zufuhr von Enzymen durch vollwertige Ernährung und Rohkost, die gleichzeitig genügend Vitamine und Mineralstoffe enthält, ist deshalb zur Gesunderhaltung dringend erforderlich.
Für unseren Zusammenhang ist es von Bedeutung, daß diese hilfreichen Heinzelmännchen, die Enzyme, gezielt bei der Ernährung, bei einer Diät zum Beispiel, eingesetzt werden können – oder nach einem Sündenfall.

Tägliche Gewichtskontrolle

Sie haben sicher schon einmal auf Marktplätzen oder in Museen weibliche Statuen gesehen, die die Gerechtigkeit darstellen: mit verbundenen Augen halten sie die Waagschalen zum Zeichen der Unparteilichkeit.
Viele Übergewichtige verhalten sich genauso: was ihr Gewicht angeht, so leben sie mit verbundenen Augen. Aber hier hilft nur schonungslose Offenheit gegen sich selbst. Machen Sie sich die Waage zum Freund! Der erste Gang morgens, nach der Toilette, sollte zur Waage führen. Sie zeigt Ihnen, ob Sie am Tag vorher Maß gehalten oder gesündigt haben. Und Sie haben es in der Hand, umgehend eine Korrektur vorzunehmen. Täglich! Pfunde, die sich dagegen über Wochen ansammeln, sind sehr schwer abzutragen. Ein Fastenschalttag zum Beispiel kann Sie Ihrem Idealgewicht wieder näherbringen – oder auch eine gezielte Diät.
Wenn Sie sich jedoch vollwertig ausgewogen ernähren, werden Sie sehen, daß es erst gar nicht wieder zu Übergewicht kommt.
Benjamin Franklin sagte einst, daß nur 1% der Menschheit fähig sei, selbständig und richtig zu denken.
In bezug auf Nahrung: gehören Sie zu den 1%?
Es gehört also ein gerüttelt Maß an Selbstdisziplin dazu, jeden Tag von neuem der Wahrheit ins Auge zu schauen. Beziehungsweise der Waage! Aber nur auf diese Art und Weise vermag man das Problem Übergewicht wirklich anzugehen und den oder die richtigen Schuldigen zu torpedieren.

Entwicklung neuer Wertvorstellungen

Können Sie sich ein Essen mit nur geringer Fleischbeilage vorstellen? Und zwar auf Dauer, ein Leben lang? Die wenigsten Westeuropäer bekennen sich heutzutage zur vegetarischen Lebensweise. Aber vielleicht ist dies auch kaum nötig. Fleisch spielt in unserer Küche eine große, scheinbar unverzichtbare Rolle. Nicht so bei Völkern auf anderen Kontinenten. Es gibt heute noch Völkerstämme, die sich selten oder gar nicht mit Fleisch ernähren und dennoch Höchstleistungen erbringen.

Blättern wir in der Geschichte, so scheint es, daß die Griechen und Römer zeitweise fast ganz Vegetarier waren. In Rom war es lange Zeit untersagt, Rinder zu schlachten und zu verzehren. Sie waren – wie heute in Indien – tabu. Das Rind war dem Jupiter heilig, »das herrlichste Opfer«, wie Vergil in seinem Werk »Über das Landleben« berichtet. Sicher fanden es die Römer und Griechen auch ungerecht, den treuen Arbeitsgefährten, der Pflug oder Heuwagen zog, zu schlachten und aufzuessen.

Ernährungswissenschaftler haben ausgerechnet, daß mit dem Futtermittelaufwand, der nötig ist, um Schlachtvieh heranwachsen zu lassen, die Hungersnot auf der ganzen Erde beseitigt werden könnte. Wenn man bedenkt, daß in Amerika Rinder mit Weizen oder Soja gefüttert werden – Weizen, der in der dritten Welt ganze Völker sättigen könnte, versteht man die Tragweite dieser Erkenntnis.

Allein aus sozialen und ökonomischen Gründen sollten wir also unseren Fleischkonsum zurückschrauben.

Es gibt aber noch eine ganze Reihe anderer, weit persönlicherer Gründe, die für eine fleischarme Lebensweise sprechen. Fleisch ist leider nicht in jedem Falle »ein Stück Lebenskraft«, wie es uns die Werbung so gerne weismachen will, sondern enthält sehr viele Zusatzstoffe und Schadstoffe, die der Verbraucher in keiner Weise schätzt, gegen die er sich aber auch nicht wehren kann. Es werden vom Züchter Tierarzneimittel verwendet, sehr oft in unkontrollierter Dosierung. Außerdem kommen Futterzusatzstoffe und Masthilfen auf Hormonbasis zum Einsatz. Sicherlich besteht die Notwendigkeit, den Tierbestand – gerade in der Massentierhaltung – gesund zu erhalten. Aber sehr oft wird hier des Guten zu viel getan. Seit dem Skandal um die Kälberaufzucht und die Kaufzurückhaltung der Kunden werden die Bauern immerhin stärker kontrolliert.

Daß Sie möglichst den Genuß von Schweine- und Rinderlebern und -nieren vermeiden sollten, ist bekannt, da sie zu oft mit Schadstoffen und Rückständen belastet sind, denn beide Organe sind die Entgiftungszentralen des Körpers.

Aber selbst wenn es uns gelänge, Fleisch von einwandfrei gezogenen Tieren zu erhalten, so bestünden doch bei zu hohem Fleischgenuß immer noch Gefahren für die Gesundheit des Organismus.

Zugegeben, man muß es nicht unbedingt wie Bernard Shaw halten, der einmal äußerte: »Ein Mann von meiner geistigen Potenz hat es nicht nötig, von Tierleichen zu leben.«

Wir wollen hier also kein Plädoyer für die vollständig vegetarische Lebensweise halten. Nur für die weitgehend fleischlose Ernährung wollen wir dagegen eine Lanze brechen – und für die Mäßigung. Im Buch Jesus Sirach 37/30–35 steht in einer Übersetzung von Martin Luther zu lesen:

»Mein kind, prüfe, was deinem leibe gesund ist: und siehe, was ihm ungesund ist, das gib ihm nicht. Denn allerley dienet nicht jedermann, so mag auch nicht jedermann allerley.

Überfülle dich nicht mit allerley niedlicher speise, und friß nicht zu gierig. Denn viel fressen macht krank, und ein unersättlicher fraß kriegt das krimmen. Viele haben sich zu tode gefressen: wer aber mäßig isset, der lebet desto länger. Der Herr lässet die arzney aus der erde wachsen, und ein vernünftiger verachtet sie nicht.«

Halten Sie also Maß! Allerdings nicht in dem Sinne, wie die Bayern das »Maß halten« verstehen.

Zugegeben, bei unseren heutigen gesellschaftlichen

Gepflogenheiten ist dies nicht immer leicht. Feiern, essen und trinken bildeten schon früher und bilden auch heute noch eine untrennbare Einheit. Je wichtiger der Anlaß, desto mehr biegt sich die Tafel und desto ruinöser ist es für die Figur.
Wie gut hatten es da im alten Japan die Gastgeber und Gäste: eine zierliche Geisha im reizenden Kimono, an sich schon ein »Augenschmaus«, bereitete dem Gast in einer schier endlosen Teezeremonie nach uralten Regeln einen herrlich duftenden Tee, der mit viel Verbeugungen gereicht und angenommen wurde. Beim Anblick des kunstvoll gemalten Rollbildes und des eigens für den Gast aufgestellten Ikebana, nur mit einer Schale Tee als einzigen leiblichen Genuß, konnte der Gast unbeschwert die Einladung durchstehen. Sicher waren die Gespräche ebenfalls schmetterlingsleicht und zart, genauso unbelastet wie der Magen der Gäste. Oh glückliches Japan!
Es ist reizvoll, über diese alte japanische Sitte des »Nur-Tee-Trinkens« nachzusinnen – übertragen läßt sie sich jedoch nicht so ohne weiteres auf den Westen.
Dennoch sollte man nicht verabsäumen, auch von solchen Sitten zu lernen, die auch Bescheidenheit und Enthaltsamkeit zum Ausdruck bringen.
Prinzipiell können wir am Schluß dieses Buches nur den Rat geben, sich mehr und mehr in dieser hohen Kunst zu üben. Es ist wenig sinnvoll, einmal radikal zu fasten, ohne daß eine grundlegende Veränderung der Lebensweise danach eingeleitet wird. Mit den in diesem Buch angegebenen Rezepten besitzen Sie den Grundstock für eine vernünftige Ernährungsweise.
Natürlich können Sie immer wieder zu dem eigentlichen Fasten zurückkehren, das mehr ist als nur eine medizinische Kur. Fasten ist Ausdruck von Kultur. Daß dabei auch etwas für Ihren Körper und Ihr Gewicht getan wird, kommt natürlich positiv hinzu. Aber auch damit können Sie Ihre Bekannten frappieren. Überraschen Sie doch einmal Ihre Freunde mit der vergnügten Feststellung: »Ich habe zugenommen!« Jeder wird das natürlich sofort auf Ihr Körpergewicht beziehen und Sie prüfend betrachten. Sehen Sie dann rank und schlank aus, beispielsweise nach der Fastenkur, können Sie diesen Blicken getrost standhalten und auf die Frage: »Zugenommen – wo?« lächelnd antworten: »An Weisheit und Verstand!«
In diesem Sinne: nehmen Sie getrost zu!
Dazu wünschen wir Ihnen Freude und Erfolg!

Zum Nachtisch: Zuschüsse

Sicherlich wurde Ihnen beim Lesen dieses Buches Appetit aufs Fasten gemacht. Voller Begeisterung schreiben Sie jetzt vielleicht an einige Ihnen bekannte oder im Anhang aufgeführte Fastenkliniken, fordern Prospekte an und stellen überrascht fest, daß diese Kuren nicht gerade billig sind. Die Krankenkassen oder die BfA (Bundesversicherungsanstalt für Angestellte) haben Fastenkuren nicht in ihrem Programm.
Was tun?
Nun, Sie können einen Zuschuß zu einem Kururlaub beantragen. Beachten Sie jedoch hierbei folgendes:

- Kuranträge müssen bei allen Kassen zwei Monate vor dem Kurbeginn eingereicht werden.
- Wenn Sie bewilligt werden, zahlen alle Kassen Zuschüsse für Kurmittel, Kurtaxe und Arzthonorare.
- Dabei gilt für die AOK eine Grenze von 460,– DM für eine vierwöchige Kur, bei der BARMER ERSATZKASSE von 350,– DM für eine dreiwöchige Kur (Stand August 1986).
- Mit Zuschüssen zu einer Kur können Sie nur alle zwei Jahre rechnen.

Die Kurorte, die Sie besuchen wollen, müssen staatlich anerkannt sein. Ob sie im In- oder Ausland liegen, ist dabei gleichgültig. Für Auslandskuren werden jedoch keine Tagegelder zur Verfügung gestellt.

Adressen

Fastenkuren werden in vielen Kliniken und Sanatorien durchgeführt. Die folgende Liste (Stand: Juli 1986) erhebt jedoch keinen Anspruch auf Vollständigkeit. Die Kliniken hier sind nach Postleitzahl geordnet.

Sanatorium Dr. Winkelmann
Soltauerstr. 29/33
3032 Fallingbostel
Tel.: 0 51 62/7 33
Kurmethode:
Darmreinigungskuren nach Dr. F. X. Mayr

Klinik Dr. Otto Buchinger
Privatkrankenanstalt für Naturheilverfahren
Chefarzt Dr. med. Otto H. F. Buchinger
Forstweg 39
3280 Bad Pyrmont
Tel.: 0 52 81/16 60

Kneipp-Kurhaus Heikenberg
Heikenbergstr. 19–21
3422 Bad Lauterberg 1
Tel.: 0 55 24/30 48
Kurmethoden:
Molke- und Heilfastenkuren
Schroth-Kuren
Reduktionskuren auf Vollwertkostbasis

Klinik am Warteberg
Hinter den Teichhöfen 2
3430 Witzenhausen/Werra
Tel.: 0 55 42/50 60
Kurmethoden:
Nicht näher spezifizierte Fastenbehandlungen

Sonnenberg
Private Landhausklinik-Sanatorium GmbH
Hauptstr. 166
5485 Sinzig-Bad Bodendorf
Tel.: 0 26 42/4 10 21
Kurmethoden:
Buchinger-Kur
Mayr-Kuren

Felke-Kurhaus Menschel
Sanatorium für naturgemäße Ganzheitsmedizin
6553 Sobernheim-Meddersheim
Tel.: 0 67 51/23 23
Kurmethoden:
Waerland-Kost, Fasten- und Diätkuren

Buchinger-Klinik
Auf dem Stein
7770 Überlingen
Tel.: 0 75 51/8 91
Kurmethode:
Buchinger-Kur

Waerland-Sanatorium
Haus Friedborn
Postfach 1405
7880 Säckingen
Tel.: 0 77 65/2 40 und 5 70
Kurmethoden:
Fasten- und Rohkostkuren, Waerlandkost

Landhausklinik Dr. Windstosser
Freihaushöhe
8182 Bad Wiessee
Tel.: 0 80 22/8 12 33
Kurmethoden:
Buchinger-Kur,
Bircher-Benner-Diät

Haus Paracelsus
Bes. Annette Brinkmann
Im Wendelfeld 12
8212 Unterwössen
Tel.: 0 86 41/6 11 00
Kurmethoden:
Mayr-Kuren

Biologisches Sanatorium
Klinik von Weckbecker
Postfach 1320
8788 Bad Brückenau
Tel.: 0 97 41/7 27
Kurmethoden:
Waerlandkost, Heilfasten, Entgiftungs- und Regenerationskuren

Heilfastenklinik Bad Wörishofen
Sanatorium Naturheilverfahren
Zweigstraße 7
8939 Bad Wörishofen/Allgäu
Tel.: 0 82 47/40 36
Kurmethode:
Buchinger-Kur

Bad-Hotel »Sonne«
Familie O. Schneider
8973 Hindelang/Oberallgäu
Tel.: 0 83 24/20 26
Kurmethoden:
Schroth-Kur, Buchinger-Diät

Kurhaus Traunsee
Hofstetter
A-4810 Gmunden
Österreich/Salzkammergut
Tel.: 0 76 12/41 89
Kurmethode:
F. X. Mayr-Kur

Ring Gesundheitszentrum Hartberg
Fam. Roman Wilfinger
A-8230 Hartberg
Oststeiermark/Österreich
Tel.: 0 33 32/25 45-0
Kurmethode:
F. X. Mayr-Kur

Schrothkurheim
A-9821 Obervellach
Kärnten (Österreich)
Tel: 0 47 82/25 55
Kurmethode:
Die echte Schroth-Kur

Kurhaus Dr. von Guggenberg
39042 Brixen/Südtirol
Kurmethoden:
Fastenkuren nach Buchinger, Dr. F. X. Mayr, Kneipp-Behandlungen

Kurhaus Seehaus Waerland
Traudl Dittli Diätassistentin
CH-6462 Seedorf UR
Tel.: 0 44/2 25 54
Kurmethoden:
Heilfasten, Diätkuren, Waerlandkost

Kur-Ferienpension Waerland
Fam. H. Würgler
CH-6981 Iseo bei Lugano
Tel.: 0 91/59 10 44
Kurmethoden:
Waerland-Therapie, Entgiftungs- und Heilfasten

Kurhaus Prasura
Inh. E. und P. Fraefel
CH-7050 Arosa GR
Tel.: 0 81/31 14 13
Kurmethoden:
Heilfastenkuren mit spezieller Ernährung (Rohkost)

Pension Sonnmatt
Familie Fischer
CH-9644 Wintersberg-Schwand
Kanton St. Gallen
Tel.: 0 74/3 34 17
Kurmethoden:
Krebskur nach Breuss, säurefreie Ernährung

Gesellschaft der Mayr-Ärzte e. V.
in der Gesellschaft der Ärzte für Erfahrungsheilkunde e. V.
Postfach 102840
6900 Heidelberg 1
Tel.: 0 62 21/4 99 74

1. Vorsitzender:
Med.-Rat Dr. Erich Rauch
A-9082 Maria Wörth-Dellach
Gesundheitszentrum am Wörthersee
Tel.: 00 43 42 73/2 51 10

<u>Folgende Ärzte führen die Mayr-Kuren durch:</u>

Dr. Henning Winkelmann
Soltauerstr. 33
3022 Fallingbostel
Tel.: 0 51 62/73 33

Dr. Gunther Bischoff
Wilhelmstr. 28
4970 Bad Oeynhausen
Tel.: 0 57 31/2 00 55

Dr. Holger Grimm
Kurhotel Eden und Kurhotel Schwarzwaldhof
7290 Freudenstadt
Tel.: 0 74 41/70 37

Dr. Paul Eugen Kimmerle und Dr. Peter Kimmerle
Mayr-Kurheim Haus »Burghalde«
7297 Alpirsbach
Tel.: 0 74 44/22 72

Dr. Detlef Gebauer
Haus »Krähenbad«
7297 Alpirsbach
Tel.: 0 74 44/62 13

Dr. Michael Zimmermann
Sanatorium »Haus am See«
Zum Kretzer 2
7770 Überlingen
Tel.: 0 75 51/29 02

Dr. Wolfgang Skorczyk
Kursanatorium »Markgräfler Land«
7840 Müllheim/Baden
Tel.: 0 76 31/40 89

Dr. Irene von Unruh
Hagenerstr. 55
8110 Murnau-Weindorf
Tel.: 0 88 41/16 87

Dr. Max Krüger
Landhausklinik für Naturheilverfahren
Privatsan.
Sonnenfeldweg 11
8182 Bad Wiessee
Tel.: 0 80 22/8 10 73 und 8 10 28

Dr. Amrei Pfeiffer
Hub 7
8210 Prien/Chiemsee
Tel.: 0 80 51/48 16

Dr. Hermann Ertel
Sanatorium Südspessart
8772 Markt Heidenfeld-Michelrieth
Tel.: 0 93 94/12 80

Dr. Eberhard Ulbert
Kurheim »Arche Noah«
Uferstr. 4
8992 Wasserburg
Tel.: nicht bekannt

Dr. Hans Georg Holtzmann
Waldsee-Sanatorium
8998 Lindenberg
Tel.: 0 83 81/30 70

Weiterführende Literatur zum Thema Fasten

Bruker, M. O., Krank durch Zucker, Bad Homburg v. d. H. 1984[11]

Bruker, M. O., Leber, Galle, Magen, Darm – Ursachen von Erkrankung und ihre Heilung, St. Georgen (o. J.)

Bruker, M. O., Unsere Nahrung – Unser Schicksal, Hopferau 1982[10]

Buchinger sen., Otto, Das Heilfasten, Stuttgart 1958[17]

Buchinger jun., Otto, Heilfastenkur, Bad Bevensen, 58. Auflage (o. J.)

Buchinger sen., Otto, Vegetarische Kost als Heil- und Dauernahrung, Bad Bevensen (o. J.)

Breuss, Rudolf, Säftekur gegen den Krebs, Bludenz 1985

Davis, Adelle, Jeder kann gesund leben, Bonn-Röttgen 1974[2]

Davis, Adelle, Gesund bleiben ein Leben lang, Bonn 1983

Friebel-Röhring, Gisela, Ärzte sind nicht allwissend, Rastatt 1985

Friebel-Röhring, Gisela, Essen Sie gern Tapetenkleister?, Rastatt 1986

Hubbard, L. Ron, Dianetik – Die moderne Wissenschaft der geistigen Gesundheit, Kopenhagen 1983[5]

Horn, Erna, Das neue Diät-Kochbuch, Kempten/Allgäu 1964

Kanne, Wilhelm, Ärztliche Erfahrung mit dem Kanne-Brottrunk, Lüne/Westf. 1984

Leibold, Gerhard, Gesund bleiben – gesund werden durch Heilfasten, Niedernhausen/Ts. 1984

Lützner, H., Wie neugeboren durch Fasten, München, 13. Auflage (o. J.)

Lützner, H., Million, H., Richtig essen nach dem Fasten, München 1984

Mayer-Camberg, Ernst, Das Praktische Lexikon der Naturheilkunde, Gütersloh 1953[3]

Mazel, Judy, Die Hollywood-Star-Diät, München (o. J.)

Mehler, Ha. A., Keppler, Hermann, Wie mache ich mich als Heilpraktiker selbständig, Bonn 1986

Nöcker, Rose-Marie, Sprossen und Keime, München 1981[8]

Rauch, Erich, Die Darmreinigung nach Dr. F. X. Mayr, Heidelberg/Ulm 1979[27]

Rauch, Erich, Mayr, Peter, Milde Ableitungs-Diät, Heidelberg 1978[5]

Rock, Gini, Die Grüne Küche, München 1984

Saner, Friedrich F., Der Säure-Basenhaushalt des Menschlichen Organismus, Stuttgart 1953

Schmidt, H. G., So hilft die Natur durch Heilfasten, Weil der Stadt 1985

Schnitzer, Johann G., Der alternative Weg zur Gesundheit, München 1982

Schroth, Rainer, Die echte Schroth-Kur, Niedernhausen/Ts. 1986

Waerland, Are, Das Waerlandsystem in einer Nußschale, Bern, 11. Auflage (o. J.)

Waerland, Are, Handbuch der Gesundheit, Bern, 7. Auflage (o. J.)

Waerland, Ebba, Die Waerland-Therapie, Bern 1960[4]

Walb, Ludwig, Walb, Ilse, Die Haysche Trennkost, Heidelberg 1957

Zabel, Werner, Die interne Krebstherapie und die Ernährung des Krebskranken, Bad Homburg v. d. H./Zürich 1968[12]

Zimmermann, Werner, Heilendes Fasten, Engelberg/München 1977[6]

STICHWORTVERZEICHNIS

Abstand vom Alltag 44 f.
Abwehrsystem 25
Aderlaß 25
Adressen 135 ff.
Afrika 29
Aktivierung des Bindegewebes 25
Aktivität 44 f.
Alkohol 90
Allopathie 53
Altersschwäche 32, 41
»Anlauf«-Stellung 59
Apfeldiät 76
Apfel-Möhren-Diät 76
Apostolische Konstitution
»Paenitemini« 17
Arteriosklerose 29
Arthrosen 27
Atmungsorgane 39
Ausreden 35 f.
Autosuggestion nach Coué 61

Ballaststoffe 94, 98
Bauchmassage nach Dr. F. X. Mayr 64
Bauchspeicheldrüse 95
Bauchtypen nach Dr. Mayr 58 f.
Bernhard von Malte 19
Bircher, Ralph 19
Bircher-Benner, Maximilian 100
Blasenkrankheiten 40
Blinddarm 96
Blut 25
Bluthochdruck 27, 40
Brottrunk 50
Bruker, M. O. 27, 92, 100
Buchinger jun., Otto 45
Buchinger sen., Otto 46 f.
Buddha 12
Buddhismus 13 f.

China 29
Cholesterin 29
Christentum 17
Chrysotomos, Johannes 12

Darm 21
Darmflora 96
Darmgeschwüre 39
Darmgeschwüre, chronische 41
Darmkatarrhe, chronische 41
Darmreinigung 84 f.
Darmreinigungskur nach
Dr. F. X. Mayr 56 ff.
– Atmung 61
– Bauchmassage 61
– Tagesprogramm 60
– Teefasten 61
Darmträgheit, chronische 39
Davis, Adelle 100
Depression 27
Dewey, E. H. 19, 72
Diabetes 40, 41, 72
Diagnose der Gesundheit 57 f.
Diät-Kurmolke 65
Dickdarm 21, 96
Dschainismus 15
Dünndarm 95
Dunstwickel 86
Durchfall 38, 76

Edren, Kennart 10
Einlauf 21, 84 f.
Eiweiß 40, 93, 99
Eiweißstoffwechselerkrankungen 40
Energie 10
Energiereserven 26
»Enten«-Stellung 59
Entlastungstag 90
Entschlackung 23
Entschlackungskur, kleine, nach
Dr. Schroth 85 f.
Entspannungsübungen 78
Enzyme 132
Erkältungen 38, 75
Erkrankungen, chronische 39 f.
Erkrankungen, psychosomatische 31
Ernährung, abwechslungsreiche 99
Ernährung, gesunde 98 ff.
Ernährung nach dem Fasten 92 ff.
Ernährungsbewußtsein 92
Ernährungsgewohnheiten 26 ff., 92 f.
Erschöpfungszustände 85
Eskimo 28
Essen, übermäßiges 85
Eßkultur nach Mayr 62

F. X.-Passage-Salz 84
Familie 77
Fasten Esther 15
Fasten Gedalja 16
Fasten, grundsätzliches 8 ff.
Fasten aus medizinischer Sicht 19 ff.
Fastenbrechen 90
Fasten in der Klinik 43 ff., 46 ff.
Fastenmarsch 10
Fastenprotokoll 80 ff.
Fastenschalttag 74 f.
Fastenschalttag, Ablauf 75
Fastentradition 13
Fasten vor Ostern 17
Fasten zu Hause 72 ff.
Fastnacht 17, 18
Ferrus, Alfons 19
Festtagsfasten 74
Fett 93, 99
Fieber 37 f.
Fleisch 29, 99, 133
Flüssigkeit 26

Flüssigkeitszufuhr 21 f.
Freitagsfasten 17
Früchte 131
Futtermittelaufwand 133

Galle 95
Gallenblase 95
Gallensteine 96
Geisteskrankheiten 41
Gemischtköstler 28
Genußmittel 78, 99
Germanen 12
Gesunde Ernährung 98 ff.
Gesundheitsvorsorge 85
Gewicht halten 130 ff.
Gewichtskontrolle 132
Gewichtsreduktion 25 f.
Gicht 40
Glaubersalz 84
Grauer Star 27
Grippe 38
»Großtrommelträger«-Stellung 59
Grundumsatz 25
Grüner Star 27, 40
Gymnastik 78

»Habtacht«-Stellung 58
Hahnemann, Samuel Friedrich Christian 52
Halbernährung 100
Hämorrhoiden 27
Hautkrankheiten 39
Heilerfolge 19
Heilfasten nach Dr. Buchinger 46 ff.
– Aufbautage 55
– Aufnahmeuntersuchung 48
– Fastenalltag 50 f.
– Fastenbeginn 48 f.
– Fastenbrechen 54 f.
– Fastendauer 53 f.
– Fastenzeugnis 54
– Gewichtsabnahme 51
– Glaubertag 48 f.
– Körperpflege 51
– Speiseplan 49
– Vorbereitungstage 47 f.
Heilmethode, natürliche 19 f.
Herzinfarkt 27, 40
Herzjagen 41
Herz-Kreislauf-Erkrankungen 40
Hollywood-Star-Diät 131 f.
Holundertee 38
Homöopathische Maßnahmen 52 f.
Hunger 9, 21, 26, 78
Hunzas 19
Hustentee 76

Idealgewicht 33 f.
Inder 12, 28
Infektionskrankheiten 37 f., 75
Inhalation 76
Innerer Arzt 19, 23 f.
Islam 16

Japaner 28
Jesus 12
Judaismus 15

Kaffee 90
Kamille 38
Karma 15
Keppler-Kur 69 ff.
– Dauerbrause 70
– Kurablauf 70 f.
Kinder 32, 72
Kirchliche Fasten- und Bußdisziplin 17
Klinik 43 ff.
Klistiere 21
Kohlenhydrate 93
Kollath, Werner 100
Kombiniertes 5-Tage-Fasten 88 f.
Kopfschmerzen, chronische 40
Körpergewicht 34
Krankheit in mehreren Akten 58
Krankheit, Bekämpfung der 8
Krankheiten, akute 42
Krankheiten, chronische 39 f., 42
Krankheiten, zehrende 41
Krebs 27, 41
Kreislauf 90
Krummdarm 95
Kulturgeschichte des Fastens 12 ff.
Kurkrise 43 f.
Kurzfasten bei Krankheit 75 f.
Kurzzeitfasten 38

»Lässige« Stellung 59
Lebensmittel, natürliche 99
Lebensweise, vegetarische 133
Leber 21, 95
Leberauflage 87, 90
Leberzirrhose 41
Leerdarm 95
Leukämie 41
Lindenblütentee 38
Literatur, weiterführende 138 f.

Magen 94
Magen-Darm-Erkrankungen, chronische 39
Magen-Darm-Verstimmungen 38, 75 f.
Magengeschwüre 39
Magengeschwüre, chronische 41
Massai 28
Mastdarm 96
Mayr, Franz Xaver 56

Mazel, Judy 131
Migräne 40
Milch-Semmel-Diät 62 f.
Milde Ableitungskur 63 f.
- Ausleitung der Kur 64
- begleitende Maßnahmen 64
- Schongang-Diät 63
Mineralstoffe 94
Mohammed 12
Molke-Kur 65 ff., 89 f.
Molken-Trinkkur und Grunddiät 66
Molken-Trinkkur und Reduktionskost 66
Molke-Trinkkur-Studie 65
Mondbuße 13
Morgenfasten 72 f.
Morgenfasten, Formen 73
Moses 12
Mund 94

Nachfastenzeit 92 ff.
Nahrungsenthaltung 8
Nahrungspause, nächtliche 9
Nervosität 41
Nieren 21
Nierenkrankheiten 40
Nikotin 90
Normalgewicht 33 f.
»Normal«-Stellung 59
Nulldiät 87

Operation ohne Messer 19
Osbeck 19

Paracelsus von Hohenheim 24
Partner 77
Perser 12
Pfefferminz 38
Polynesien 28
Protein 93
Psychosen 41

Ramadan 16
Regenerationskur 60
Rezeptvorschläge 102 ff.
Rheumatische Erkrankungen 40
Riedlin, Gustav 25
Roedern 52
Rohkost 98, 132
Rosmarintee 87

Saftfastenkur 77 ff.
- Aufbau 79 f.
- Darmreinigung 79
- Einkaufsliste 79
- Entlastungstag 78
- Fastenplan 79
- Vorbereitungen 78
- Zeitpunkt 77
»Sämann«-Stellung 59
Schilddrüsenüberfunktion 41
Schintoismus 15
Schlackenstoffe 21
Schlaf 53
Schlafstörung 27
Schmidt, H. G. 45
Schnitzer, J. G. 100
Schönheit 60
Schroth, Johann 66
Schroth-Kur 66 ff.
Schroth-Kur, echte 67
Seelenfutter 30
Siddharta Gautama Buddha 13
Solo-Molken-Trinkkur 66
Spartaner 12
Speichel 94
Spitzenleistungen 10 f.
Sport 91
Sprache unseres Körpers 9
Stoffwechselvorgänge 23 f.
Sufismus 16
Süßigkeiten 99

Tagesfasten 74
1000-Kalorien-Diät nach Dr. Buchinger 130 f.
Teefasten 88
Totales Fasten 87
Trinken, übermäßiges 85
Trinktage 67
Trockenbürstenmassage 90
Trockentage 67
Tuberkulose 41
Typen- und Konstitutionslehre 45

Übergewicht 33 ff.
- leichtes 72
- mäßiges 75
Überlastungszustände 85
Umdenken 30 f.
Umstellen 92
Umstimmung, geistig-seelische 25
Umstimmungsverfahren 39
Umwelt 30
Unblutige Operation 21
Urlaub 77

Venenleiden 27
Verdauung 10
Verdauungsapparat 93 ff.
Verhaltensweise, instinktive 8 f.
Verschlackung 60
Verstimmungszustände 40
Verstopfung 27, 98
Vitamine 94
Vollfasten 87
Vollkornprodukte 99
Vollwertkost 100
Voraussetzungen zum Fasten 32 ff.

Weden 13
Wertvorstellungen 133 f.
Wingquist, Arne 10
Wohlstand 27 f.

Zeitpunkt 41 f.
Zucker 90, 99
Zuschüsse 134
Zwölffingerdarm 95

REZEPTVERZEICHNIS

Apfel im Schlafrock 128
Aprikosenbuttermilch 129
Aprikosensalat 124

Banane, gebackene 124
Brokkoli-Blumenkohl-Salat 107
Brokkoli überbacken 114
Brot, gefülltes 122
Buchweizenpfannkuchen 122

Champignonsalat 106
Chinakohl in Kurkumamarinade 108

Dinkelwindbeutel mit Früchten 126

Erdbeeren mit Vanille 125
Erdbeer-Quark-Speise 104
Exotischer Sauerkrautsalat 107

Feine Kartoffelsuppe 112
Feldsalat mit Sonnenblumen-kernen 109
Fenchel gedünstet 114
Fruchtspeise 124
Frühlingsquark 103
Frühlingssalat 105
Frühstücksmüsli 102

Gebackene Banane 124
Gebratenes Hühnerfleisch mit Sesam und Naturreis 120
Gefülltes Brot 122
Gefüllte Zucchini 113
Gefüllte Zwiebeln mit Naturreis 119
Gemüseauflauf mit Weizen-schrot 121
Gemüsesuppe, italienische 111
Getreidepastete 122
Grahambrötchen 128

Griechischer Salat 109
Grünkernsalat »Finocchio« 110

Hirseflockenmüsli mit Apfel und Rosinen 103
Holunderkaltschale 112
Hühnerfleisch, gebratenes, mit Sesam und Naturreis 120

Italienische Gemüsesuppe 111

Karotten-Apfel-Rohkost 105
Kartoffeln Gutsherrenart 118
Kartoffelsalat »Milchsauer« 110
Kartoffelsuppe, feine 112
Kartoffeltörtchen »Italia« 118
Kastanienpüree pikant 116
Kefirmilchgetränk 129
Knackiges Vollweizengebäck 125
Kornwaffeln 127

Linsenpüree 117
Linsensprossensalat 109

Mandelcremesuppe 112
Mandelplätzchen 125
Möhren-Lauch-Gemüse 114
Müsli aus Keimlingen 102

Nußgetränk 129

Orangenpudding 125

Paprikaquark mit Hefeextrakt 104
Pellkartoffeln in der Folie 117
Pikantes Studentenfutter 117

Quarkblätterteig 128

Quark-Käse-Mischung 103

Ratatouille 113
Reisbeilage 120
Reiseintopf 119
Reis »orientalisch« 120
Reisrollen »Pietra Ligure« 121
Rote-Bete-Salat 108

Salat, griechischer 109
Salat »Trio« 108
Sauerampfersuppe 111
Sauerkrautsalat, exotischer 107
Sauerkrautsalat mit Äpfeln 107
Savarin mit Beeren 127
Schmorkartoffeln indisch 118
Sechskornmüsli 102
Selleriekomposition 115
Selleriescheiben paniert 115
Sojasalat 106
Soja-Tomaten-Pfanne mit Hirse 123
Spinatquiche 116
Studentenfutter, pikantes 117
Süß-saure Zwiebeln 114

Tomaten »Napoli« 115
Tomatentrank 129
Topinambursalat 106

Vierkornmuffins 104
Vo 123
Vollkorn-Kokos-Makronen 126
Vollweizengebäck, knackiges 125

Weißkohleintopf mit Sesam-klößchen 121

Zucchini, gefüllte 113
Zwiebeln, gefüllte, mit Naturreis 119
Zwiebeln, süß-saure 114